부동산 소액 투자의 정석

경제가 흔들려도 변하지 않는 투자의 기술

부동산 소액투자의 정석

김원철
(부동산 김사부)
지음

RHK
알에이치코리아

들어가는 말

요즘은 부동산 강의가 상당히 많다. 나처럼 오랜 기간 부동산 강의를 해온 사람은 드물겠지만, '오래 강의했다'는 것이 큰 자랑거리가 되는 건 아닌 것 같다. 강의를 듣는 사람의 입장에서는 결국 돈을 벌게 해주는 사람이 중요한 것이지, 그 사람의 경력이나 경험이 어떤지는 별로 중요하진 않은 것이다. 그래서 나도 강의를 오래 해온 것을 자랑하진 않는다. 다만 내가 꼭 자랑하는 것이 하나 있는데, 그것은 내가 오래된 회원들을 데리고 다닌다는 사실이다.

나의 회원들 중에는 15년 된 이들도 있다. 내가 처음 강의를 시작한 때부터 지금까지 나의 강의를 듣고 있는 이들이다. 15년간 강의를 해온 나보다도 그 사람들이 더 대단하다는 생각이 든다. 나야 강의를 하는 입장이고, 이게 직업이다 보니 오랜 세월 강의를 하는 게 그리 어렵지 않지만, 강의를 듣는 입장에서는 약간

'똘끼'가 있지 않은 이상 힘들지 않겠는가?

'강사가 웬만큼 강의를 잘하지 않고서야 어떻게 10년 넘게 한 사람의 부동산 강의를 듣는다는 거지?'라는 생각이 들겠지만, 사실 10년 넘게 팬들을 끌고 다니는 건 어려운 일이 아니다. 마음만 있으면 얼마든지 그렇게 할 수 있다. 뛰어난 강사는 너무 많다. 그들도 마음만 먹으면 얼마든지, 10년이 아니라 20년도 팬들을 끌고 다닐 수 있을 것이다. 그럼에도, 그들은 그렇게 하지 않는다. 못 하는 것이 아니라, 안 하는 것이다. 왜? 그들에게 이득이 되지 않으니까.

오랫동안 사람들을 끌고 다녀봐야 강사만 피곤하다. 그들을 만족시켜 주려면 더 깊이 있는 것을 연구해야 하는데, 그럴수록 힘이 들고 그렇게 한다고 해서 돈이 되는 것도 아니다. 수강생 역시 부동산을 많이 알면 알수록 강사의 말을 잘 듣지 않고, 강사에게 특별한 대우를 해주지도 않는다. 결국 부동산 공부를 처음 시작하는 이를 끊임없이 끌어들이는 것이, 이 바닥에서 살아남는 길이다. 그렇다 보니, 나처럼 회원들과 오랫동안 함께하는 강사는 없는 것이다.

‖ 그렇다면 왜 그렇게 하는가? ‖

그냥 나는 그런 게 좋다. 사람들과 오랫동안 인간관계를 맺으면서 돈에 관한 것뿐 아니라, 삶에 관해서도 도움을 주고받는 그런 관계가 되는 것이 좋다. 그래서 오랫동안 함께 지내게 된 것이다. 내 자랑은 이제부터다. 이렇게 하다 보니 나는 다른 전문가나 강사 들과는 완전히 다른 확실한 장점 하나를 갖게 되었는데, 그건 바로 '보통 사람들의 10년'을 추적할 수 있게 되었다는 것이다. 그들이 어떻게 바뀌는지, 그들의 재산이 어떻게 변화하는지 볼 수 있게 되었고, 보통 사람들이 언제 광분하고, 언제 실수하고, 언제 힘들어하고, 언제쯤 그들이 생각하는 경제적 수준에 도달하는지 알게 되었다.

이것은 나만이 가지고 있는 장점이다. 물론, 누구나 많은 이야기를 들어서 알 수도 있다. 누가 크게 실패했다더라, 또는 누가 감사의 선물을 들고 와서 자신의 성공담을 들려줬다더라 하는 이야기를 수집할 수 있다. 하지만 그래봐야 그건 성공한 사례이거나, 실패한 사례가 아니겠는가? 진짜로 평범한 보통 사람들이 겪은 고민과 실수와 그에 따라 맞이하게 된 결과를 속속들이 아는 사람은 거의 나밖에 없다고 자부한다.

이것이 나의 자랑이다. 물론 회원들을 오랫동안 끌고 다닌다는 건 강의의 질도 그렇지만, '사고를 치지 않았다'는 보증수표 같은 것이기에 그 역시 자랑거리이긴 하다. 잠깐. 이런 말을 하면, 예리한 사람은 순간 이런 의심을 품을 것이다.

'10년 전에 수업을 들었던 모든 사람이 김 사부를 계속 따라

다니는 건 아니잖아? 그래봐야 일부잖아. 그렇다면, 실망한 수많은 사람은 김 사부 곁을 결국 떠난 거 아냐?'

아이쿠! 정말 예리하기도 하셔라. 그것도 맞는 말이다. 나 역시 인간이기에 늘 족집게 도사처럼 일해온 건 아니다. 그렇다 보니, 실망한 사람도 있고, 내 곁을 떠나간 사람도 많다. 그래서 좀 더 정확하게 말하면, '실망하지 않은 사람들이 더 많다'라고 말해야 할 것 같다. 다시 정리하자면, 나는 비교적 적은 실수를 함으로써 평범한 사람들로 하여금 내 곁에 오랫동안 머물게 했고, 이를 통해 평범한 사람들이 어떻게 변화해 왔는지를 잘 관찰할 수 있는 기회를 갖게 되었다. 그래서 그런 기회를 가진 사람의 자격으로서 결론을 내리고자 한다. 이 결론은 신빙성이 매우 높을 것이다. 왜냐하면, 이 결론은 자극적인 성공 스토리나 공포스러운 실패 스토리가 아니라, '평범한 사람들'이라는 매우 광범위한, 즉 '해당되는 범위'에 속하는 사람이 매우 많은 경우를 분석해 내린 결론이기 때문이다.

그 결론을 지금부터 공개한다.

평범한 사람도 10년을 공부하면, 누구나 원하는 수준의 경제 단계에 도달하게 된다.

이것이 10년이 넘는 강의와 컨설팅과 관찰을 통한 나의 결론이다. 다시 말하지만, '누구나'다. 누구나 그렇게 될 수 있다. 여기에서 역시 또 예리한 사람은 여전히 다음과 같은 세 가지 의문을 품을 수 있다.

첫째, 원하는 수준의 경제 단계라는 것은 어느 정도인가?

우선, 사람들이 어떤 경제적인 수준에 있는지는 저마다 다르다. 하지만 여기서 말하는 경제 단계란 지나치게 허황되지 않은 경제 수준을 의미한다. 예를 들어, 현재 지방에서 전세 대출을 받아 거주하고 있는 사람이 강남의 50평짜리 아파트를 대출 없이 사기를 원하는 것은, 무리한 목표로 보인다. 물론 가능할 수도 있지만, 아무래도 현실성은 좀 떨어진다. 물론, 그사이에 외부로부터 특별히 자금을 지원받는다든지, 그 정도의 큰돈을 벌 수 있는 일을 할 여력이 있다면 불가능한 것만은 아니다. 그러나 평범한 직장인이라면, 그사이에 월급이나 보너스가 획기적으로 올라갈 가능성도 없고, 부모나 다른 누군가로부터 거액의 재산을 물려받을 가능성도 없다면, 이 목표는 현실성이 없다고 봐야 한다.

보통 사람이라면, 아마도 이런 목표를 세울 것이다. '번듯하고 깨끗한 내 집 하나 있고, 또 일을 하지 않아도 꾸준히 들어오는 지금 월급만큼의 수입이 있으면 좋겠다.'

또, 이미 강남의 20평대 집에 살고 있는 사람이라면 이런 소망을 품을 수도 있다. '집이 너무 좁으니 같은 지역 30평대로 옮기고, 부담 없이 아이들을 교육시킬 수 있는 현금흐름이 있었으면

좋겠다.'

이 정도이지 않겠는가? 물론, 실제로 계산해 보면, 이 둘의 경제력에는 엄청난 차이가 있다. 그러나 결국 삶의 만족도 측면에서는 다를 게 없다. 이러한 의미로 나는 자신이 소망하는 목표, 즉 원하는 경제 단계에 '누구나' 10년 내에 도달할 수 있다고 말한 것이다.

둘째, 10년 내에 목표에 도달하긴 하는데, 그럼 그게 끝인가?

이는 경제적인 영역과는 다른 영역의 질문이 된다. 무슨 말인가 하면, 10년이 지나면 원하는 경제 단계에 도달하긴 하는데, 대부분의 경우 그게 끝은 아니다. 즉, 그 수준에 이르면 더 높은 수준을 원하게 되더라는 것이다. 자신이 과거에 어떠했는지는 새카맣게 까먹고, 자신의 경제적 수준이 올라가면 올라갈수록 어느새 그 수준에 맞게 소비도 올리고 삶의 수준도 올리고, 기대치도 같이 올린다. 그래서 제3자의 입장에서 보면, 그 사람이 분명 충분한 경제적인 수준에 이르렀는데 불구하고 (그 사람의 10년 전 모습을 아는 제3자의 시각에서는) 여전히 10년 전과 똑같이 힘든 생활을 하는 것처럼 보인다.

더 많은 돈을 벌지 않으면 안 되는 구조를 만들어 놓고, 더 많은 돈을 벌려고 하니 힘들게 살아가는 것이다(더 큰 집을 구하면 관리비도 더 많이 나간다. 자녀를 너무 좋은 학교에 보내면 학비로도 엄청난 돈이 나간다). 10년 전에는 보이지 않았던 새로운 세계가 보이기 시작한 탓에, 결국 삶의 목표를 이뤘음에도 삶의 질은 여전히 제자리걸음하게 되는 셈이다.

그렇다면 어떻게 해야 할까? 어차피 10년 내에 어떤 목표를 이뤄도 삶의 질이 똑같다면, 굳이 그 길을 갈 필요가 없는 것 아닌가?

그래서 여기서부터는 돈이 아닌, 수양의 문제가 된다. 돈에 관해 어떤 철학을 가질 것이며, 어떻게 내 마음을 다스릴 것인지의 문제가 된다. 그리고 이는 김 사부의 몫이 아니다. 그럼에도 이를 언급하는 것은, 경제적인 목표를 위해서만 한없이 달리는 것이 곧 인생의 질을 높이는 길이 아님을 '애초부터' 알고 적절한 마음 수양을 함께 해가길 독자들에게 당부하고 싶어서다. 그래야만 끊임없이 부족하다고 느끼는 인생의 굴레에서 벗어날 수 있다.

셋째, 정말로 누구나 달성하는가? 단 하나의 예외도 없단 말인가?

그럴 리가 있겠는가? 사실 예외도 많다. 부끄럽지만 그 대표적인 사례가 바로 나다. 나는 이미 10년 전에 경제적인 목표에 도달했다. 경제적 측면에서 비교적 자유로운 상태가 되었다. 돈과 시간에 구애받지 않는 수준에 이르렀던 것이다. 그런데, 결국 그 많던 재산을 모두 날려버리는 일이 벌어졌고, 처음 재테크를 시작하던 시점까지 내려갔다. 날린 재산을 생각하면 자다가도 벌떡 일어나곤 했지만, 세월이 지나니 이것도 익숙해졌다. 그리고 요즘은 오히려 '잘됐다'고도 생각한다. 재산이 없으니 더 열심히 살게 되고, 그렇다 보니 삶도 더욱 활기차다.

돈 많은 사람들은 나이가 들수록 인생이 지루해진다. 젊었을 때처럼 할 것이 많은 것도 아니고, 무슨 일을 하든 젊을 때처럼 흥이 나지 않기 때문이다. 그런데 나는 다행히(?) 재산이 그렇게 많지 않은 덕분에 30대 초반의 마음처럼 살아가니, 지루함 같은 건 느낄 겨를이 없다. 나름대로 괜찮은 인생이라고 생각한다. 사실 돈을 날려버렸다고 해도, 실제로 생활이 달라진 건 하나도 없다. 드라마에서처럼 돈을 날린 후 집 가재도구에 딱지가 붙거나 눈물을 쏟으며 집에서 쫓겨나거나, 매일 편의점에서 라면으로 끼니를 때운 적은 한 번도 없다. 잘 먹고 잘 살았다. 자산의 액수만 줄어들었을 뿐, 다행히 '돈 버는 기술'은 남아 있어서 꾸준히 돈은 벌 수 있었기 때문이다.

그런데 나는 왜 실패했던 것일까? 왜 원하는 경제적인 단계에 도달했다가 다시 추락하는 일이 벌어졌을까? 그리고 10년을 공부하고 노력했음에도 원하는 경제 단계에 도달하지 못하는 '일부' 사람들은 왜 그렇게 된 것일까? 이에 대해 오랫동안 생각해 봤다. 그러다가 그들 사이의 놀라운 공통점을 발견했다. 이런 이야기는 그 어떤 책에도 나오지 않는다.

10년을 공부하고 노력해도 충분한 경제적 수준에 도달하지 못한 사람들은 모두, '지나치게 똑똑한 사람들'이거나 '지나치게 재테크에 밝은 사람들'이었다. 이게 무슨 말인가? 부동산은 왜 공부하는가? 경제적으로 더 나은 단계에 이르기 위해서다. 그저 내 집

한 채 마련하려고, 혹은 다른 지역으로 이사 가야 해서 부동산에 관심을 가지게 된 사람들도 있겠지만, 부동산에 관해 공부할 정도면 '돈'에 관해 관심이 많은 사람일 가능성이 크다. 조금 나쁘게 말하면, 욕심이 있는 사람들이다. 욕심이 있으니 자신의 삶을 변화시켜 보려고 하는 것이다. 그 정도 욕심은 나쁘다고 할 수 없다. 이러한 욕심 때문에 인류도 발전을 거듭해 온 것이다.

그래서 나를 찾아온 사람들도 대개는 그런 '건전한 욕심'을 가지고 있는 편인데, 개중에는 그 욕심이 좀 더 특별한 사람도 있다. '더 많이, 더 빨리' 부자가 되려고 하는 사람들이 그들이다. 이들은 항상 같이 공부하는 사람들보다 앞서나간다. 재테크에 관심이 많다 보니, 더 많이 조사하고, 더 많이 움직인다. 더 많은 지역을 돌아다니고, 더 많은 정보를 흡수한다.

놀라운 건, 그러한 '열정'이 그들을 해치더라는 것이다. 당장은 앞서나간 덕분에 많은 사람의 부러움을 받지만, 10년 정도 지나면 그 열정이 문제가 된다. 어째서? 남보다 '더 빨리' 무언가를 이루고자 하는 그 특별한 욕심이 만들어 낸 함정에 빠지게 되는 것이다. 너무 빨리 가려고 하다 보니 느릿느릿 가는 것이 답답한 데다, 몇 번의 성공 덕분에 과도한 자신감이 붙어버린 탓이다. 그중 가장 대표적으로 하게 되는 실수가, 이런저런 재테크 수단에 관심을 가지며 시도하는 것이다.

예를 들어보자. 회사 일도 바쁘고, 가정을 돌보기에도 바쁜 대부분의 사람은 한 달에 한 번, 또는 일주일에 한 번 시간을 내서 부동산 공부를 하기도 힘들다. 그런데 더 빨리 돈을 벌려고 하는 사람은, 주식에도 관심을 갖고 가상통화, 외환, 옵션에까지 관심을 갖는다. 원체 뛰어난 지능을 가진 덕분에 남들보다 앞서서 다양한 것들을 이해할 수 있다. 특히 부동산에 관해 2~3년쯤 공부하다 보면 웬만한 것들은 다 이해하고 알게 되니, 이제는 부동산으로 돈을 버는 속도가 좀 느리다는 생각이 들기 시작하는 것이다. 그래서 부동산보다 빠르게 돈을 벌 수 있는 다른 투자 대상을 찾게 된다. 그런데 안타깝게도, 다른 대상들은 부동산만큼 쉽지가 않다. 훨씬 많은 함정이 있으므로, 오랜 시간 엄격하게 훈련받아야만 성공할 수 있다. 그럼에도 불구하고, 부동산에서의 작은 성공이 눈을 가린다.

다른 분야로 관심을 넓히지 않고, 부동산 한 분야에만 있어도 그렇다. 특별한 토지 투자법, 신기한 경매 투자법, 이색적인 상가 투자법 등 다양하고도 기발한 투자 방법들이 있다. 대개는 불법적이고 성공 가능성이 희박한 것임에도 불구하고, 그런 것들에 현혹되는 경우가 많다. 이러한 이유로 그들은 결국 그동안 벌고 불린 돈을 모두 날리게 되는 것이다.

바로 이런 길을 걷는 사람이 10년을 공부하고도 자신이 원하는 수준의 경제 단계에 도달하지 못하는 이들이다.

‖ 김 사부의 현실적 조언 ‖

그렇다면, 어떻게 하라는 것인가? 다른 재테크 수단에는 절대 눈 돌리지 말고 부동산 투자, 그것도 익히 알려진 방법으로만 하라는 것인가? 물론 아니다. 다만, 나는 현실적인 조언을 하고 싶다. 다른 재테크 수단을 공부하는 것은 매우 좋다. 그러나 현실적으로 볼 때 다른 투자 수단의 경우, 성공 확률은 부동산에 비해 매우 낮고 그 리스크는 부동산보다 훨씬 높다. 그러한 이유로 다른 재테크 수단을 통해 성공했다고 해도, 언젠가는 자신도 모르는 함정에 빠진 후 헤어 나오기가 대단히 어렵게 되는 것이다. 그에 비해 부동산의 함정은 그렇게 크지 않다. 설령 삐끗하게 돼도 피해가 크지 않은 경우가 많다. 헤어 나올 수 있다는 이야기다.

여기서 '함정'에 빠진다는 말에 유의해야 한다. 다른 재테크 수단이 유력하지 않다거나 배우기 어렵다는 뜻이 아니다. 다만 함정에 빠지기 매우 쉬운 구조라는 말이다. 어떤 함정을 말하는가? 그건 바로, '욕심'이라는 함정이다.

조금만 생각해 보면, 이것도 상식적으로 이해가 된다. 앞서 말했듯 재테크를 하려는 사람은 일반적인 사람보다 돈에 더 욕심이 있는 사람들이고, 그 욕심 때문에 언제든 더 많이, 더 빨리 돈을 벌 수 있는 게 있다고 하면 그쪽으로 눈을 돌리게 마련이다. 물론, 처음에는 조심스럽게 한다. 투자에는 늘 리스크가 동반된다는 것쯤은 당연히 알고 있고, 공부를 하면서도 몇 번이나 반복해서 배

웠으니까. 그러나 결국 그런 것이 모두 소용이 없어진다. 더 쉽게, 더 많이 돈을 벌 수 있는 방법이 있다고 하면, 그들은 그 방법을 택하게 되는 것이다.

재테크를 공부하면서, '나는 절대 욕심내지 않을 거야, 나는 겁이 많아서 그런 건 절대 못해'라고 한 사람이라도 그 결심이 지속되긴 힘들다. 재테크 실력이 늘어날수록 수익이 점점 커진다. 덩달아 자금도 커진다. 그러면 자연스럽게 겁도 없어진다. 그렇다 보니 당연히 더 빨리, 더 많이 돈을 벌 수 있는 방법을 추구하게 된다. 인간은 본능적으로 경제적인 동물이다. 지름길이 보이지 않아서 돌아서 갔을 뿐이지, 지름길이 훤히 보이는 이상 누가 돌아서 가겠는가? 지름길이 훤하게 보이는 상황에서 일부러 돌아서 가려면 인간의 본성을 거스를 수 있는 사람이어야 한다.

결국, 99%의 사람들은 함정에 빠지게 된다. 단 1%의 특별한 사람, 또는 운 좋은 사람만이 함정에 빠지지 않고, 성공 신화를 만들어 내는 것이다. 내가 혹시라도 1%에 속하진 않을까 싶어 그 길을 가보려고 할 수 있으나, 만약 99%에 속할 경우 그 피해가 엄청나다는 걸 알아두자. 돌이킬 수 없는 수준이다. 이는 마치, 매번 만취 상태에서 운전을 했으나 한 번도 사고를 내지 않았고 음주 단속에도 걸리지 않았으니 앞으로도 그렇게 해도 된다고 생각하는 것과 똑같다. 분명 이런 사람이 있을 것이다. 그런 사실만 믿고 음주 운전을 하다가 사고를 내면 어떻게 되겠는가? 돌이킬 수 없게 된다. 그러니 1%의 확률을 믿고 그 길을 가는 것은 매우 어리석은 짓이다.

나는 우선 부동산 분야에서 어느 정도 성공을 거둔 뒤에, 다른 재테크 수단을 공부하라고 권하고 싶다. 부동산 투자의 메커니즘을 제대로 이해하려면, 여러 재테크 수단도 알고, 경제적인 흐름도 알아야 하는 게 아니냐고? 맞다. 그러나 '베팅'은 하지 마라. 베팅을 하더라도 부동산에서 성공하기 전까지는 아주 작은 베팅만 하라. 그것이 오히려 10년 뒤에 확실하게 성공할 수 있는 현실적인 방법이다.

아무리 이야기해도, 이 책을 집어 들고 읽기 시작한 수준의 사람이라면 주변으로 눈을 돌리기 쉬울 것이다. '열심히' 해서 빨리 성공한 사람들과 '열심히 하라'고 권하는 수많은 서적과 강연을 기웃거리다 보면 자극을 받는다. 물론 열심히 하지 말라는 건 아니다. 게으름을 떨쳐버려야 하는 건 당연하다. 다만 나는 재테크 분야에서 '열심히'라는 단어는 끈기를 의미하는 것이지, 몰입을 의미하는 것이 아니라고 생각한다. 현실적으로 그렇고, 확률적으로 그렇다.

다시 한번 말하지만, 김 사부의 교육목표이자 방향은, '보통 사람, 즉 부모에게 많이 물려받은 것이 없고, 고액 연봉을 주는 회사나 자랑할 만한 수입처도 없는 사람이, 너무 많은 시간을 들이지 않고 10년간 꾸준히 공부하고 실천해 만족할 만한 경제적인 성취를 이루게 하는 것'이다. 이 정도는 자신 있다. 반드시 그렇게 만들 수 있다고 확신한다. 그러니 이런 일을 모두 겪어본 사람이 전하는 '현실적인 조언'을 귀담아 들어줬으면 한다.

물론, 우리 주변에는 부동산과 주식, 심지어 대체 투자 수단인 가상화폐, 선물, 옵션, 환율, 상품 투자, 장외주식, 해외 주식 투자까지 잘하는 사람이 있다. 그리고 이를 통해 크게 성공한 사람들도 있다. 그러나 이들은 극히 예외적이라는 걸 반드시 기억하라.

‖ 독서와 성공 신화의 위험 ‖

여기서 잠깐. 이 대목에서 독서의 위험성, 성공 신화의 위험성도 함께 고려해 볼 필요가 있겠다. 성공한 사람이 쓴 책을 보면서 평범한 사람도 그대로 따라 하면 될 것 같은 착각에 빠질 수 있는데, 이게 정말 가능성이 큰 일인지는 좀 면밀히 따져볼 필요가 있다.

언제나 그렇지만, 성공한 사람은 드러나게 되어 있고, 실패한 사람은 아무 말이 없게 마련이다. 성공한 사람은 자신의 성공 방식을 수학 공식처럼 '나처럼 ○○하면, 누구나 성공할 수 있다'는 식으로 말하는데, 그것이 그 사람에게만 해당하는 매우 특별한 경험일 수 있다. 오히려 대부분의 사람은 그런 과정을 거칠 때 실패할 가능성이 훨씬 클 수 있다는 말이다.

예를 들어, 성공하려면 매일 아침 일찍 일어나라, 매일 감사하라, 남의 이야기에 귀를 기울여라, 인연을 소중하게 여겨라 같은 이야기는 그야말로 귀담아 들을 필요가 있고, 열심히 따라 할 필요가 있다. 이러한 것들은 꾸준히 따라 하는 게 힘들 뿐이지, 위험하지는 않다.

그러나 성공한 사람이 주장하는 구체적인 방법, 특히 구체적인 투자법은 따라 했다가는 '매우 위험한' 경우가 상당히 많다. 돈과 관련된 것은 모두 그렇다.

예를 들어, 성공한 사람이 쓴 책 중에 '부자가 되려면 한 달에 한 번 최고급 레스토랑에 가서 식사를 하라'는 조언이 있다. 그렇게 식사를 하다 보면 부자에 대한 꿈을 키울 수 있고 부자의 기운을 받을 수 있는 것은 물론, 무엇보다 그렇게 함으로써 부자를 만날 수 있게 된다는 것이다. 저자는 자신 역시 그렇게 부자를 만나서 그의 도움을 받아 크게 성공했다고 말한다. 나의 지인 중 하나는 정말 이 조언을 따랐다. 그는 '쥐뿔'도 없으면서 한 달에 한 번이 아니라, 일주일에 서너 번씩 최고급 식당에 갔다. 최고급 식당에 가면, 1인당 한 끼 식사비가 대략 20만 원쯤 나온다(물론 더 단가가 높은 데도 있지만). 그렇게 고급 식당을 다니면서 쓰는 돈을 카드 5장으로 충당했다. 어떻게 되었겠는가? 부자를 만나서 도움을 받기는커녕, 신용불량자가 되었다. 그러니 돈에 관한 조언은 이것이 현실적인가, 이것이 확률이 높은 일인가, 이것이 위험하진 않은가를 늘 따져봐야 한다.

다시 본론으로 돌아가자. 이러한 이유로 나는 지나치게 재테크의 여러 분야에 관심을 가지는 것이 오히려 독이 될 가능성이 크다는 결론을 내렸다. 이것이 15년 이상을 강의하면서, 15년 이상을 보통 사람들의 삶을 추적한 뒤 내린 결론이다. 물론, 이 대목에서는 나 역시 반성할 것이 많다. 아는 사람은 알겠지만, 나는 주식에 대한 강의도 꽤 오랫동안 했다. 그래서 많은 이에게 주식 투자를 권유하기도 했고, 굳이 부동산만 할 필요가 없다는 주장도 펼쳤다. 그러나 또 그 덕분에, 현실적으로 어떤 결과가 나오는지를 추적할 수 있게 되었다. 주식을 통해 실제로 성공한 사람은 매우 적을 뿐만 아니라, 성공을 했다고 해도 결국 세월이 지나고 보니 '그저 그런 성공' 아니니, '은행에 넣어둔 것과 별다를 게 없는 수준의 성공'이었다. 그리고 그 외 건전한 욕심을 가지고 열심히 하던 사람들도 할수록 오히려 나쁜 결과를 얻기도 했다.

나도 사실은 그런 결과가 나올 줄 몰랐다. 이 덕분에 새로운 깨달음을 얻고, 반성하게 되어, 방향을 수정했다. 그래서 지금은 주식에 대한 강의는 하지 않는다.

일단, 부동산 투자에서 성공한 뒤에 다른 것을 하자. 내가 부동산 전문가라서 그렇게 말하는 것이 아니라, 확률이 그렇다. 부동산이 가장 쉽다. 그리고 부동산이 가장 덜 위험하다. 설령 삐끗하더라도 망하지 않는다. 그러나 다른 재테크 수단은 그에 비해 매우 위험하다. 삐끗하면 절망의 나락으로 떨어지고, 잘 하다가도 삐끗할 가능성이 크다. 간혹 크게 성공한 사례에 현혹되지 말고, 현실적이고 확률 높은 게 무엇인지 다시 한번 찬찬히 고민해 보길 바란다.

‖ 부동산 특히 소액 투자처 ‖

이번 책은, '소액'으로 할 수 있는 부동산 투자에 관해 서술했다. 오랜 시간 강의를 하다 보니, 오래된 회원들은 자꾸 부자가 되어간다. 그래서 이제는 질문의 내용이 대개 '세금'에 관한 것이거나, 소형 빌딩, 증여 방법 같은 것들이다. 나름대로 열심히 답을 해주고 있지만, 어떨 때는 좀 허탈하다. 이미 부자가 된 사람들을 계속 도와주는 것이 의미 있는 일일까?

의미가 없다고는 할 수 없을 것이다. '부자'라는 개념은 늘 상대적이기 때문이다. 남들이 보기엔 돈이 많아 보여도, 본인들은 늘 그 이상을 생각하기 때문에 여전히 배고플 수 있다. 그래서 계속 재테크를 한다. 그런데 아무래도 돈이 절실한 사람들은 이제 막 부동산을 시작하거나 자금이 별로 없는 사람들일 것이다. 자금이 별로 없으니 미래가 암담하고, 막막하게만 느껴질 것이다. 이들에게야말로 '돌파구'가 필요하다. 쉽게 말해, 돈을 더 버는 일도 기쁜 일이지만, 절망에서 벗어나는 일은 비교할 수 없이 기쁜 일이 아니겠는가?

전작이 제목 그대로 '부동산 투자의 정석'적인 기법들을 기술했다면, 이번 책은 그중에서도 특별히 '소액'으로 가능한 투자법에 관해 집중적으로 기술했다. 그래서 다소 '정석'적이 아닌 면도 다뤘다. 물론 정석이 아니라고 해서, '편법'이거나 '불법'이라는 뜻은 결코 아니다. 다만, 조금 더 열심히 투자의 기회를 살펴야 하는 방법들을 담았다는 뜻이다. 투자금이 적은 만큼, 조금 더 노력을 하자는 것이다.

돈이 많이 생겨서, 자연스럽게 부동산 투자에 관심을 갖게 되어서 부동산 투자를 하는 것도 좋다. 그러나 대부분의 사람은 평생을 살아가면서 돈이 그렇게 많이 생기는 경우가 별로 없다. 그럼 방법은 하나밖에 없다. 머리를 쓰고 돈을 굴려서 '돈이 불어나게' 하는 방법 말이다.

나는 그렇게 돈을 불려야 하는 '간절한 필요'가 있는 사람들을 위해서 이 책을 썼다. 비록 많지 않은 돈이지만 그 돈을 굴리고 굴려서, 10년 안에 막막한 현실을 딛고 일어나 희망으로 가득 차도록, 그들이 원하는 경제적 수준에 이르는 데 이 책이 도움이 되었으면 한다.

책에서 말하는 '소액'은 얼마를 말하는 걸까? 나는 '1억 원 이하'로 규정했다. 물론, 내용 중에는 단돈 1,000만 원으로 투자할 수 있는 방법도 있고, 3,000만 원, 5,000만 원으로 투자할 수 있는 대상도 있다. 어찌 됐든 최대 1억 원이라고 보면 된다. 이 범위 내에서 투자할 수 있는 대상과 기법 들에 대해 정리했다는 걸 참고하라.

부디 이 책이 막막해 보이기만 하는 미래에 한줄기 구원의 빛이 되길 간절히 소망해 본다. 물론, 이를 위해서는 필수적으로 '10년'이란 기간 동안의 인내가 전제되어야 한다.

차례

3장

소액으로 아파트 투자하기

4장

소액으로 빌라 투자하기

5장

소액 투자처를 보는 눈

1장

대한민국 부동산의 미래

01

인구 감소와 부동산 투자

얼마 전, 아주 충격적인 기사가 나왔다. 원래 통계청에서 예측하기를 2030년까지 절대인구는 증가하고, 그 이후부터는 점진적으로 인구가 줄어들 것이라고 했는데, 그 예측이 10년이나 빗나갔다는 것이다. 통계청이 새롭게 발표한 '장래인구특별추계'의 저위 추계 시나리오에 따르면, 2020년부터 우리나라 인구가 점차 줄어들기 시작해 2067년에는 3,300만 명대에 그칠 것이라는 전망이었다. 이는 1972년 총인구 수준으로 회귀하는 것이다.

이러한 기사가 나오면 부동산 투자를 고려하는 사람들은 이내 이런 생각을 하게 된다. 인구가 줄어드는데, 부동산 가격이 올라갈까? 그런데 이는 투자의 기본을 모르는 '쓸데없는 걱정'이다. 한번 생각해 보자. 인구가 줄어들면, 사람들이 서울 강남의 집을 버리고 시골에 내려가서 살까? 인구가 줄어들면, 사람들이 자녀를 대치동 학원에 보내지 않을까?

투자는 '희소성'을 보고 하는 것이다. 세월이 흐를수록 사람들이 더 많이 찾는 곳, 취향의 변화 또는 생활의 변화, 세상의 변화로 인해 더 많은 필요가 집중되는 곳, 그런 곳에 투자하는 것이다. 이런 곳은 늘 생기게 마련이다.

가장 대표적인 예로, 불과 10년 전만 해도 사람들은 모두 "대형, 대형"을 외쳤다. 대형 평형의 아파트를 사야 돈이 된다고 생각했기에, 어떻게 해서라도 대형 아파트를 얻으려고 했다. 그래서 재개발, 재건축 현장에서는 대형 평수를 얻을 자격을 취득하기 위해 치열한 싸움이 벌어지곤 했다. 그리고 당연하게도, 자신의 능력이 되든 되지 않든 조합원은 무조건 대형 평수의 아파트를 신청했다. 그때는 그게 돈이 됐다.

그런데 어떻게 바뀌었는가? 이제는 모두 '소형'을 찾는다. 조합원들 역시 더는 대형 평형의 아파트를 얻으려고 하지 않고, 오히려 소형을 찾는다. 소형 경쟁률이 가장 치열하고, 감정가가 낮거나 반대로 감정가가 너무 높아서 소형 외에 또 하나의 것을 얻을 수 있는 조합원들이나 대형 평형의 아파트를 선택한다. 어떻게 10년 만에 이렇게 완전히 반대가 될 수 있을까? 그사이 인구구조가 변했기 때문이다. 1인 가구가 늘어나고, 1인 자녀 가구가 늘다 보니,

자연스럽게 소형 평형 아파트에 대한 선호도가 올라간 것이다.

그럼 이제 이렇게 생각해 보자. 만약 10년 전에 남들이 모두 “대형”을 외치던 시절, 찬밥 신세였던 소형 평형의 아파트를 산 사람은 지금 어떻게 되었을까? 투자 수익률로 친다면, 엄청난 이익을 거두었을 것이다. 투자라는 것이 이렇다. 세상의 변화에 따라 좀 더 인기가 올라가고, 좀 더 희소해질 것들을 미리 예측해서 베팅하는 행위가 바로 투자의 핵심이다. 그렇다면 무엇을 해야 하는가? 이러한 일이 미래에도 더 발생하지 않을까 생각해 보면 된다.

조망권 역시 마찬가지다. 예전에는 많은 사람이 ‘조망권’의 가치를 크게 보지 않았다. 그런데 사실 그렇지 않다. 과거에도 강이 내다보이는 라인, 산이 보이는 라인은 그렇지 않은 곳에 비해 가격이 비쌌다. 다만 그 차이가 아주 작았을 뿐이다. 그때는 차이가 크지 않았으므로 조금 마음만 굳게 먹으면 얼마든지 조망권이 좋은 라인의 아파트를 매수할 수 있었다. 그런데 지금은 어떻게 되었는가? 강이 보이는 라인과 강이 보이지 않는 라인은 평형이 다른가 싶을 정도로 가격 차이가 벌어졌다. 이런 변화가 미래에는 없어질 것 같은가? 인구가 줄어들면 이런 선호도가 없어질 것으로 생각하는가? 아니, 오히려 세상이 빠르게 변하면서, 과거에는 큰 가치가 없었지만 새롭게 가치가 부각되는 것들이 더 많이 생겨날 것으로 보는 게 상식적이다. 그런데도 오직 인구가 줄어든다는 이유 하나로, 부동산 가격이 떨어질 것으로 예측하는 것은, 미련한 것에 가깝다.

서울의 대장 아파트인 반포동 아크로리버파크의 경우, 2018년 11월에 한강이 보이는 84㎡ 형이 31억 원에 거래되었다. 분양 당시만 해도, 3.3㎡당 5,000만 원이 넘어 '초고가 분양'이라는 말이 나왔고 과연 모두 분양이 될까 우려의 목소리도 있었는데, 오히려 분양한 지 불과 5년 만에 2배가 넘는 가격이 됐다. 대치동은 또 어떤가? 한때 인터넷 강의가 나오면서 대치동의 신화는 없어질 것이라는 말이 나왔다. 인터넷 강의로 스타 강사의 강의를 쉽게 들을 수 있는데, 누가 대치동에 가서 줄을 서가면서까지 수강을 하겠느냐는 논리였다. 그런데, 어떻게 되었는가? 대치동의 가치는 더욱 높아졌다. 오히려 인구가 줄어들면서 경쟁이 더 치열해졌고, 경쟁의 유리한 고지를 차지할 수 있는 가장 확실한 방법으로 꼽히는 '일류 대학'에 들어가기가 더욱 어려워진 것이다. 인터넷 강의가 상당히 널리 퍼지기는 했으나, 결국 '공부 잘하는 학생'들에게만 탁월한 효과가 있을 뿐, 그렇지 못한 학생들에게는 큰 효과가 없다는 사실이 드러나면서, 대치동 쏠림 현상이 더욱 심화되었다. 당연히 대치동의 집값은 단 한 번의 하락도 없이 지속적인 상향 곡선을 그렸다.

그래프는 대치동의 대표 아파트 중 하나인 한보미도맨션의 10년 시세 추이다. 2008년 금융위기 이후로 가격이 보합을 유지하거나 약간 하락한 적이 있으나, 거래 건수가 거의 없어서 실제로 하락이 일어났다고 보기는 힘들다. 특히 하락 시에는 아주 완만하고, 상승 시에는 급등하는 걸 볼 수 있다.

대치동 한보미도맨션 시세 추이

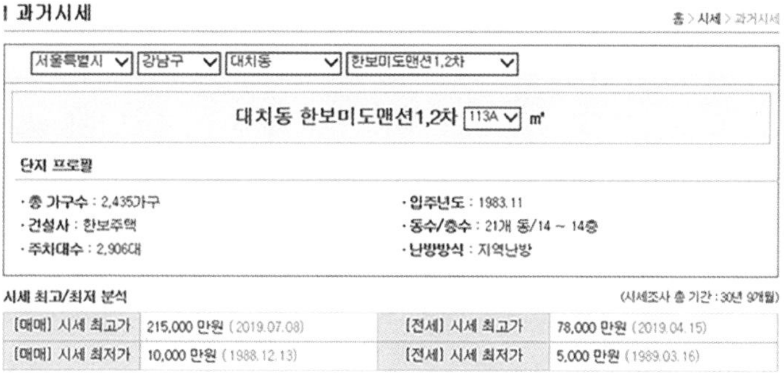

ㅣ 과거시세

홈 > 시세 > 과거시세

서울특별시 | 강남구 | 대치동 | 한보미도맨션1,2차

대치동 한보미도맨션1,2차 113A ㎡

단지 프로필

- 총 가구수 : 2,435가구
- 건설사 : 한보주택
- 주차대수 : 2,906대
- 입주년도 : 1983.11
- 동수/층수 : 21개 동/14 ~ 14층
- 난방방식 : 지역난방

시세 최고/최저 분석

(시세조사 총 기간 : 30년 9개월)

[매매] 시세 최고가	215,000 만원 (2019.07.08)	[전세] 시세 최고가	78,000 만원 (2019.04.15)
[매매] 시세 최저가	10,000 만원 (1988.12.13)	[전세] 시세 최저가	5,000 만원 (1989.03.16)

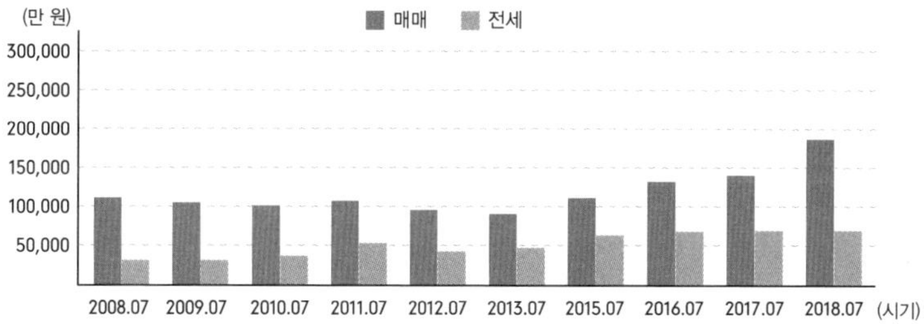

(자료원 : 부동산뱅크)

이러한 부동산 시세 움직임은 이미 자가주택 보유 비율이 거의 100%에 달하는 선진국에서도 입증됐다. 자가주택 보유 비율이 높으면, 집 걱정을 할 일이 없으니 집값도 상승할 일이 없을 거 같은데, 그렇지 않다. 오르는 지역의 집값은 여전히 상승하고, 매수 대기자가 줄을 선다. 도무지 믿기지 않는다면, 한번 외국에 가서 1년 정도 살아본 사람들의 이야기를 들어보라.

그중에 아마 집을 구하는 일이 수월했다고 하는 사람은 한 명도 없을 것이다. 집이 모자라기 때문일까? 그렇지 않다. 마음에 드는 집, 마음에 드는 지역의 집, 자녀 교육이나 안전을 고려할 때 적당한 집, 직장과도 비교적 가까운 지역의 집, 이런 조건에 맞는 집을 구하려고 하다 보니, 마땅한 집이 거의 없고 마음에 드는 집은 너무 비싸다는 결론에 이르렀을 것이다.

이런 식이다. 자가주택 보유 비율이 높아지든, 인구가 줄어들든, 우리나라가 더 선진국이 되든, 이처럼 변화하는 세상에 맞춰 투자 가치가 높은 부동산은 또 생기게 마련이다. 그리고 그런 부동산을 찾는 것이 우리의 몫이다. 사실, 인구가 줄어들기 때문에 부동산 가격이 떨어질 것으로 예상하는 대중의 단순한 생각도 우리에게는 유리한 점이다. 미안한 이야기지만, 대중이 그렇게 생각해야만 기회가 생기기 때문이다.

02

필연적 위기 속 생존법

최근 여기저기서 '부동산 10년 위기설'이 언급되고 있다. 인구 구조의 변화와 맞물려 부동산 대세 하락론을 주장하는 이들도 등장했다. 우리나라 경제도 일본의 '잃어버린 20년'처럼 될 거란 이야기 역시 잊을 만하면 등장한다. 이러한 주장은 앞으로도 계속 나올 게 분명하다. 그러니 확실하게 정리하고 갈 필요가 있다. 그래야 이 같은 주장들 사이에서 중심을 잡을 수 있을 테니 말이다.

위기설이 나오면, 언제나 그럴듯한 원인들이 따라붙는다. 아니, 그럴듯한 원인이라기보다 '팩트fact'다. 미중 무역전쟁, 수출 하락, 환율 급등, 외국인 자금 회수, 정부의 포퓰리즘적 정책 등 이대로 가다가는 나라가 망하겠다는 생각이 들 만한 요소들은 넘친다. 그리고 묘하게도 근 40년 동안 거의 10년마다 큰 위기가 발생했다.

1978년	2차 오일쇼크
1987년	블랙먼데이
1997년	외환위기 및 아시아 금융위기
2008년	미국 금융위기
2018년~2019년	?

이 같은 역사적 사실에 따라 위기설이 더욱 주목받게 되면서, 위기가 오고 있다고 말하는 책들도 쏟아져 나온다. 하나같이 무서운 이야기들이라, 당장 한국을 떠나든지 있는 걸 모조리 팔아 달러로 갖고 있든지 해야 할 것 같은 느낌마저 든다. 그럼 우리는 어떻게 행동해야 할까? 이런 위기설에 대해 우리는 두 가지 중요한 관점에서 생각해 봐야 한다.

‖ 위기는 예측하는 것이 아니라, 대비하는 것 ‖

누군가가 내게 "위기가 올까요?"라고 물으면, 나는 서슴지 않고 대답한다. "당연하지요. 위기는 옵니다." 내 대답에 상대방은 상당히 당황한다. 부동산 강의를 하는 사람이라 무언가 희망적인 이야기를 해줄 것으로 기대했는데, 오히려 위기는 당연히 온다고 하니 놀랄 수밖에.

그런데 이것이 진실이다. 우리나라는 위기가 올 수밖에 없는 구조를 가지고 있다. 대한민국의 경제는 '소규모 개방경제'다. 인구와 땅덩어리, 자원을 볼 때 이 구조 자체가 바뀔 가능성은 없다. 따라서 세계 모든 경제에 영향을 받는다. 미국의 금융위기에도 심각한 타격을 입고, 유럽의 위기에도 영향을 받고, 심지어 영국이 유럽연합에서 탈퇴한 '브렉시트Brexit'에도 심각한 영향을 받지 않았는가?

전 세계 지도에서 우리나라의 크기를 한번 보라. 정말 작다. 그것도 반으로 분단된 나라다. 그런데 그런 나라가 세계경제에서 늘 15위 안에 든다. 그 자체가 기적인데, 그렇다 보니 세계 모든 경제의 좋고 나쁜 것에 출렁거릴 수밖에 없는 것이다. 이 큰 세계에서 보잘것없는 우리나라가 10년 이상 큰일 없이 지낼 것으로 기대하는 것이 오히려 이상하다. 아무리 정교한 시스템을 기반으로 통제하고, 과거의 잘못을 철저히 수정한다고 해도 이 모든 것을 인간이 한다는 것에는 변함이 없다. 인간이 하는 일에는 항상 예상치 못했던 실수가 발생하고 그에 따라 위기가 닥칠 수밖에 없는 것이다.

그렇기 때문에, 우리는 위기가 온다는 걸 당연하게 생각해야 한다. 위기가 온다고 해서 모두 죽는 것은 아니다. 오히려 위기에 큰 기회를 잡아 흥하게 되는 사람도 적지 않다. 큰 성공까지는 몰라도, 일단 위기를 별 탈 없이 극복할 수만 있어도 된다. 따라서 위기가 올 것인지 안 올 것인지 언제 올 것인지 예측하지 말고, 그냥 올 거라고 생각하는 것이 현명한 자세다.

내가 위기는 오지 않을 거라고 주장했다고 가정해 보자. 위기가 오지 않을 수많은 이유들을 늘어놓고, 그래서 많은 사람이 마음의 안정을 얻었다고 치자. 그런데 사람들이 내 이야기만 듣는 것은 아니다. 위기가 올 것이라는 다양하고도 대단한 전문가들의 이야기를 들으면 또 흔들리게 된다. 결국 계속해서 이렇게 흔들리고 저렇게 흔들리면서 아무것도 못하게 되는 것이다.

만에 하나, 흔들리지 않는다고 해도 결과는 마찬가지다. 한 가지 결정을 내려 어떤 전략을 짰다고 해도, 단언컨대, 보통 이러한 '위기론'에 관해 공부하고 생각해 낸 전략이라면 100% 잘못된 전략일 것이다. 왜냐고? 그렇게 취한 전략은 결국 '대중적으로 지지를 얻는 내용'을 받아들인 결과일 것이고, 그것은 결국 대중을 따라간다는 이야기이며, 대중을 따라간다는 것은 대체로 돈과는 거리가 멀어진다는 것이기 때문이다.

〈빅쇼트〉나 〈국가부도의 날〉 같은 영화를 보며, 위기의 때를 먼저 알아채 그에 맞는 투자를 하면 엄청난 돈을 벌 수 있을 거라고 착각하는 사람들이 있다. 그런데 그 정도로 엄청난 이익을 얻으려면, 시장과 경제 전반에 대해 대단히 광범위하고 엄청나게 많은 자료를 수집해 집착에 가까울 정도로 파고들어야 한다. 이러한 준비도 없이, 그냥 '감'으로, 또는 그냥 대중 매체나 인터넷에서 찾을 수 있는 자료 정도로 큰 투자를 했다가는 있는 재산마저 날리기 쉽다. 영화 〈빅쇼트〉에도 나오지 않는가? 영화 속 천재 수학자인 주인공은 웬만한 인간이라면 불가능하다 싶을 정도로 어마어마하게 많은 자료를 체크하고, 수많은 시간을 들여서 현장을 모조리 확인한 뒤에 다가올 위기를 확신한다. 그렇게 포지션을 취한 시점이 2007년이다. 그러나 시장은 그의 생각과 반대로 흘러간다. 무려 1년간이나. 결국 그의 수익률은 -20%가 되고, 투자자들의 원성이 빗발친다. 다행히 그는 자신의 포지션에 대한 확신을 끝까지 밀고 나간 덕분에 마침내 막대한 이익을 얻는다.

자, 개인에게 그런 일이 벌어졌다면 어떻게 되겠는가? 과연 1년을 버텨낼 수 있을까? 자신의 결정에 대해 확신을 가질 수 있겠는가? 시장은 계속 상승하고, 수익률은 마이너스를 달리고 있는데, 본인보다 대단한 전문가들이 "이제 시장은 상승으로 간다"고 연일 떠들어대는데 버틸 수 있을까?

평범한 투자자는 그렇게까지 집착적으로 자료를 파고들 수도 고급 정보를 얻을 수도 없고, 그런 고급 정보를 얻기 위해 시간과 돈을 쓸 수도 없다. 인터넷이나 강의만으로 알게 된 어설픈 지식만으로 흔들리는 시장에 확신을 가지는 건 불가능하다는 말이다. 아주 운 좋은 몇 사람이 '위기가 온다'는 얘기에 베팅을 했다가 어쩌다 맞힌 것이 성공 사례로 회자될 뿐이다. 그러니 보통 사람의 경우, 위기가 언제 올지 예측하려고 노력하는 것 자체가 무모한 일이다.

이런 생각도 해볼 필요가 있다. 위기가 온다는 이야기에 가진 자산을 모조리 팔아서 현금을 마련했다고 치자. 집을 5억 원에 팔아 현금 3억 원을 준비한 뒤, 2억 원짜리 전셋집을 구했다. 그런데 위기가 오긴 왔는데, 그로부터 3년 후에 왔고 그사이 매도한 집값은 10억 원이 되었다. 그리고 얼마 뒤 위기가 온 탓에 '폭락'한 집값이 7억 원이다. 그럼 이 사람은 무슨 짓을 한 걸까? 위기가 올 것을 맞히기는 했으나 결국 폭락한 집조차 매수할 수 없는 상황이 되어버린 것이다. 위기가 올 것을 짐작하고, 이를 맞히고, 이에 적절하게 대응했음에도 내 집 한 채 지키지 못한 처지로 전락해 버린 것이다.

위기를 예측한다는 것이 이런 것이다. 대단히 어려울 뿐만 아니라, 전문 투자자가 아니라면 이랬다저랬다 흔들리기만 할 가능성이 크고, 맞혔다고 해도 그 시점을 정확하게 맞히지 못할 경우 오히려 큰 손실을 볼 수가 있다. 따라서 위기를 예측하려는 노력을 아예 포기하는 편이 낫다. 대신 위기가 오지 않으리라 생각할 것이 아니라, 위기라는 건 내일 당장, 언제라도 올 수 있다고 생각하면서 대비하는 것이 가장 현명하다.

그럼 어떻게 대비해야 하는가? 역사에서 교훈을 찾아볼 수 있다. 다만, 여기서 말하는 역사란 책에 나오는 거창한 사건이 아닌, 현실의 삶에서 보통 사람들이 어떻게 위기를 이겨냈는지를 보는 것이다. 이를 통해 우리도 위기에 대비하는 적절한 방법을 알게 될 것이다. 지금부터 과거를 찬찬히 살펴볼 것이다. 그러면서 당면한 위기 상황에서 과연 누가 망했고, 누가 견뎌냈고, 누가 흥하게 되었는지 보자. 그러면 위기를 어떻게 다루어야 하는지에 대한 감각을 얻을 수 있을 것이다.

‖ 누가 흥하고 누가 망했나 ‖

망한 사람들 2008년 금융위기가 왔을 때, 우리나라에는 하우스푸어가 쏟아져 나왔다. 금융위기가 닥치기 전, 우리나라는 부동산 역사상 가장 긴 상승장이 펼쳐지면서 자산 가치가 오를 대로 오른 상황이었다. 이때 금융위기가 닥치니 부동산 가격이 폭락했고 집을 매수한 사람들이 하우스푸어로 전락한 것이다.

이 하우스푸어들은 어떤 사람들이었을까? 금융위기 바로 전에 가장 높은 가격에 주택을 매수한 사람들일까? 그렇지 않다. 하우스푸어들은 은행 대출을 최대한으로 일으켜 비싼 가격에 집을 산 사람들이다. 이들에게는 집값이 떨어지는 상황에서 계속 이자를 지불하는 것이 대단히 두려울 수밖에 없다. 예를 들어, 대출이자로 매달 100만 원씩 내야 하는 상황이라고 해보자. 이들이 처음에 100만 원이라는 이자를 감수하겠다고 결정한 것은, 아마 자신의 수입에서 이 정도는 떼어내도 생활에 지장이 없다고 판단했기 때문일 것이다. 그렇게 100만 원씩 이자를 내는 동안에 집값이 계속 오른다면 이자를 감당하는 게 그렇게 힘들지 않다. 머릿속에서는 아주 단순한 계산이 돌아간다. 1년에 대출이자로 지출하는 총 이자금액이 1,200만 원인데, 집값이 5,000만 원 올랐다. 그러니 뭐가 문제인가?

그런데 반대의 상황이 오는 것이다. 여전히 매월 100만 원씩 대출이자를 내고 있는데, 1년 만에 집값이 5,000만 원 떨어졌다. 이때도 머릿속에서 단순한 계산이 돌아간다, 총 이자 1,200만 원에 집값 하락분 5,000만 원을 더하면, 매년 6,200만 원씩 손해를 보는 것이다. 이 짓을 계속해야 하나?

사실 매월 대출이자를 100만 원씩 낸다는 것에서 변한 것은 없다. 또 집값이 올라가든 내려가든 당장 상황이 달라지는 것도 아니다. 물론 집값이 계속 떨어지면 은행에서 대출금 회수 요청을 할 수도 있지만, 실제로 은행에서 대출금 회수 요청을 한 사례는 거의 없다. 그런데도 두려움을 피할 수 없다. 1년은 어떻게 버틴다고 해도, 2년이 되면 손실만 1억 2,400만 원이다. 거기에 1년이 더 지나면? 이런 공포가 엄습해 오니, 대다수는 견딜 수 없게 되는 것이다. 그렇다 보니 '집값이 더 떨어지기 전에 어서 매도해 이자라도 내지 말자'는 쪽으로 마음이 기운다. 결국 본인이 매수한 금액보다 더 싼 가격에 손해를 보면서까지 집을 매도하게 되고, 무주택자로 전락하는 것이다.

그들은 왜 집을 팔 수밖에 없었을까? 100만 원이라는 금액, 즉 대출이자 금액이 감당하기에 매우 힘든 수준이었던 것이다. '풀베팅', 즉 무리한 투자를 한 것이다. 자신이 가진 현금을 모조리 투자에 활용한 것이다.

견뎌낸 사람들 내 강의를 듣는 회원 가운데 한 명은, 2007년에 은행 대출을 받아 용인의 한 대형 평형 아파트를 매수했다. 나는 대형 평형의 아파트는 가격이 이미 오를 대로 오른 데다 선호도가 그리 높지 않다며 간곡히 만류했다. 하지만 그는 인생 천년 만년 살 것도 아닌데, 좀 더 넓은 집에서 살아보고 싶다면서 용인의 대형 아파트를 끝내 매수했다.

어떻게 되었겠는가? 거의 직격탄을 맞았다. 위기가 닥치자 대형 평형 주택은 가장 먼저 가격이 떨어졌고, 그것도 가장 큰 폭으로 떨어졌다. 더욱이 그동안 대형 평형 아파트를 너무 많이 지은 탓에, 대형 매물이 넘쳐났다. 경매시장에도 온통 대형 평형 아파트뿐이었다.

어려운 시기를 보내고 있을 게 뻔한 그에게 물어봤다. "많이 힘드시죠?" 그런데 그분 대답이 의외였다. "그냥 월세 내고 산다고 생각하며 살려고요."

그랬다. 그는 비록 대출을 받아서 대형 평형 아파트를 사긴 했지만, 대출이자가 감당할 만한 수준이었던 것이다. 집값이 떨어지든 말든, 언젠가 매도해야 할 때 원금 수준으로만 회복된다면, 그동안 낸 이자는 월세였다고 생각하면 되는 것이다. 그래서 그는 그대로 버티면서 평생 원했던 '넓은 집에서 살아보자'는 소원을 성취했다. 살면서 그 소원이 그다지 가치 있는 건 아니었다는 걸 깨닫게 되었지만, 하여간 넓은 평형에서 여유롭게 살았다.

그리고 매입한 지 약 11년이 지난 2018년, 그는 매수한 금액보다 3억 원을 더 받고 그 아파트를 매도했다. 비과세 혜택을 받았으니, 3억 원이 모조리 수익이다. 그동안 낸 대출이자는 어디에 살았더라도 내야 했으니 집세로 여기고, 10년간 집 한 채로 3억 원을 벌었으니 충분하다고 했다.

결국 그는 금융위기를 견뎌내고 성공한 사례가 된 셈이다. 어떻게 이런 일이 벌어진 것일까? 그에게는 감당해야 할 대출이자가 그냥 '월세' 정도로 생각해도 될 만한 액수였던 것이다. 따라서 무섭고 두려운 상황에도 그는 버틸 수 있었다.

1997년 IMF 외환위기 때도 마찬가지였다. 모든 사람이 길거리에 나앉은 것은 아니었다. 대출이자율이 20%를 넘어가는 상황에서, 힘들지만 감당할 수 있었던 사람은 세월이 지나가길 기다렸다. 그랬더니, 거짓말 같이 대출이자율도 내려갔고 심지어는 몇 년 후엔 대한민국 금융 사상 한 번도 보지 못한 '저금리 시대'가 열린 것이다.

이들이 똑똑해서 위기를 견뎌낸 것은 아니다. 그저 이자를 감당할 수 있었을 뿐이다. 이자를 감당할 수 있었다는 건, 이자를 제외하고도 생활비를 충당할 수 있는 경로가 있었다는 말이다.

누가 위기를 이겨내는가? 어떻게 위기를 대비하는가? 그 대답은 다름 아닌, '현금'이다. 안정적인 현금흐름이 있는 사람은 어떤 위기가 닥쳐도 결국 견뎌낸다.

앞에서 사례로 든 회원이 이자를 월세라고 생각하겠다고 한 것도 그저 아무렇지 않아 그렇게 말한 게 아니다. 당연히 가슴이 쓰리다. 그렇게 집값이 떨어지면 누구라도 대출이자를 월세로 생각하며 살 수는 없다. 집을 사는 사람은 모두 집값이 오를 것으로 기대하고 매수하기 때문이다. 그런데 어쩌겠는가? 집값이 떨어지고 있는데! 그러니 그런 마음을 먹을 수밖에 없고, 그런 마음을 먹을 수 있는 건 그만큼 버텨낼 수 있으니 또 가능한 것이다. 현금흐름이 있으면 그 정도는 월세로 날아가도 감당할 수 있기 때문이다.

현금흐름이 있으면, 시장의 움직임에도 좀 무뎌질 수 있다. 하루가 멀다 하고 '하우스푸어', '폭락', '세계경제 암울', '언제 끝날지 모르는 공포' 같은 자극적인 문구들이 쏟아져 나와도 안 들으면 그만이다. 먹고사는 데 큰 지장이 없기 때문이다. 부동산이든 주식이든, 떨어지면 떨어지는 대로 그냥 내버려 두는 것이다. 그렇게 하다 보면, 시장에서 한걸음 물러설 수 있고, 언제 그랬냐는 듯이 시장도 다시 제자리를 찾는다. 바로 이런 결과를 만들어 낼 수 있는 것이 현금흐름이다.

그럼 어떻게 현금흐름을 만들어야 할까? 안정적인 직장에 다닐 수 있다면 그게 가장 좋고, 그게 힘들다면 현금흐름이 발생되는 투자자산을 만들어야 한다. 그것도 안 된다면 일정 부분 현금을 가지고 있어야 한다. 특히 직업과 수입도 안정적이지 않다면 투자는 매우 보수적으로 해야 한다. 자기 직업의 특성을 고려하지 않고, 돈이 가장 잘 벌릴 때만 생각하고 투자하는 것은 매우 위험한 행동이다.

현금흐름, 현금 보유 정도를 늘 살피면서 투자해야 한다. 그것이 바로 위기를 대비하는 방법이며, 그것이 바로 보통 사람이 접근할 수 있는 가장 현실적이면서도 현명한 방법이다.

성공한 사람들 위기가 지나고 나면, 반드시 여기저기서 성공 사례들이 터져 나온다. 영원히 지속될 것 같던 위기는 언제 왔었냐는 듯 사라지고, 시장이 반등하면서 환경도 완전히 달라진다. 보통 사람들이 시장 반전에 놀라 적응하기에도 바쁜 상황에서, 이를 적극적으로 이용한 사람들은 있게 마련이다. 이들은 위기가 지난 후, 어마어마한 성공 사례로 대중들 사이에서 회자되기 시작한다.

IMF 외환위기 때도 그랬고, 금융위기 때도 그랬다. IMF 시절 달러를 사들인 사람, IMF로 주가지수가 500 이하로 떨어졌을 때 우리나라 대표 주식들을 긁어모은 사람, 우량한 회사채를 엄청나게 할인된 금액에 사들인 사람, 웬만한 사람의 1년 연봉 수준에 강남의 아파트를 매수한 사람, 정부가 핵심지역 미분양 아파트에 부여한 비과세 혜택 소식을 듣고 과감히 매수한 사람이 그런 사례들이다. 금융위기 때도 마찬가지다. 달러, 주식, 할인된 회사채, 헐값에 거래되는 핵심 부동산에 관련된 성공 사례들은 어렵지 않게 찾을 수 있다. 정리해 놓고 보니, 정말 공식처럼 흘러가는 것 같다.

또다시 위기가 오면 어떻게 될까? 단언컨대, 크게 달라지는 건 없을 것이다. 가치에 비해 폭락해 버린 투자 대상이 다시 폭등하면서 누군가에게는 큰 이익을 안겨줄 테니까. 이러한 이유로, 어떤 면에서 돈을 버는 것이 너무 쉬운 일이 된다. 뭘 많이 외워야 하는 것도 아니고, 뭘 많이 이해해야 하는 것도 아니다. 달러를 사는 것이 어려운 것도 아니고, 우리나라의 대표 주식을 사는 것이 힘든 일도 아니다. 부동산 투자라고 해도, 뭐 대단히 특별한 부동산을 사야 하는 것도 아니다. 핵심지역의 핵심 부동산을 사면 된다. 대단히 공부할 일도 없는 것이다.

그러나 우리 모두는 안다. 이게 생각처럼 쉽지 않다는 것을. 왜일까? 그건 두 가지 조건을 충족해야 하기 때문이다. 하나는 위기가 올 때 운용할 현금이 있어야 한다는 것이고, 다른 하나는 위기가 올 때 그 위기를 극복할 수 있다는 확신이 있어야 한다는 것이다.

그런데 위기가 오지 않았을 때는 위기가 올지 안 올지 판단하느라 이리저리 흔들리는 것처럼, 막상 위기가 오면 위기를 극복할 수 있느냐 없느냐를 두고 이리저리 흔들린다. 위기가 더욱 심화될 거라는 사람, 위기가 10년 넘게 지속될 거라는 사람, 우리나라가 아예 다시는 회복하지 못할 거라는 사람들도 나타난다. 그런 상황에서 '희망'에 베팅하는 건 쉽지 않다.

여러 가지 이유로, 바로 이런 때 베팅할 수 있는 사람이 고수라고 할 수 있다. 위기를 극복할 수 있다는 확신은 아무나 가질 수 없다. 위기가 왔지만 그저 극복할 수 있겠지 하는 나약한 믿음만으로 소중한 돈을 걸 수는 없지 않겠는가. 따라서 희망을 보고 베팅할 수 있는 능력을 갖추기 위해서는 공부해야 한다. 그것이 투자 고수로 가는 길이다. 이 같은 수준에 이르기까지 노력하는 것이, 투자자가 진정으로 추구해야 할 자세다.

03 위기가 와도 성공하는 사람들

2018년에 어떤 사람이 내게 상담을 요청했다. 그의 사연은 이랬다. 2006년과 2007년에 부동산 가격이 너무 올라서 마음이 조급해졌지만, 그는 '내가 사면 끝물이 아닐까?' 싶어 내 집 마련을 자꾸 미뤘다고 했다. 하지만 이제 더 이상은 안 되겠다는 생각이 들어, 내 집 하나 장만하는 건데 좀 비싸게 사면 어떤가 싶어 과감하게 아파트를 사기로 마음먹었다. 그 대상은 2008년 당시 입주 예정이던 잠실의 엘스 아파트였다. 그런데 막상 부동산 중개소를 통해 아파트 내부도 살펴본 뒤 돈을 막 송금하려고 하는데, 아무래도 느낌이 좋지 않더라는 것이다. 갑자기 그 느낌을 믿어야겠다는 생각이 들어, 매수를 몇 달만 보류하겠다고 통보했다고 한다. 그리고 바로 1개월도 지나지 않아 금융위기가 터진 것이다. 엘스는 새 아파트인데도 불구하고, 매매가격이 2개월 만에 2억 원이나 떨어졌다. 그는 가슴을 쓸어내렸다. 그리고 자신에게 온 이 놀랍도록 고마운 '촉'에 대해 뿌듯하면서도 감사한 마음이 들었다고 했다.

국토부 '실거래가 공개시스템'을 통해 확인해 보니, 2008년 10월 10억 8,000만 원에 거래됐던 잠실 엘스 아파트 84㎡ 평형은 2개월 뒤인 12월에 8억 원까지 내려왔고, 7억 5,000만 원에 거래되기도 했다. 3억 원 이상 떨어진 물건도 거래가 된 것이다.

그런데 그는 그 이후 10년이 지나서도 아파트를 사지 못하고 있었다! 그래서 지난 2018년에 나를 찾아와 어떻게 하면 좋겠는지 상담을 요청한 것이다. 국토부 실거래가 공개시스템에서 확인한 결과, 잠실 엘스 아파트의 같은 평형대는 2018년 9월 시점 18억 2,000만 원에 거래되었다.

위기는 맞혔다. 그런데 결국 돈은 벌지 못했다. 이게 무슨 의미가 있을까? 반대로 위기를 맞히지 못한 '미련한' 사람들은 어떻게 되었을까? 결국 돈을 벌었다.

한번 계산해 보자. 2008년 위기가 닥치기 전에 엘스를 매수한 사람은 당시 가장 높은 금액에 매수한 꼴이 되는 것이고, 2개월 만에 2억 원이 떨어지는 어마어마한 아픔과 함께, 오랜 기간 '손실을 보고라도 팔아야 하나, 버텨야 하나'를 고민하면서 불면의

잠실 엘스 84㎡

2008년 매매가격	10억 원
2018년 매매가격	18억 원
매도 시 차익	8억 원

밤을 보냈을 수도 있다. 그러나 이런 불운을 맞이한 사람이라고 해도, 세월이 지나고 보니 오히려 이익을 얻게 된 것이다.

2008년 가장 고점에 매수했다고 하더라도, 10년 만에 8억 원이라는 돈을 벌 수 있다. 만약 비과세 혜택을 받을 수 있다면 10년 동안의 주거비용을 제외하고 8억 원이라는 돈을 고스란히 벌 수 있는 것이고, 이를 연평균 수익률로 따지면 복리 8% 이상의 매우 높은 수익률인 셈이다(일부 대출을 받아 매수했다면 수익률은 훨씬 올라갈 것이다. 실제 양도차익이 9억 원 이상이 되면 과세하지만, 비율별로 과세하고 또 장기보유특별공제 등을 감안하면 비슷한 수익이 난다).

만약 아파트를 매수한 뒤 거주는 하지 않고 바로 전세로 세입자를 구했다고 가정해도 마찬가지다. 당시 잠실 일대에 입주 물량이 쏟아져 나온 탓에 엘스 아파트의 전세가격은 절반으로 곤두박질쳤다. 시세가 5억 원 정도였는데, 2억 5,000만 원까지 떨어진 것이다. 거의 최저가 근처에서 전세를 내주었다고 가정하면, 무려 7억 원이라는 투자금이 들어간다.

잠실 엘스 84㎡

2008년 매매가격	10억 원
2008년 전세가격	3억 원
투자금액	7억 원
매도 시 차익	8억 원
수익률	114.3%

투자금으로 7억 원이라는 거액이 들긴 했지만, 10년을 버텼더니 8억 원을 벌게 되는 것이다. 수익률이 무려 114%다(차익÷투자금×100). 취득세와 양도세 및 기타 비용을 계산에 넣진 않았지만, 중간에 전세가격 상승으로 인한 투자금 회수까지 감안한다면, 비슷한 수익률이 나오지 않을까 싶다.

결국 누가 승자가 되었는가? 2008년 위기를 감지하고 매수를 하지 않았던 사람과 미련하게 가장 높은 금액에 엘스 아파트를 매입한 사람 중에서 말이다. 위기가 오든 오지 않든 앞뒤 따져보지 말고 무조건 아파트를 매수하라는 말이 아니다. 이는 극단적인 사례에 해당한다. 다만 위기를 겪은 사람이라고 하더라도, '좋은 부동산'을 사면 결국은 승자가 된다는 말이다.

혹시라도 운이 지독히 없어서 매수하자마자 위기가 닥치는 일이 벌어진다고 해도, 좋은 부동산을 사면 결국 보상을 받는다는 것을 확실하게 알면, 위기가 오든 안 오든 불안할 필요가 없다. 어느 정도 현금흐름을 확보한 상황에서 충분한 가치가 있는 부동산을 과감히 사두면, 반드시 승자가 된다.

‖ 위기 시 부동산 소유자의 상황 시뮬레이션 ‖

위기가 닥쳤을 때 부동산을 소유한 사람에게는 어떤 일이 생길까? 현실적으로 시뮬레이션해 보자. 위기가 오면 집값이 폭락할 수 있다는 걸 많은 사례를 통해 알고 있을 것이다. 그런데 부동산 가격이 떨어지든 떨어지지 않든, 현금흐름을 확보하고 있는 사람은, 기분은 좀 상하겠지만, 크게 달라질 것이 없다. 마음을 다스리며 시간을 보내다 보면, 다음과 같은 일이 벌어진다.

위기가 오면 집값이 내려가고, 환율과 유가는 오른다. 물가가 오르면 자연스럽게 자재 값이 오른다. 자재 값이 오르면 건설사들은 아파트를 짓고 싶어도 지을 수가 없다. 아파트 가격이 내려가고 사람들은 집을 사려고 하지 않는데, 어떻게 비싼 자재 값을 들여 집을 지을 수 있겠는가? 손해 볼 것이 불 보듯 빤한 상황에서 사업을 진행할 건설사는 없을 것이다. 심지어 이미 짓고 있던 건물의 사업이 중단되기도 하고, 헐값에 넘어가기도 하며, 계획된 것들이 기약 없이 연기되는 일도 발생한다.

이렇게 되면, 결국 시장에 아파트 공급이 끊긴다. 소비가 위축되니 공급 역시 위축되는 게 당연하다. 그렇다면 대중은 어떻게 하겠는가? 부동산 매수를 미루고, 아무리 '떨이' 가격에 아파트 매물이 나와도 거들떠보지 않는다. 그런데 이처럼 주택 공급이 사라지고 사람들이 매수하지 않으면, 그들은 대체 어떻게 거주한다는 것인가? 대개 전세로 거주한다. 수많은 대중이 전세를 선택하면 어떻게 될까? 결국 주택의 전세가격이 오른다.

이와 같은 일이 벌어지는 데까지 걸리는 시간은 위기가 발생하고 나서, 길어도 1년이다. 위기가 발생한 당시에는 부동산의 매매가격과 전세가격 모두 떨어지지만, 얼마 지나지 않아 위기가 회복되면 모든 가격이 정상화된다. 좀처럼 회복될 기미 없이 위기가 장기화된다고 해도, 부동산의 매매가격은 떨어지지만 전세가격은 상승한다. IMF 때도 그랬고, 금융위기 때도 그랬다.

그러니 그 시기만 견뎌내면, 부동산 소유자들은 오히려 현금흐름이 좋아지는 이상한 현상을 경험하게 되는 것이다. 자꾸만 부동산의 전세가격이 올라서 자꾸만 현금이 생긴다. 게다가 현금이 확보된 상황에서 주변을 돌아보니, 부동산 가격이 현저히 떨어져 있어 매수할 만한 아파트들이 넘쳐난다. 자금이 되면 당장 매수할 수도 있고, 조금 모자라면 다음번에 들어올 전세금 상승분과 합쳐 매수하는 것도 가능하다. 그렇게 매수한 부동산은 결국 위기가 지난 후엔 다시 제 가치를 찾아간다. 이와 같은 방식으로 위기를 기회로 삼아 투자한 이들은 큰 이익을 얻는다.

이것이 바로, 위기가 와도 적절히 버틸 수 있는 힘을 가진 부동산 소유자들에게 실제로 일어나는 일이다. 따라서 가치 있는 부동산을 가지고 있고, 또 적절한 현금흐름이나 현금을 준비하고 있다면, 위기에도 오히려 승자가 될 수 있다.

우리나라, 정말 망할까?

마지막으로 짚고 넘어가야 할 게 하나 더 있다. 정말 위기는 극복할 수 있는 것일까? 막연한 희망을 주기 위해 그렇게 말하는 건 아닌가? 긍정적으로만 보기에는 일본의 사례가 있기에 불안감을 완전히 지울 수 없다. 일본은 잃어버린 20년을 거쳤다. 일본이 이 세월을 겪으면서 국제사회에서의 기존 지위를 잃게 된 것은 아니지만, 사실 일본 국민들의 고통은 매우 심각했을 것이다.

필리핀의 사례도 생각해 보자. 1960년대 당시, 필리핀은 일본 다음의 지위를 차지하는 아시아의 부국이었다. 하지만 지도자의 독재로 나라 경제가 엉망이 되어 국제사회에서의 경쟁력을 상실하게 되면서 아시아의 빈국으로 전락했다. 이외에도 중남미 국가, 아프리카 국가 들의 사례를 보면, 과연 '위기는 극복 가능한 것인가?'란 질문에 의심이 생길 수밖에 없다. 우리나라라고 특별히 다른 게 있을까? 세계경제 2위였던 일본마저 그렇게 됐는데 말이다.

나는 이 점에서는 과학적인 근거가 아닌, 인문학적 접근이 필요하다고 본다. 우리나라 국민들은 민족성이 다르다. 전 세계적으로도 아주 독특한 민족성을 지니고 있다. 역사만 봐도 알 수 있다. 식민지 생활을 경험한 여러 나라 중에서 우리나라처럼 강렬하게 저항했던 경우는 유례가 없을 정도다. 또한 우리는 독재를 그냥 내버려 두는 민족이 아니다. 총칼의 위협 속에서도 '민주화'를 위해 목숨을 내던졌다. 우리 손으로 뽑은 대통령도, 부정부패가 드러나자 촛불을 들고 일어나 자리에서 끌어내렸다.

이는 정치적인 쇼가 아니었다. 대다수의 평범한 사람들은 좌파도, 우파도 아니다. 그냥 자유롭게, 잘 먹고 잘 살기를 원할 뿐이다. 이러한 삶을 가로막는 대상이 나타나면, 그게 외국이든 일부 독재 세력이나 부정 세력이든 혹은 일부 정치 세력이든, 반드시 처단하고자 일어설 수 있는 민족성을 가진 것이다.

우리 국민은 수천 번의 외침과 전쟁을 통해 형성된 '위기 대항 시스템'을 조상으로부터 물려받는 게 아닐까? 처음부터 유전자에 내재되는 것이다. 덕분에 위기가 닥치면 비상 체계가 발동하여 평소와는 다른 대항 시스템으로 전환돼 위기를 극복해 내고야 마는 것이다. 이것이 바로, 인구 1억 명도 안 되는 조그마한 나라가 세계경제 상위권에 들어서게 된 비결이 아닐까 생각한다.

앞으로 우리나라가 어떻게 흘러갈지 모르겠다. 어떤 훌륭한 사람이 나올지, 아니면 과거보다 못한 상황으로 이끌어 갈 사람이 나올지 예측하기 힘들다. 또 앞으로 세계경제에 어떤 암운이 깃들지도 모르겠다. 그럼에도 우리 민족성을 고려할 때 우리는 결국 극복해 낼 것이다. 여기에 베팅하는 것이 오히려 좀 더 타당해 보인다. 따라서 위기는 곧 기회가 될 것이며, 이러한 이유로 위기 속에서 기회를 잡고자 준비하는 노력은 여전히 유효하다.

단, 그 반대로 생각해 봐야 할 한 가지가 있다. 남북 간 관계 개선이다. 세계적인 투자자이자 금융인인 짐 로저스Jim Rogers는 강력하게 외친다. 세계에서 가장 흥미로운 곳이 한반도가 될 것이라고. 그의 예측이 맞을지 어쩔지는 잘 모르겠다. 그러나 국제 정세상 그의 예측이 맞을 가능성이 더욱 커지고 있다. 이제는 남북 관계의 개선이 일본을 제외하고, 우리나라와 북한, 미국, 러시아, 중국에까지 모두 이익이 되는 상황이 되었기 때문이다. 그런 이해관계가 합쳐진다면 가능성이 크지 않을까 싶다. 그렇게 되면 오히려 위기를 걱정할 게 아니라, 우리 일생일대에 다시는 오지 않을 최대의 호황기를 대비해야 할지도 모른다.

많은 사람이 자신의 부모 세대 시절을 돌이켜 보면서 이런 이야기를 하곤 한다. "그때 논바닥에 불과하던 강남땅을 샀어야 했는데……." 그렇게 아쉬워하면서도, 다시는 강남 개발과 같은 초대형 대박은 없을 거라고 생각한다. 하지만 남북 관계가 급속도로 좋아진다면, 2000년대 중국으로 인해 세계경제가 호황을 입었듯 한반도로 인해 세계경제에 호황이 도래할 수 있다. 그렇게만 된다면, 가격이 폭등하는 부동산이 여기저기 속출할 것이다. 반드시 이렇게 될 거라고 예측하는 것이 아니라, 이렇게 될 가능성도 배제할 수 없다는 이야기를 하는 것이다. 이 같은 초대박의 상황도 대비해야 한다. 나는 종종 이런 말을 한다.

"가격이 떨어지는 것만이 리스크가 아니다. 가격이 오르는데 거기에 올라타지 못하는 것도 리스크다."

우리는 이와 같은 두 가지의 극단적인 상황 모두에 대비하고 있어야만 한다. 그것이 평범한 사람이 위기를 극복할 수 있는 길이자, 평범한 사람이 기회를 충분히 누릴 수 있는 길이다.

"부동산 공부는 어떻게 해야 하나요?"

사람들이 내게 많이 하는 질문 중 하나가 부동산 공부를 어떻게 해야 하는지다. 부동산 공부라는 게 참 막막한 일이긴 하다. 우리는 책 읽고, 외우고, 시험 보고 이렇게 하는 공부에는 익숙하지만, 다른 분야의 공부는 어떻게 해야 할지 감조차 잡지 못한다. 특히, 부동산을 공부하는 목적은 어떤 시험에 합격하기 위한 것도 아니고, 부동산 지식을 이만큼 갖췄다고 자랑하기 위함도 아니니, 뭔가 좀 애매하다. 결국 부동산 공부의 목적은 하나다. '돈을 잃지 않고, 벌기 위해서!'

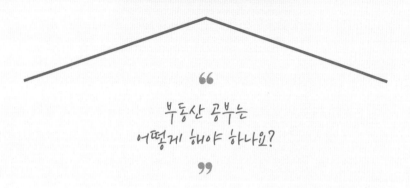

따라서 여기에 초점을 맞춰야 한다. 절대 돈을 잃지 않고, 벌려면 어떻게 해야 할까? 가장 확실한 방법은 가능한 한 많은 '사례'를 습득하는 것이다. 이것이 가장 확실하고, 효과적으로 부동산에 관해 공부하는 길이다. 물론 그렇게 하기 위한 기본은, 책을 읽고 강의를 들으면서 관련 지식을 쌓는 것이다. 그러나 그것으로 끝나서는 절대 안 된다. 반드시 실제 사례들을 찾아보고 어떤 결과로 이어졌는지를 보고 들으면서 간접경험을 누적해 나가야 한다. 내 경우, 집필하는 책에서는 구체적인 사례보다 좀 더 원칙적인 방법론을 담고자 한다. 책을 통해서는 그런 '기본기'를 습득하는 것이 맞다고 보기 때문이다. 기본기가 없으면 돈이라는 게 어떻게 벌리는 것인지, 이에 대한 메커니즘 자체를 이해할 수 없다. 그리고 나는 강의에서는 책과는 완전히 다르게, 현실적인 사례로 이야기한다. 현시점 부동산 시장에서 일어나고 있는 일들, 곧 일어날 일들, 예측되는 상황들, 이런 것들에 관해 이야기한다. 공부하는 사람이라면 여기서 끝나면 안 된다. 이와 같은 사례가 어떤 결과로 이어지는지 반드시 체크해야 한다. 이를 스스로 체크하고, 사례를 쌓아나가야 그게 실력이 되는 것이다.

예를 들어보자. 내가 만약 강의에서 "ㅁㅁ 지역 ○○○ 아파트가 투자하기에 좋다"고 말했다고 하자. 수업을 듣는 사람이 100명이었다. 그렇다면 이 이야기를 들은 100명 모두가 ○○○ 아파트를 매수할까? 그렇지 않다. 이유는 여러 가지다. 우선, 나를 믿을 수 없다고 생각하는 사람이 있을 것이다. 또 김 사부는 믿는다 해도 김 사부가 하는 말이 항상 맞을 거란 보장이 없다고 생각하는 사람도 있을 것이며, 김 사부가 그렇게 말하긴 해도 자신이 생각하기에는 좋아 보이지 않을 수도 있다. 그런데 이런 경우도 있지 않을까? ○○○ 아파트가 정말 좋아 보이고 자금 여력도 충분한

데, 뭔가 자꾸만 망설이게 되고, 왠지 불안해서 투자하지 못하는 경우 말이다. 게다가 추천한 물건의 가격이 조금씩 오르고 있다면 더욱더 선택하기 힘들어진다. 그러다가 결국 못 사는 경우가 태반이다. 그런가 하면, 이것도 좋아 보이고 저것도 좋아 보이는데, '어떤 게 가장 좋을까?' 하면서 망설이다가 시기를 놓치는 경우도 있을 것이다.

그런데 바로 이런 모든 것이 실력이다. 별거 아닌 것 같겠지만, 어떤 사항에 대해 확신을 가지고 과감하게 베팅할 수 있는 것, 그게 바로 실력인 것이다. 이런 이야기를 자칫 오해할까 두렵다. 이 말이 무조건 마구 베팅하라는 뜻은 결코 아니다. 어떤 결정을 앞두고 망설이는 것과 확신을 갖는 것엔 별다른 차이가 없어 보이겠지만, 여기엔 대단히 큰 차이가 있다. 즉, '○○○ 아파트가 좋다'는 것은 누구나 알 수 있다. 그 정도는 부동산에 관심을 갖고 공부하다 보면 알게 된다. 문제는 좋다고 해도 베팅할 수 있을 만큼 좋은지, 지금 가격이 매수해도 될 가격인지, 매수해도 괜찮은 시점인지 판단하는 건 생각보다 쉽지 않다는 것이다. 이것이 실력인데, 이러한 실력은 생각보다 빨리 늘지 않는다.

그래서 부동산 투자 실력을 쌓는 데는 다소 시간이 걸린다. 물론, 간혹 아무 생각 없이 누군가의 말만 듣고 부동산을 덜컥 매수한 뒤 매도해 큰돈을 벌었다는 사람들의 이야기도 접해봤을 것이다. 그런 말을 들으면 '그렇게까지 공부해야 하나?' 하는 생각도 든다. 하지만 언제나 그렇듯, 성공 사례는 부풀려지고 더 널리 퍼지는 법이다. 반면, 실패 사례는 조용하고 드러나지 않는다. 다만 나처럼 오랫동안 부동산 시장에 남아 많은 이들을 상담해 본 사람은 얼마나 많은 사람이 무모하게 투자를 했다가 쓰디쓴 실패를 맛보는지 잘 알고 있다. 그러니 부동산 투자를 하려면 제대로 공부해야 하며, 또 시간도 필요하다는 걸 알아야 한다.

앞서 말했듯, 진정한 실력을 쌓으려면 더 많은 사례를 더 많이 습득하길 바란다. 그래야 내 앞에 적당한 투자 물건이 나타났을 때, 확신을 가지고 실행에 옮길 수 있다. 단, 사례는 습득하고 또 습득해도 부족하다. 완벽하게 똑같은 사례는 없기 때문이다. 그래서 자꾸만 습득하고 오류를 수정해 나가고, 세상의 변화를 인지해가면서 계속 업데이트해야 한다. 부동산은 실전이고, 피 같은 돈을 가지고 벌이는 일이므로 더욱 신중을 기해야 한다.

직접 부동산 현장에 나가는 '임장'을 중요하게 강조하는 것도 이 때문이다. 임장이 꼭 부동산을 현장에서 살펴본다는 의미만 있는 건 아니다. 임장은 하나의 사례 습득을 위한 발판을 마련하는 방법이다. 예를 들어, 내가 강의에서 "강남의 A 아파트 매매가격이 2년 전에 5억 원이었을 때 이러이러한 이유로 추천을 했는데, 이제 10억 원이 되었습니다"라고 말했다고 하자. 수강생이 이런 이야기를 들었다고 해서 이를 자신의 사례로 축적할 수 있을까? 그렇지 않을 것이다. 하지만 만약 2년 전 내가 A 아파트를 추천했을 때 현장에 나가 중개소를 통해 어떤 조건의 물건이 나와 있는지 실제 물건을 살펴보고, 각 중개소의 소장들이 이 아파트의 미래에 대해서 어떻게 생각하는지 들으면서 당시 자신의 생각을 정리해 보았다면 어땠을까? 그렇게 2년이 지난 후 가격이 2배가량 오른 현실을 마주했다면, 이것이야말로 진짜 그의 사례가 될 것이다. 그저 단순히 남의 이야기를 듣고 만 것과는 천지 차이인 것이다. 물론, 직접 투자까지 했다면 더 확실한 사례가 되겠지만, 그렇게 큰돈을 단번에 써버리면 사례를 습득할 수 있는 기회가 제한되므로 그럴 수는 없다. 이미 여러 물건에 투자하면서 돈을 다 써버렸거나 투자할 만큼의 돈을 모으지 못했다고 해도, 이처럼 사례를 습득하는 공부는 여전히 유용하다. 결국 언젠가는 돈이 생길 텐데, 그때쯤이면 좀 더 예리한 감각을 가지고, 좀 더 높은 수익이 나는 물건을 선택할 준비를 갖추는 길이기 때문이다.

부동산 공부는 이렇게 하는 것이다. 경매 수업을 듣고, 아파트와 재개발, 재건축, 상가, 토지 관련 부동산 학습 과정을 수료했다고 해서 공부가 끝난 것이 아니다. 이들은 그저 기본일 뿐이다. 진짜 공부는 그다음부터 시작된다. 끊임없는 사례 습득, 각 사례의 결과 체크, 사례를 통해 배울 점 정리 등을 통해 실력이 향상된다.

생각해 보자. 요즘 같은 시대에 지식은 인터넷 창에 검색만 해도 다 나온다. 인공지능이 인간의 두뇌가 하는 일을 더 많이 대체할 수 있게 된다면, 객관적인 지식은 아예 필요 없는 세상이 올 수도 있다. 그럴수록 중요해지는 게 무엇이겠는가? '판단력'이다. 현명한 판단을 하기 위해서 공부하는 것이다. 그리고 공부한 만큼 달콤한 보상을 주는 것이 부동산이다. 게다가 김 사부가 확신하건대, 여러 가지 대상과 수십 년간 비교해 본 입장에서, 법의 테두리 안에서 시간과 노력 대비 효율이 부동산보다 더 높은 대상은 없었다.

2장

뉴 전세 레버리지 전략

01 전세 레버리지 전략의 유효성

02 뉴 전세 레버리지 전략이란

03 투자자들이 가장 많이 하는 질문들

01 전세 레버리지 전략의 유효성

2016년 12월에 출간한《부동산 투자의 정석》에서, 나는 '전세 레버리지' 전략에 대해 이야기했다. 사실 2007년에 출간한 동명의 책에서 처음 이 전략을 소개했는데, 9년이 흐른 2016년에 또 같은 전략을 책에 언급한 것이다. 동일한 전략을 10년이 넘은 시점에 다시 언급했던 건, 그 전략이 그만큼 효과적이었기 때문이다. 그런데 이 전략은 그 이후로 수많은 복제품을 탄생시켜, 웬만한 부동산 투자 관련 서적에 언급되었다. 그러면서 다수의 저자가 마치 자신이 만들어 낸 전략처럼 이를 내세우는 일도 벌어졌다. 이후 이 전세 레버리지 전략은 '갭투자'라는 형태로 변형되어,

커다란 유행을 만들기도 했다.

문제는 이제 전세 레버리지 전략조차 실행해 보기 매우 까다로운 상황이 되었다는 것이다. 전세가율(주택의 매매가격 대비 전세가격이 차지하는 비율)이 많이 낮아져서 적절한 투자 대상을 찾는 것이 힘들어진 탓도 있지만, 간혹 그런 대상을 찾아도 투자자들이 몰리는 바람에 오히려 '역전세난'이 벌어지는 초유의 사태가 발생하고 있다. 사실 이러한 문제는 더 노력하면 해결할 수 있는 문제다. 투자하기 적절한 대상이 많지 않을 뿐이지 없는 것은 아니기 때문에, 더 열심히 많이 찾으면 된다. 또 투자자들이 몰릴 것을 감안하거나 투자자들이 몰리지 않을 시점을 잘 잡으면 된다. 진짜 문제는, 이런 게 아니라 '정부의 규제'다. 정부의 규제는 어떻게 할 수가 없다. 가장 강력한 제재 수단일 뿐만 아니라, 개인이 어떤 노력을 한다고 해도 피해갈 수 없는 일이기 때문이다.

다만 오랜 시간 투자자로 살면서 깨달은 것이라면, 이와 같은 정부의 규제를 아예 투자 전략에 넣고 생각해야 한다는 것이다. 한때는 정부의 규제에 크게 실망하기도 했다. 정부는 경기가 나빠지면 사람들에게 '부동산 투자'를 권장한다. 그러고 나서 경기가 과열됐다 싶으면 갑자기 돌변해서 '부동산 투기'를 하지 말라고 한다. 그냥 "하지 말라"고 하는 정도면 괜찮다. 그런데 마녀사냥을 시작하는 것이다. "부동산 가격이 이렇게 오른 건 투기꾼들 때문이고, 그러니 부동산 투자자들은 모두 나쁜 놈들이야!" 하는 식으로 몰아간다. 심지어 정부의 정책을 따라 한 사람들까지 '나쁜 놈들'로 몰아세운다.

이러한 현실에 대단히 실망해, 한때 부동산 업계를 떠나야 하나 심각하게 고민하기도 했다. 부동산 경기 부양을 위해 한껏 투자자들을 부추겼다가, 상황이 나빠지면 다시 투자자를 때려잡을 준비를 하는 정부의 태도가 앞으로도 변하지 않을 것 같았기 때문이다. 하지만 다시금 생각해 보니, 이것마저 투자 전략에 넣어 대응하는 것이 맞다는 생각이 들었다. 투자라는 게 그런 것이다. 우리나라 주식시장이 변동성이 크고 가치를 제대로 평가받지 못하는 이유는 무엇인가? 소규모의 개방경제를 갖추고 있는 데다 외국자본의 유입과 유출이 자유롭고, 북한 리스크가 있기 때문이다. 그런데 투자를 하려고 하면서 이미 알려진 이 같은 리스크를 탓하고만 있을 수는 없지 않은가? 다른 나라에 투자하거나 투자 활동을 아예 접는다면 모를까.

이러한 이유로, 부동산 투자에서도 '정부의 규제'를 하나의 약점으로 인정하고 그 약점을 어떻게 잘 극복할 것인지를 염두에 둔 채 투자하는 것이 맞겠다고 생각했다. 정부가 좀 더 유능하다면 좋겠지만, 정부는 앞으로도 이런 전략을 쓸 가능성이 매우 크다. 또 부동산 경기 역시 좋아졌다 나빠졌다를 반복할 것이다. 우리나라처럼 세계 경기에 영향을 크게 받는 나라는 반드시 그렇게 된다.

또한 '부동산 경기'의 속성 자체가 그렇다. 부동산 경기는 정부가 가장 효과적으로 쓸 수 있는 강력한 경기 조절 카드다. 부동산은 내수 시장인 데다 또 연관 산업이 대단히 많으므로 정부가 부동산 경기를 풀어주면, 이내 경기가 활성화되는 효과를 볼 수 있다. 그 반대 역시 그렇다. 따라서 정부는 앞으로도 이 '효율적인 수단'을 사용할 가능성이 매우 큰데, 이는 앞으로도 부동산 투자자는 정책에 부응하는 훌륭한 국민이 되었다가 금세 투기꾼으로 전락되기를 반복하는 운명에 처할 수밖에 없다는 말이다.

그렇다면 이제 어떻게 해야 할까? 현실적인 이야기를 해보자. 현재, 정부의 규제는 최고조에 달했다. 특히 보유 주택 '수'를 늘리는 일을 강력하게 제한한다. 심지어 과거에는 정부가 권장했던 '주택임대사업자'마저 투기에 사용된다며, 대대적인 손질을 거쳐 결국 무용지물이 되게 했다. 한마디로, 현 정부는 임대사업자든 누구든 보유 주택 수를 늘리는 건 하지 말라는 것이다.

또 다른 현실적인 문제도 있다. 전세 레버리지 전략은 부동산의 전세가격이 꾸준히 올라가야 의미 있는 것인데, 전국적으로 전세가격이 오르는 지역은 매우 제한적인 상황이 되었다. 게다가 그렇게 전세가격이 오르는 지역은 부동산의 매매가격과 전세가격의 차이가 너무 벌어져서, 전세가격이 올라봐야 전세 레버리지의 효과를 낸다고 볼 수 없게 되어버렸다. 그런가 하면, 일부 지역의 경우 전세가율이 높은 지역은 여차하면 투자자들이 몰려들어 전세 물건을 내놓는 바람에, 전세가격이 하락하는 현상까지 나타나고 있다. 이래저래, 전세 레버리지 전략을 구사하기 매우 어려운 상황이 된 것이다.

그렇다면, 이제 전세 레버리지 전략은 무용지물이 된 것인가? 아니다. 앞서 설명한 이 모든 현상들 역시 '일시적'이기 때문이다. 무엇보다 이 일시적인 현상은 또다시 반복된다. 따라서 이제는 이러한 현상을 '기이한' 현상이 아닌, '당연한' 현상으로 생각하고, 전략을 짤 필요가 있다. 그래서 나는, 전세 레버리지 전략을 수정했다. 일명, '뉴new 전세 레버리지 전략'이다.

02 뉴 전세 레버리지 전략이란

뉴 전세 레버리지 전략의 핵심은 이것이다. 정부의 규제가 심해지고 투자자들이 지나치게 갭투자에 열광할 때는, '매도 전략'으로 가야 한다. 정부가 이렇게나 강력히 보유 주택 수를 늘리지 말라는데, 굳이 이럴 때도 주택 수를 늘려갈 필요는 없다. 정부의 규제에 맞설 필요도 없거니와 소시민으로서 정부의 규제에 맞서봐야 나만 피를 흘리게 된다. 대중 역시 그렇다. 이들이 언제까지나 갭투자에 열광하지는 않을 것이다. 그들도 언젠가는 부동산에 관심을 끊고 '이제 부동산은 끝났다'며, 부동산 매매보다는 '전·월세' 거주를 선호하게 될 것이다. 이러한 시기는 반드시 찾아온다.

그때가 오기 전까지는 본격적인 전세 레버리지 투자를 미뤄두는 것이 좋다.

그렇다면 뉴 전세 레버리지 전략이라는 것이 무엇인지, 구체적으로 살펴보자.

‖ 1단계 : 매도 전략 ‖

자금 투입 기간	1년 차	2년 차	3년 차	4년 차
투입 자금	3,000만 원	3,000만 원	3,000만 원	3,000만 원
2년 차 매도 후 수익			3,763만 원	3,763만 원
합산 금액			6,763만 원	6,763만 원

※ **복리 계산 공식: 원금×(1+이자율)^n** (여기서 n = 연수)

= 3,000만 원×(1+0.12)^2

= 3,000만 원×1.2544 = 3,763만 원

부동산 전세가격이 상승함으로써 얻을 수 있는 이익을 볼 수 없는 시점에는, 매도 전략을 쓴다. 4년 동안 매년 3,000만 원씩 자금을 투입해 부동산을 매수하되, 2년 후에는 매도할 생각으로 접근하는 것이다. 첫 번째 집에 투자한 지 3년 차가 됐을 때 2년 전 투자한 금액이 연간 12%의 수익을 복리로 냈다고 가정하면, 약 3,763만 원이 된다. 여기에 다시 투자금 3,000만 원을 더한

6,763만 원으로 재투자한다. 즉, 3년 차에 2년 전 매수한 첫 부동산을 매도하고, 거기에 투자금을 합쳐 또 다른 부동산 1채를 매수하는 것이다. 그렇게 4년 차가 되면, 2년 차에 투자한 금액이 3,763만 원이 되는데, 처음과 마찬가지로 투자금 3,000만 원을 더한 6,763만 원으로 재투자한다.

무슨 말인지 이해가 되는가? 독자들은 다음 2가지가 궁금할 것이다. 첫째, 3,000만 원으로 투자할 부동산이 있는가? 둘째, 3,000만 원이 2년 후에 어떻게 3,763만 원이 되는가?

첫 번째 질문은, 사실 내가 처음 책을 쓴 이후로 꾸준히 들어온 질문이다. 그리고 강의를 통해 늘 이에 대한 답변을 해왔다. 물론, 지금 당장 3,000만 원으로 투자할 수 있는 물건을 찾기 시작한다고 바로, '툭' 튀어나오는 건 아니다. 그런데 1년을 놓고 보면, 그런 물건을 최소 4~5개는 찾아낼 수 있다. 그중에서 딱 1개, 1년에 딱 1채에만 투자할 것이다. 1년을 부지런히 그리고 꾸준히 공부하면 어려운 일도 아니다. 일반 투자자에겐 자금이 많지 않다. 그러니 '노력'을 통해 현실을 바꾸려고 하는 것 아닌가? 그렇다면, 당연히 남들과는 다른 노력을 기울여야 한다. 그렇지만 나는 갓난애를 등에 업고 중개소를 돌아다니거나 새벽부터 임장을 떠나라고 하고 싶진 않다. 그 정도로 '드라마틱한 노력'까지 할 필요는 없다. 그저 꾸준하기만 하면 된다. 1년 동안 꾸준한 관심을 가지고 지켜본다면, 누구나 최소 4~5개 이상의 투자 가능한 물건을 찾아낼 수 있다.

두 번째 질문에 관한 답변은 다음과 같다. 우선, 나는 이렇게 계산했다.

원금	수익률	기간	복리율	회수금
3,000만 원	12%	2년	1.2544	3763.2만 원

3,000만 원이라는 자금을 연 수익률 12%의 복리로 운영할 경우, 2년 후 만들어지는 금액이 3,763만 2,000원이다. '12%의 복리 수익률'이라는 부분만 보고, 말도 안 되고 지나치게 긍정적으로 설정한 게 아니냐고 반문할 수도 있다. 하지만 그렇지 않다. 부동산 투자에서 12%의 수익률은 그렇게 달성하기 어려운 숫자가 아니다. 내야 하는 세금까지 감안해도 그렇다. 특히, 자본이 적을 때는 더욱 확률이 높다. 예를 들어, 10억 원을 가진 사람이 이를 2년 동안 복리 12%로 굴린다는 건 어려운 일이다. 그러나 1억 원 미만의 자금을 굴려 연 복리 12%의 수익률을 거두는 건 그리 어렵지 않다.

"양도세와 기타 비용까지 다 냈는데?"라고 묻고 싶은가? 그렇다. "요즘처럼 양도세가 중과되는 상황에서도?"라는 질문에도 답은 '그렇다'이다. 양도세가 중과된다는 건 그만큼 수익이 많다는 의미다. 이때는 투자금 대비 3배 이상의 수익이 나는 경우가 대부분이다.

그럼 계산해 보자. 현시점 부동산 최대 세율은 42%다. 여기에 최대 중과세율을 합치면 62%. 게다가 그 금액의 10%가 소득세로 나가야 하니, 실제 세율은 68.2%다. 그런데 최대 세율 구간에 해당하려면, 수익금이 무려 5억 원이 넘어야 한다. 적은 자본으로 투자하는 상황에서, 이 같은 '대박'을 내는 건 쉽지 않다. 그래서 최대 수익이 1억 5,000만 원을 넘기 힘들 것으로 봤다(3,000만 원을 투자해 1억 5,000만 원을 번다면 5배, 즉 수익률이 500%다).

수익이 1억 5,000만 원 이하일 때 양도세율은 35%이고, 중과한다고 해도 55%다. 여기에 소득세 10%를 추가하면 65%인데, 누진공제 1,490만 원과 기본공제 250만 원을 제할 경우, 50% 미만의 세율이 나온다. 그럼 3,000만 원을 투자해 수익이 2배가 되고, 거기서 50%를 제한다고 해도 4,500만 원(원금을 포함한 금액)이 되는 것이다. 그러니 3,763만 원이란 금액이 무리한 설정은 아닌 것이다.

요즘 같은 때 상담하다 보면, "양도세 때문에 부동산을 매도할 수가 없어요"라고 하소연하는 사람들을 많이 만나게 된다. 그런데 앞서 제시한 사례처럼 계산해 보면, 양도세 때문에 매도하지 못할 이유가 하나도 없다. 처음에 내가 연 복리 수익률을 12%라고 할 때 '너무 과한 설정이 아닌가' 싶지 않았는가? 그렇다. 숫자만 보면 과하다. 그러니 이는 거꾸로 말하면, 연 복리 수익률 12%만 달성해도 감지덕지해야 한다는 것이다. 그런데 지금 어떤가? 양도세 최대 세율 68.2%를 내고도 연 복리 수익률 12%를 달성한 사람들이 상당히 많다. 그러면서도 양도세 때문에 부동산을 매도

하지 못한다고 말이 나온다. 12%가 과한 수익률이라고 해놓고서 도대체 얼마의 수익을 기대하고 있는 걸까?

물론, 이해는 할 수 있다. 예를 들어, 5억 원 이상의 이익을 거둔 사람 입장에서는 5억 원 전부가 자기 돈 같은데, 그 돈의 70% 가량을 세금으로 내라고 하니 '그건 죽어도 못해'라는 생각이 들 수 있다. 하지만 투자의 개념으로 보면, 양도세를 낸다고 해도 이미 놀라운 수익을 낸 것이며 그런 식으로 두 자릿수 수익을 이어가면 되는 것이다. 그렇게만 하면 훨씬 더 좋은 수익을 내게 되는데, 이는 생각하지 못하고 그저 내게 온 이 행운을 절대 놓칠 수 없다며 움켜쥐고 있는 게 문제다.

결론적으로, 연 복리 12%의 수익률은 그다지 과한 목표가 아니다. 특히 '매도 전략'은 시장이 과열될 때 쓰는 전략이므로 그 정도의 수익률을 달성할 가능성이 크다. 소액으로 투자할 경우엔 더욱 그렇다.

그런데 인간의 심리라는 게 참 묘하다. 부동산을 매수하기 전에는 매우 힘든 과정을 거쳐 결정을 내렸어도, 일단 매수하고 나면 그 사람의 마음에 '소유 효과'라는 것이 발생한다. 내가 가진 물건이 다른 물건보다 더 좋게 보이는 효과 말이다. 그래서 매도를 권유해도 좀처럼 소유한 부동산을 매도하려고 하지 않는다. 매도하기엔 자기 것이 너무 좋게 보인다. 그래서 자꾸만 가격이 더 오를 거라고 생각한다. 끝도 없이 오를 것이라고 말이다. 또 그 마음에는 두려움도 있다. 이걸 매도한 뒤 이만 한 물건을 또 살 수 있을까 하는 불안감 때문이다. 그래서 내가 더 이상 상승 여력은 크지 않을 물건이니, 매도하는 것이 낫다고 해도 사람들은 실천하기 어려워한다.

사실 더 중요한 건, 가진 부동산의 상승 여력이 별로 없다는 것보다 정부에서 규제를 한다는 것이다. 그래서 보유 주택 수를 늘려가면서 투자할수록 상당한 부담을 얻게 되고, 그만큼 수익률이 낮아지게 된다. 그러니 이럴 때는 과감하게 가진 부동산을 매도하는 것이 좋다. 그렇지 않으면 종합부동산세 등으로 상당한 마이너스 현금흐름이 발생하고, 새롭게 좋은 투자 대상을 발견한다고 해도 투자할 수 없는 상황에 처할 수 있다. 이러한 이유로, 나는 이렇게 정부의 규제가 강력한 상황에서는 과감하게 매도를 실천하라고 말한다.

알아야 할 것이 하나 더 있다. 복리의 효과를 거두려면, 투자를 통해 낸 수익금 전부를 모조리 투자해야 한다는 것이다. 사실 전액을 모조리 투자하기는 현실적으로 매우 어렵다. 어떻게 가진 자금에 꼭 맞는 물건을 고를 수 있겠는가? 부동산이 주식도 아니고, 자신의 자금에 맞는 만큼 지분을 살 수 있는 것도 아니다. 그러나 일단은 투자의 수익금 모두를 합쳐 재투자한다는 원칙을 지키려고 노력해야 한다. 일정한 단계에 이르기 전까지 '파티는 금지'다. 아니, 가족이나 지인과 즐겁게 식사 한 끼를 하는 정도의 가벼운 파티는 허락하는 것으로 하자.

목표는 '두 자릿수'로 정한다. 최소 12%에서 20%의 수익률을 목표로 하는 것이다. 실질적으로 조금 수익률이 떨어져 7~8% 수익률이 나온다고 해도, 이 정도도 비범한 수익률인 만큼 우리의 자산을 비범하게 늘려줄 수 있다. 그럼에도 일단 목표는 12~20%로 잡는다. 다만 그보다 높은 수익률을 목표로 삼진 말자. 지나치게 높은 수익률을 목표로 하면 욕심에 휘둘리게 된다. 자칫하다 위험한 대상에 손을 대거나 더 큰 욕심 때문에 타이밍을 놓치는 일도 생긴다.

한 가지만 더 생각해 보자. 앞에서는 설사 '양도세 중과'가 되더라도 계산해 보면, 연 복리 수익률 12%를 거둔 경우도 있다고 했다. 그런데 이는 이미 정부가 규제하기 전에 투자해서 가격이 오른 뒤에 그런 상황에 처한 경우다. 굳이 정부가 규제를 시작한 곳에서 양도세를 무시한 채 투자를 감행할 필요는 없다는 말이다. 피치 못할 상황이 돼도 그 정도 이익을 얻을 수 있다는 뜻일 뿐, 투자자라면 항상 더 높은 수익을 추구해야 한다.

그럼 어떻게 하란 말인가? 정부가 아무리 규제를 강화한다고 해도 전국 모든 지역을 양도세 중과 대상으로 지정할 수는 없다. 정부가 '그래도 괜찮다'라고 하는 지역 중 투자 가치가 있는 물건들을 찾아보면 된다. 또 설령 정부가 규제하는 지역에서도 '이건 괜찮다' 싶은 대상도 있게 마련이다. 그러한 대상들을 잘 살펴보면 된다. 그렇게 하면, 얼마든지 좋은 기회를 만날 수 있다.

‖ 2단계 : 신규 투입 자금 없는 매도 전략 ‖

자금 투입 기간	5년 차	6년 차	7년 차	8년 차
총 자본	8,484만 원 (6,763×(1.12)^2)	8,484만 원 (6,763×(1.12)^2)	1억 642만 원 (8,484×(1.12)^2)	1억 642만 원 (8,484×(1.12)^2)

5년 차에 접어들어서는 추가로 투자할 여유 자금이 없다고 가정해 보자. 사실 이는 대단히 현실적인 가정이다. 많은 사람이 아이를 낳기 전까지는 그나마 돈을 모을 수 있는 여유가 있지만, 일단 아이를 낳고 나면 정말 빠듯해지기 때문이다. 1년에 1,000만 원 모으기도 힘든데, 저축은커녕 마이너스통장만 사용하지 않아도 다행일 정도다. 그러니 재테크를 30대 초반부터 시작한다고 가정할 때, 늦어도 5년째가 되면 아이가 생기거나 부모님을 지원해드려야 할 일이 늘어날 것으로 보는 것이다. 그러면, 추가로 투자할 자금은 거의 없어진다. 오히려 30대 초반보다 더 자금이 없어지는 것이다.

그러나 이때도 현실에 굴복할 필요는 없다. 여전히 매도 전략을 유지한다. 1년에 1채씩을 매도하고 그 수익금을 합쳐서 다시 1채를 매수하는 것이다. 그다음 잘 키워서 다시 2년 후에 매도할 계획을 세우는 전략이다.

이때도 정부의 정책에 큰 변화가 없다고 본다. 여전히 정부가 보유 주택 수에 대해 강력히 규제를 하고 있는 상황이므로 수를 늘리는 건 조심해야 한다. 시장 상황도 그렇다. 여전히 전세가격이 크게 상승하지 않는 시기로 가정했다. 그런 시기에 굳이 주택을 오래 보유하면서 '언젠가는 전세금이 오르겠지?'라고 낙관할 필요는 없는 것이다.

앞에서와 마찬가지로 복리로 계산할 경우, 5년 차에는 3년 차에 투자한 자금 6,763만 원을 연 12% 복리로 불릴 경우 8,484만 원이 된다.

원금	수익률	기간	복리율	회수금
6,763만 원	12%	2년	1.2544	8,484만 원

‖ 3단계 : 전세 레버리지 투자 시작 ‖

자금 투입 연차	9년 차		10년 차
자금 투입 금액	1억 3,349만 원		1억 3,349만 원
	5,000만 원	매입 1	5,000만 원
	5,000만 원	매입 2	5,000만 원
	3,300만 원	매입 3	3,300만 원

드디어 9년쯤 흐르고 나니, 정부의 규제가 완화되고 시장도 안정을 되찾는다. 또 부동산 투자에 대한 대중의 관심도 사라진다.

전세 레버리지 투자 전략을 다시 쓸 시기가 온 것이다. 그런데 참 묘하게도, 이러한 시기가 도래하면 대중은 보유하고 있던 부동산을 매도하고 싶어서 안달이 난다. 지금부터가 본격적으로 좋은 부동산을 거의 돈을 들이지 않고도 살 수 있는 (이게 바로 전세 레버리지 전략의 핵심) 절호의 찬스임에도, 오히려 '부동산을 왜 사?' 같은 심리로 돌아선다는 것이다.

상황이 이렇다 보니, 투자자들에게 기회가 온다. 대중이 전세금이 높은 부동산을 저가에 내놓다 보니, 아주 적은 자금을 들여 좋은 부동산을 살 수 있게 되는 것이다. 게다가 부동산에 대한 대중의 관심도 없다 보니 경쟁자 역시 줄어든다. 결과적으로 투자자가 부동산을 매수한 후 전세 매물로 내놓는다고 해서 시장에 전세 매물이 넘치는 일도 없어지는 것이다.

건설사들은 어떨까? 부동산에 대한 대중의 관심이 식은 상황에서 주택이 잘 팔리지 않으니 공급도 하지 않게 된다. 공급이 없다 보니 당연히 기존 주택의 전세가격만 올라가는 상황이 벌어진다. 드디어 전세 레버리지 전략으로 투자할 수 있는, 더할 나위 없이 좋은 기회가 온 것이다.

물론, 대중의 생각이 완전히 틀린 건 아니다. '부동산 가격이 오르지도 않는데, 가지고 있어서 뭐 해?'라고 생각하면서 보유하던 부동산을 매도하는 것이다. 그러면서 자신이 현명한 결정을 내렸다고 여긴다. 이때 투자자라면, 눈앞에 보이는 것만 봐서는 안 된다. 대중이 이와 같은 생각을 하기에 알짜배기 부동산을 구입할 수 있는 기회가 오는 것이다. 이를테면, 핵심적인 위치에 있으면서도 자금을 얼마 들이지 않고 매수할 수 있는 기회 같은 것 말이다. 단, 매수하자마자 어떤 좋은 일이 벌어지기를 기대할 순 없다. 최소 2년은 기다려야 한다. 바로 그 '2년'을 대부분의 사람은 기다리지 못한다. 우리의 전략은 바로 거기에서 착안한 것이다. 대중이 견디지 못하는 그 '2년'에 투자해서 핵심 부동산을 손에 넣는 것이다.

표의 내용을 구체적으로 보자. 투자를 시작한 지 9년 차가 되면, 2년 전 7년 차에 자금 1억 642만 원으로 매입한 부동산을 매도해 만든 1억 3,349만 원으로 부동산 3채를 매수한다. 채당 들어가는 자금은 각각 5,000만 원, 5,000만 원, 3,300만 원이다. 이렇게 3채의 부동산을 매수하면서 본격 전세 레버리지 시스템을 구축하기 시작하는 것이다.

이때 중요한 건, 전세 레버리지 전략의 원칙을 지키는 것이다. 반드시 지켜야 할 다음 세 가지 조건을 기억하라.

- 지속적으로 주택의 전세가격 상승이 예상되는 지역
- 전세가율이 85% 이상인 주택
- 4년 안에 투자 원금 회수율 100%

일단 전세 레버리지 전략이 유효하려면, 투자할 주택의 전세가격이 지속적으로 상승할 지역이어야 한다. 또 가장 이상적인 목표는 4년 안에 투자 원금을 모조리 회수하는 것이다. 이는 그만큼 전세금 상승이 가파르게 일어날 지역을 골라야 한다는 의미이며, 그만큼 매수가격에 비해 투자 자금이 적게 들어가야 한다는 뜻이다.

이러한 방식으로 투자 9년 차와 10년 차에 부동산을 3채씩 마련한다. 참고로, '임대주택 관련 제도'에 관해서는 그때그때 유연하게 대처할 필요가 있다. 이번 정부의 움직임에서 경험했듯, 과거 권장했던 제도라고 해도 언제 말이 바뀌어 상황이 역전될지 모른다. 물론, 앞으로 더 좋은 제도가 나올 수도 있다. 이러한 정부의 제도 변화에는 항상 민감하게 대응해야 한다. 특히 보유 주택 수를 늘리는 전략일 경우에는 더욱 유의하자.

‖ 4단계 : 매도와 전세 레버리지 전략 혼합 ‖

투자 연차		11	12	13	14
투자수익금	전세 상승분	2,500만 원	2,500만 원	2,500만 원	2,500만 원
	전세 상승분	2,500만 원	2,500만 원	2,500만 원	2,500만 원
	전세 상승분	1,650만 원	1,650만 원	1,650만 원	1,650만 원
	합계	6,650만 원	6,650만 원	6,650만 원	6,650만 원
	매도 수익금			8,341만 원	8,341만 원
	총 합계			1억 4,991만 원	1억 4,991만 원

투자 11년 차가 되자, 2년 전에 전세 레버리지용으로 매수한

부동산의 전세가격이 상승해 자금이 나오기 시작한다. 4년 안에 모두 회수하는 것을 목표로 한 만큼, 투자 원금인 5,000만 원의 절반에 해당하는 금액이 나왔다고 가정했다. 그렇게 계산할 경우, 부동산 3채에서 나오는 자금은 총 6,650만 원이다.

이때, 6,650만 원으로 전세 레버리지용 주택을 구입할 수 있다. 그럴 경우 이때부터는 전통적인 전세 레버리지 투자가 되는 것이다. 다만, 오랫동안 부동산 투자를 하고 강의를 하다 보니, 전세 레버리지 전략도 중요하지만 투자 지역이나 시점에 따라, 매도 전략을 함께 구사할 필요도 있다는 걸 느꼈다. 이것이 좀 더 현실적이다.

따라서 이때부터는 전세 레버리지 전략과 매도 전략을 함께 쓰는 것으로 한다. 11년 차에 발생한 6,650만 원으로는 2년 후에 매도할 만한 대상을 매수하는 것이다. 12년 차에도 마찬가지. 정리하자면, 2년 동안 전세 레버리지용으로 여전히 3채씩 총 6채를 매수하고, 나머지 자금은 2년 후 매도할 만한 대상에 투입하는 것이다. 이쯤 되면 이미 10년간 갈고 닦은 기술 덕분에 조금 큰돈도 여유롭게 굴릴 수 있게 될 것이다. 그러니 6,650만 원은 매도할 대상을 구입하는 데 사용하라는 것이다.

그렇게 13년 차가 되면 어떻게 될까? 여전히 전세 레버리지용 부동산 3채(짝수 해와 홀수 해가 다르므로)에서 전세 상승분 6,650만 원이 발생한다. 그리고 11년 차에 6,650만 원으로 투자한 부동산을 매도해 8,341만 원이 생긴다(12% 연 복리를 적용).

이를 모두 더하면 13년 차에 손에 들어오는 총 자금이 1억 4,991만 원이다. 14년 차에도 마찬가지. 이제 어떻게 할까? 매년 1억 5,000만 원가량이 손에 들어오는데, 그 금액은 매년 점점 더 커진다. 어떻게 하는 게 좋을까?

그때부터는 알아서 하시라. 노동력을 직접 투여하지 않고 1년에 1억 5,000만 원 이상을 버는데도 여전히 배고픈 사람이 있을 것이고, 아직 원하는 것을 달성하지 못한 사람도 많을 것이다. 그것까지는 김 사부의 몫이 아니다. 알아서 잘하길 바란다. 어쨌든 1년마다 자동으로 1억 5,000만 원 이상의 돈이 들어오는 사람이 경제적으로 각박한 상황에 처하거나, 돈 때문에 고통을 겪게 되지 않을 건 분명하다. 그다음부터는, 더 이상 돈에 욕심내지 말고 수양을 하든, 봉사활동을 하든, 아니면 더 큰 도전을 향해 나아가든, 자신의 선택에 달렸다. 각자가 '더 나은 삶이란 무엇인가?'에 대한 심각한 고민 후 결정해야 할 일이다.

03 투자자들이 가장 많이 하는 질문들

지금까지의 전략을 듣고 나면, 많은 사람이 희망에 부풀게 될 것이다. 너무 쉬워 보여서 왠지 사기를 당하는 것 같은 기분이 들 수도 있다. 처음《부동산 투자의 정석》을 출간했을 때도 그랬다.

이 책에 소개한 기법을 그대로 활용해 큰 자산을 일군 사례가 나의 회원들에게만 해당되는 건 아니다. 부동산으로 눈에 띄는 성과를 거둔 후 책을 낸 이들이 따른 투자 전략의 원형이 바로 이 '전세 레버리지 전략'이기 때문이다. 그러니 이 전략이 그저 효용성 없는 이론을 그럴싸하게 포장한 것이 아니라는 건, 이미 수많은 사례를 통해 입증됐다. 경험적 근거로 뒷받침할 수 있는 효과적인 전략인 셈이다.

하지만 언제나 그렇듯, 이런 효과 있는 전략이 '마냥 쉬운 것'은 아니다. 보통 사람이 무작정 실천해 같은 성과를 거두지 못하는 건 '큰 함정'이 있기 때문이다. 그 함정이란, 예전 책에서도 소개했듯 여러 가지 이유들이다. 다만 그것들을 한마디로 집약한다면, '끈기'라고 할 수 있다.

끈기를 갖는다는 건 생각보다 쉽지 않다. 끈기를 가지고 오랜 세월 묵묵히 알고 있는 투자의 전략과 방법을 실행하는 게 핵심이다. 우선, 끈기를 가지려면 수시로 일어나는 의심들을 해결해야 할 테니, 사람들이 가장 많이 하는 질문들을 살펴보는 게 도움이 될 것 같다. 크게 보면 다음 7가지다.

1. 그런 부동산을 어떻게 매입할 수 있나요?
2. 지금도 그런 부동산이 있나요?
3. 지금도 그렇게 전세금이 올라가나요?
4. 매년 투자할 3,000만 원은 어떻게 만드나요?
5. 어떻게 투자금에 딱 맞게 투자할 대상을 고르나요?
6. 중간에 돈 쓸 일이 생겨서 투자를 못하게 되면 어떡하나요?
7. 역전세난이 벌어지면 어떡하나요?

‖ 종잣돈 마련법 ‖

1번부터 3번까지 앞에서 설명했으니 일단 넘어가고, 4번부터 살펴보자. 매년 부동산 투자에 쓰일 종잣돈 3,000만 원을 만드는 특별한 기술 같은 것은 없다. 일단, 최초의 종잣돈을 마련하는 데는 소비를 줄이고 소득을 올려 치열하게 모으는 것이 최선일 것이다. 비법이 전혀 없는 건 아니다. 가장 쉽고도 확실한 비법은 거주 비용을 획기적으로 줄이는 방법과 대출을 이용하는 것이다.

대부분의 사람이 거주 비용을 줄일 생각은 하지 못한다. 하지만 잘만 찾아보면 거주 비용을 획기적으로 줄일 수 있는 방법이 대단히 많다. 조금 선호도가 떨어지는 지역이나, 입지 혹은 주거 환경 측면에서 조금 부족한 곳을 택하는 것도 방법이다. 대단히 큰 희생이 요구되는 것도 아니다. 예를 들어, 아파트에서만 생활하던 사람은 빌라나 오피스텔에 거주하는 것이 대단히 불편할 거라 생각하겠지만, 요즘 신축 빌라들은 과거 빌라들과 다르게 많은 불편 사항들을 개선해 짓고 있으므로 몇 가지만 감수하면 거주에 큰 무리가 없다. 이처럼 아파트에서 빌라로 이사만 가도, 제법 큰 종잣돈을 마련할 수 있다.

대출 역시 중요하다. 대출을 받으면 큰일이라도 나는 것처럼 생각하는 이들이 많은데, 소비를 위해 대출받는 건 정말 '큰일 날' 일이지만, 투자를 위해 대출을 받는 건 기회가 될 수 있다. 대출이자 이상을 벌 수 있다는 확신이 있거나, 현금흐름이 대출이자를 커버하고도 남는 수준이라면, 망설일 이유가 없다.

다만, 대출은 양날의 검이다. 당연히 투자 초보가 무턱대고 써서는 안 되는 전략이다. 그런데도 부동산 투자를 위해 대출을 활용하라고 하는 건, 무리가 되지 않는 적절한 범위 내에서, 즉 내가 충분히 감당할 수 있는 수준에서 대출을 활용하는 것이 수익을 크게 높이기 때문이다. 또한 부동산 투자에 있어서 대출 레버리지는, 최소 1년 이상 공부해 왔다면 시도해 볼 만한 방법이다. 물론 부동산이 아닌 자산들, 특히 금융자산은 변동성이 매우 크므로 대출을 받아서 투자했을 경우 변동성이 커질 때 이 자산을 유지하는 것이 맞는지 확신할 수 없게 된다. 따라서 대출 레버리지를 활용할 때는 신중해야 하는데, 다른 자산들에 비해 부동산은 그 자체로 하방경직성(가격이 바닥을 향하여 끝도 없이 내려가는 걸 막는 힘)이 강하다. 무슨 일이 벌어진다고 해도 변동성이 그다지 크지 않은데다, 변동성이 크게 느껴지지도 않는다. 그러니 그냥 묵묵히 버티는 것이 가능하다. 따라서 부동산 투자 시 감당할 수 있는 범위 내에서 적절히 대출을 활용하는 지혜가 필요하다.

《부자 아빠 가난한 아빠*Rich Dad Poor Dad*》의 저자 로버트 기요사키Robert Toru Kiyosaki도 책에서 재산이 많지 않은 상태에서 빠르게 돈을 벌 수 있는 불변의 진리는, 바로 '레버리지'와 '현금흐름'을 활용하는 것이라고 말했다. 이 2가지 무기를 절대 손에서 놓으면 안 된다. 그래야 재산을 늘릴 수 있다. 앞서 이야기한 전세 레버리지 전략 역시 '전세금'이라는 레버리지를 이용한다. 적은 돈을 들여서 핵심 부동산을 소유하는 것인 만큼 그야말로 막강한 레버리지를 활용하는 것인데, 심지어 2년에 한 번씩 전세상승분으로 현금이 창출되므로 현금흐름도 만들어진다.

레버리지와 현금흐름

그런데 여기서 대출을 받는다면 이자로 인해 현금흐름이 마이너스가 될 수 있으므로 주의가 필요하다. 물론 대출이자를 충분히 감당할 수 있는 금액이라면 '대출 레버리지'까지 더해져 더 강력한 효과를 거둘 수 있지만, 자칫 욕심에 휘둘려서 무리한 레버리지를 일으키는 일만은 피하기를 당부한다.

‖ 투자할 상황이 안 될 때 ‖

투자자들이 자주 질문하는 5번과 6번은 사실 비슷한 내용이다. 재투자하는 금액도 그렇고 투자 시점에 투자금이 없어질 수도 있다는 점에서도 그렇다. 진짜 이렇게 될 경우 어떻게 될까? 앞서 소개한 뉴 전세 레버리지 전략에서는, 13년째부터 내 수중에 약 1억 5,000만 원 정도가 생기는 것으로 되어 있지만, 만약 중간에 투자를 이어가지 못했거나 돈이 필요해 다른 곳에 썼다면 13년째부터가 아니라, 14년 혹은 15년째부터 1억 5,000만 원의 돈이 생길 것이다. 즉, 시간이 약간 미뤄지는 것뿐이다.

뉴 전세 레버리지 전략은 투자의 기본이 그렇듯, 처음에는 눈에 띄게 나아지는 것이 별로 없다고 느껴질 것이다. 그러나 어느 정도 시간이 지나면, 자산이 급격하게 늘어난다. 워런 버핏이 말하는 '스노볼 투자'와 같다. 제대로 된 투자는 모두 이와 같이 흘러가게 마련이다. 급격히 재산이 불어나는 시기가 올 때까지는 참고 견디는 것이 중요한 것도 이 때문이다. 이런 식의 투자를 통해 내 재산이 꾸준히 늘어나고 돈이 스스로 일을 해 자금 흐름이 원활해진다는 건, 그 자체로도 행복한 것이지만 이를 통해 희망이 생긴다는 것이 가장 큰 행복일 것이다. 언젠가는 내 삶이 더 나아질 거란 희망만 있어도 현실의 고통쯤은 얼마든지 견뎌내는 것이 인간이기 때문이다. 그러니 그 꿈이 몇 년 늦춰지는 것쯤은 대수롭게 여길 필요가 없다. '돈이 필요한 때'라면 돈을 쓰면서 인생을 풍성하게 사는 것이 더 좋다. 확실한 건 그게 13년째이든 15년째이든, 이와 같은 전략을 유지하기만 하면 언젠가는 반드시 성공하는 날이 온다는 것이다. 목표를 달성하는 시점은 달라져도, 희망은 달라지지 않는다. 늘 희망이 가까워 오고 있음을 볼 수 있도록 준비되어 있으면 된다. 그러기만 하면, 몇 년 늦어지는 것쯤은 인생에서 큰 격차를 만들지 않는다.

‖ 역전세난과 투자자 ‖

마지막으로, 역전세난은 어떻게 해야 할까? 전세 계약 당시 맺은 주택의 전세가격보다 2년 후 전세가격이 떨어져 주인이 세입자에게 돈을 내주어야 하는, 이른바 역전세난은 사실상 우리나라 부동산 역사상 매우 드물게 벌어진 일이다. 역전세난이 무조건 갭투자 열풍 때문이라고는 할 수 없다. 결정적으로는 일시적으로 전세 주택의 공급이 늘어났기 때문이다. 그럼에도 갭투자자들의 영향을 완전히 무시할 수는 없을 것이다. 일부 갭투자자의 경우 부동산의 매매가와 전세가 차이, 즉 '갭'을 활용하는 투자의 원리를 제대로 이해하지 않은 상태에서 그저 갭만 적다고 하면 돈을 벌 수 있을 거라 생각하며 무턱대고 부동산을 매입했고, 일부 '업체'에서도 이런 기회에 한몫 챙기려는 생각으로 갭투자를 대행해 주는 일을 하면서 대량 구매가 가능한 대상들, 즉 정말 가격이 오르지 않아서 매도 물건이 넘쳐나는 부동산을 매수해 투자자들에게 안겨주는 사례가 많아졌다. 이로 인해 전세 매물 공급이 늘어나고 여러 가지 요인이 합쳐져 역전세난이 발생한 것이다.

앞으로는 어떻게 될까? 예상컨대, 과거와 같은 갭투자 열풍이 불 것 같지는 않다. 그렇다면 안심해도 된다는 것인가? 그건 아니다. 2019년 현시점에서는 그보다 끊임없이 공급을 추진하고 있는 정부 때문에 공급이 넘치는 곳이 나올 가능성이 크다. 역전세난이 발생하는 지역이 계속 나올 수 있다는 것이다.

그럼 해결책은? 결국 원칙에 입각해서 생각할 수밖에 없다. 투자자들의 심리나 일시적인 공급을 면밀히 관찰해야겠지만, 그렇게 한다고 해서 모든 상황과 사례를 계산에 넣을 수는 없다. 따라서 역전세난이 발생할 경우 이미 투자한 지역이라도 다시 검토해야 한다. 이를테면 이와 같은 역전세난이 일시적으로 그친 후 전세금이 상승할 지역인지 아닌지를 꼼꼼히 따져보라는 말이다.

검토 결과 부정적인 결론이 나왔다면, 손해를 보더라도 매도하는 것이 원칙이다. 하지만 나는 현실적으로는 매도하지 않고 그냥 보유하길 권한다. 일단 인간은 손해를 보면, 그 자체로 비합리적인 상태가 되기 때문이다. 본인은 이성적으로 행동하고 있다고 생각하겠지만 그건 착각이고, 자신도 모르는 사이 향후 더욱 비합리적인 결정을 내릴 가능성이 크다. 그러니 계산상으로는 매도하고 털고 나오는 것이 좋을지라도 웬만하면 그냥 보유하면서 돈을 묶어놨다고 생각하는 것이 낫다. 처음 목적은 투자였지만, '투자'는 다음에 하기로 하고 일단 자금을 허투로 쓰지 않도록 '묶어놓기만 한' 것이라고 여기는 것이다. 때로는 이렇게 마음을 먹고 기회를 다음으로 넘기는 것이 오히려 큰 이익이 될 수 있다. 그렇게 해도 목표 달성 시점이 몇 년 늦어지는 것뿐이다. 그러니 여유로운 마음으로 '돈을 묶어놓는' 전략으로 가라.

반면 검토 결과 긍정적인 결론이 나왔다면, 당연히 보유해야 한다. 이때는 역전세난으로 세입자에게 전세금을 일부 내주게 되더라도 이를 투자금이라고 생각하면 된다. 처음 계획대로라면 2년마다 상승한 전세금으로 또 다른 대상에 투자하거나 수익으로 삼을 수 있는데, 그러기는커녕 투자금이 더 들어가게 생겼으니 속상할 것이다. 하지만 너무 실망할 필요가 없다. 긴 여정을 조금 돌아서 가게 되었을 뿐. 무엇보다 해당 부동산이 가치 있는 물건이라면, 결국 언젠가 보답을 해줄 것이다.

물론, 애초에 역전세난이 일어나지 않을 곳, 꾸준히 전세금이 상승할 부동산을 선택하는 것이 최선이다. 이를 위해 부동산을 공부하는 것이다. 열심히 공부해서 투자했음에도 나쁜 결과가 나왔다면, 이를 예외적인 상황으로 받아들이자. 공부를 제대로, 꾸준히 해나가는데, 매번 이와 같은 선택을 할 리는 없지 않겠는가? 한두 번의 잘못된 선택으로 좌절하지 말길 바란다.

또한 실제 역전세난이 일어난다고 해도, 그 세월이 계속 이어지지는 않는다. 아무리 투자자의 심리가 가세했다고 해도, 역전세난의 근본적인 발생 원인은 공급 과다다. 이처럼 공급이 넘치는 상황에서 건설사들이 지속적으로 물량을 공급하겠는가? 역전세난이 일어난 지역에 투자자들이 계속 몰려들어 적극적으로 부동산을 매입할 리가 없고, 이 지역의 실수요자 역시 구입을 서두르지 않을 게 분명하다. 그러니 당연히 공급을 하지 않게 된다. 그럼 어떻게 되겠는가? 결국 공급 과다가 해소되고, 세월이 지나면 다시 주택의 전세금이 상승한다. 바로 이러한 이유로, 목표 달성 계획이 몇 년 지연될 뿐이라는 결론에 도달하게 되는 것이다.

‖ 전세금, 계속 상승할까? ‖

그렇다면 이제 이런 의문을 가질 수 있다. 정말 주택의 전세금이라는 게 영원히 계속 오를 수 있는 것인가? 좀 과장해서 말하면, 영원히 계속 오른다. 그 이유는 아주 간단한 원칙 때문이다. 장기적으로 볼 때 통화량이 줄어들 수 있을까? 그런 경우는 없다. 일시적으로 화폐의 유동성은 줄어들 수 있지만, 통화량 자체는 계속 늘어날 수밖에 없다. 흔히 말하는 인플레이션이다. 인플레이션의 반대 현상인 디플레이션이 일어날 수도 있다. 하지만 디플레이션이야말로 세계경제에서 가장 우려되는 현상이므로 모든 경제주체들이 디플레이션만큼은 일어나지 않게 하려고 노력하고 있다. 또 설령 디플레이션이 일어난다고 해도, 즉시 빠져나올 것이다. 결국 장기적인 곡선은 인플레이션인 것이다.

다만, 희소성 없는 자산인 경우에는 인플레이션이 일어난다고 해도 가격이 하락한다. 전자 제품 같은 것이 대표적인 사례다. 전자 제품을 오래 보유한다고 해도 가격이 올라가지 않는다. 기술의 발달과 생산의 효율성으로 인해 가격이 오히려 떨어진다. 여기서 기억해야 할 것은, 자산 가격의 상승과 하락을 결정하는 건 그것의 '희소성'과 '한정성'이라는 점이다. 부동산의 기반은 토지다. 토지는 한정적일 수밖에 없다. 특히 사람들이 선호하는 토지, 즉 선호하는 지역은 더욱 한정적이다. 때문에 장기적으로 볼 때 부동산 가격은 상승하게 된다. 그리고 이를 빌리는 데 필요한 전세금도 상승할 수밖에 없다. 그러니 일시적인 역전세난에 좌절할 필요가 없다.

자, 이제 정리해 보자. 우선 역전세난이 일어나지 않을 지역의 부동산을 고르기 위해 꾸준히 공부하자. 그렇게 공부한 뒤 투자한 곳에 역전세난이 일어나면, 전세 레버리지 전략으로 투자하기에 적합하지 않은 지역이었는지 다시 한번 심각하게 검토하자. 이를 토대로 매도할 수도 있지만, 초보자라면 일단 돈을 묶어놓았다고 생각하자. 그리고 장기적으로 희망이 있는 곳이라면 버티자. 목표 달성 시점이 몇 년 늦어지는 것뿐이고, 몇 년쯤 늦어진다고 해서 인생이 크게 달라지는 것도 아니다. 끈기를 가진다면 반드시 누구나 자신이 원하는 경제적 수준에 도달하게 된다.

“

매년 1채씩 매수하기!

”

1년에 부동산을 1채씩을 매수하는 게 꿈 같은 일일까? 그렇지 않다. 우선, 이를 허황된 이야기라고 생각하는 대다수의 사람은 다음과 같은 고정관념에 빠져 있을 가능성이 크다.

첫째, 부동산은 비싸다.
둘째, 매년 투자할 돈을 구하는 건 불가능하다.

우선, 부동산은 비싸다는 생각부터 살펴보자. 서울 강북의 25평 아파트 매매가격이 10억 원이 넘는 요즘, 적은 돈으로 살 수 있는 부동산은 없어 보인다. 한창 유행했던 갭투자도 역전세난으로 인해 더 이상 할 수 없는 것 같다. 그럼에도 불구하고, 여전히 투자금이 많이 들어가지 않는 부동산은 있다. 간단하게 나열해 보자면 다음과 같다.

- 급매형 부동산
- 지방 다가구주택
- 신규 빌라
- 재개발 구역 도로
- 맹지
- 사업자 대출을 이용할 수 있는 상가

물론, 이 같은 부동산 모두가 돈이 된다는 건 절대 아니다. 아니, 오히려 짐이 되는 경우가 더 많다. 그런데 보석이 널려 있으면 그게 보석이겠는가? 당연히 값어치 높은 보석은 찾기 힘들다. 그럼에도 찾기만 하면 대단히 높은 수익을 안겨주지 않겠는가? 그러니 이들 중 진짜 보석이 될 만한 부동산을 찾으려는 노력을 기울여야 한다.

둘째, 매년 투자할 돈은 어디서 나오나? '종잣돈은 머리에 있다'는 말이 있다. 시도도 해보지 않고 나는 안 된다고 하지 말자. 나는 이미 15년 넘게 부동산 강의를 해오면서, 평범한 직장인이 생각지도 못한 자금을 만들어 내는 걸 자주 봐왔다. 간단한 방법 몇 가지만 말하자면, 월세를 받고 있는 부동산을 전세로 바꾸거나 지금 거주하고 있는 집의 규모를 줄이는 것, 또 비싼 이자의 대출을 이자가 싼 대출로 바꾸는 것만으로도 투자 자금을 마련할 수 있다.

물론 가장 이상적인 건, 투자할 돈이 매년 저절로 나올 수 있는 구조를 만드는 것이다. 이런 시스템을 만드는 데는 다소 시간이 소요되겠지만, 충분히 가능한 일이다. 그렇다고 무턱대고 공격적으로 부동산을 사들이라는 말은 결코 아니다. 오히려 조심해야 한다. 그러나 단지 돈이 없어서 투자하지 못한다는 이야기는 하지 말 것. 언제라도 돈은 생길 수 있으니, 그때를 대비해서 꾸준히 준비하고 있어야 한다.

애초부터 투자할 돈이 없다고 단정 짓는 사람은 공부도 하지 않는다. 그러나 '돈은 생기게 마련'이라고 생각하면 공부를 하지 않을 수 없다. 그러니 '돈은 곧 나온다'고 생각하라. 해야 할 것은, 방법을 찾는 것이다. 물론, 그 전에 고정관념부터 깨야 한다.

수강생들을 모아놓고 이런 이야기를 했더니 한 회원이 이렇게 말했다.

"제 목표는 1년에 1채가 아니라, 1강 1채입니다!"

내가 한 달에 1번 정규 강의를 하는데, 매번 강의를 듣고 나서 부동산을 1채씩 매수하겠다는 것이다. 1강 1채라? 그렇다면 1년에 12채가 되는 것인데! 꿈같은 일인가? 아니다. 충분히 가능한 일이다. 일단, 가능하다고 생각하고 시작해 보라. 그래야 1년에 12채는 아니더라도 1년에 1채 정도를 마련하는 게 가능할 테니.

3장

소액으로 아파트 투자하기

01 비 로열 아파트

02 미분양 아파트

03 입주 급매 아파트

01

비 로열 아파트

부동산에 대해 전혀 모르는 사람이라고 해도 아파트를 구입할 예정이라면, 일단 대단지 아파트부터 찾을 것이다. 그들에게 왜 대단지 아파트를 찾느냐고, 그 장점이 무엇인지 설명해 보라고 한다면, 주저 없이 이렇게 말할 것이다. "우선, 단지가 크기 때문에 단지 내 환경이 쾌적해요. 또 관리비도 적게 나오죠!" 그런데 그 외에 또 뭐가 좋으냐고 물으면 그때부터 쉽게 입을 떼지 못한다. 대단지 아파트의 장점이 대단히 많을 것 같지만, 막상 설명하려고 하면 그다지 말할 게 없는 것이다.

당연히 대단지 아파트가 좋긴 하다. 하지만 여러 가지 장점을 지닌 대단지 아파트의 가격이 너무 비싸다면 어떨까? 예를 들어, 대단지 전용면적 84㎡ 아파트의 매매가격이 10억 원인데, 그 옆에 위치한 같은 면적의 나 홀로 아파트 가격이 5억 원이라면? 과연 5억 원을 더 주고서라도 대단지 아파트를 구입하는 것이 맞을까?

‖ 나 홀로 아파트 ‖

투자라는 것이 항상 그렇다. '돈'이라는 기준을 들이대면, 좀 더 고급스럽게 표현해 '가치 평가'라는 말을 갖다 붙이면, 상황이 확 달라진다. 누가 대단지 아파트가 좋은지 모르겠는가? 그런데 5억 원이라는 비용을 더 들여서라도 대단지 아파트를 사는 것이 맞느냐고 묻는다면 그건 다시 생각해 볼 문제가 된다.

여기서 생각해 보자. 대단지 아파트의 여러 가지 장점이 있으나, 특히 투자 측면에서 대단지 아파트를 사야 하는 이유는 무엇일까? 다시 말해, 돈의 가치를 생각할 때 대단지 아파트를 사야 하는 건 왜일까?

투자 측면에서 대단지 아파트를 사야 하는 이유는, 관리비 때문도 아니고 단지 내 쾌적성 때문도 아니다. 가장 큰 이유는 '노출도' 때문이다. 대단지 아파트는 아무래도 많은 대중에게 쉽게 노출된다. 쉽게 노출된다는 건 언제든지 쉽게 거래가 이뤄질 수 있다는 의미다. 투자에서는 이것이 매우 중요하다. 거래가 쉽게 이뤄져야, 즉 거래량이 많아야 가격이 오르고 또 거꾸로 가격이 내려갈 때도 높은 '하방경직성'을 가질 수 있다. 즉, 아파트 가격이 떨어질 때 매수하고자 하는 사람들이 쉽게 나타날 수 있으므로 가격이 한없이 떨어지는 일이 별로 없다는 뜻이다.

나 홀로 아파트는 어떨까? 알려진 몇 가지 단점을 감안해도, 나 홀로 아파트는 막상 살아보면 특별히 불편한 점 없이 나름대로 만족스럽게 생활할 수 있다. 그런데 이와 같은 생각을 어떻게 다른 사람들도 갖게 할 수 있을까? 이를 어떻게 알릴 수 있을까? 그저 인터넷 커뮤니티에 올린 좋은 리뷰 몇 개로 대중의 관심을 나 홀로 아파트에 몰리게 할 수는 없다. 특히 아파트를 매도할 때를 생각해 봐야 한다. 부동산 경기가 괜찮을 때라면 모르겠지만, 부동산 경기가 좋지 않아 아무도 아파트를 사려고 하지 않는 시기라면, 나 홀로 아파트를 얼마에 내놓아야 팔리겠는가?

상황이 이렇게 흘러가면, 사정이 급할 경우 아주 형편없는 금액에 매물을 내놓게 되고 거래된 가격이 실거래가로 신고된다. 그 가격이 나 홀로 아파트의 '가치'가 되는 것이다. 따라서 경기가 나빠지면 나 홀로 아파트의 가격은 더 많이 떨어지게 되고, 경기가 좋아져도 찾는 사람이 적어 가격이 좀처럼 오르지 않는다. 그러니 많은 이들이 나 홀로 아파트를 '비 로열' 물건으로 지칭하면서 투자 시 피해야 할 대상으로 간주하는 것이다.

그런데! 이와 같은 나 홀로 아파트를 공략할 필요가 있다. 왜? 이처럼 '단점투성이'인 나 홀로 아파트도 가격이 '오르는 때'가 있기 때문이다. 나 홀로 아파트의 가격이 올라가는 시점만 잘 공략하면, 매우 큰 수익을 낼 수 있다. 무엇보다 나 홀로 아파트를 공략해야 하는 이유는, 매우 적은 금액으로 투자할 수 있는 기회를 얻을 수 있기 때문이다.

앞서 설명했듯, 대단지 아파트는 가격의 변동성이 비교적 낮다. 하지만 그 변동성이라는 게 다른 물건에 비해 비교적 낮다는 것뿐이지, 그렇다고 한번 오르면 절대 떨어지지 않는다는 것도 아니고, 지속적으로 가격이 상승한다는 뜻도 아니다. 그에 비해 나 홀로 아파트는 가격이 떨어질 때는 더 많이 떨어지고, 오를 때는 매우 느리게 오른다.

여기서 잠깐, 나 홀로 아파트 역시 가격의 변동성이 있다. 좀 전에 말한 '가격이 느리게 오른다'는 말은 '천천히 오른다'는 의미가 아니다. 이는 시차를 두고 오른다는 뜻이다. 즉, 부동산 시장의 분위기가 좋아지면, 매매가격이 5억 원인 대단지 아파트의 경우 바로, 5억 3,000만 원, 5억 8,000만 원, 6억 원……, 이런 식으로 가격이 오른다. 이때 매매가격 3억 5,000만 원짜리 나 홀로 아파트가 3억 5,500만 원, 3억 6,000만 원처럼 조금씩 천천히 오른다는 말이 아닌 것이다.

나 홀로 아파트의 경우 대단지 아파트의 가격이 5억 원에서 6억 원으로 오를 때까지, 그냥 변화 없이 잠잠하다. 아무런 변화가 없어서 '역시 나 홀로 아파트는 안 돼'라는 생각을 갖게 만든다. 그러다가 어느 순간에 이르면, 3억 5,000만 원이었던 나 홀로

강남 K 아파트의 시세 추이

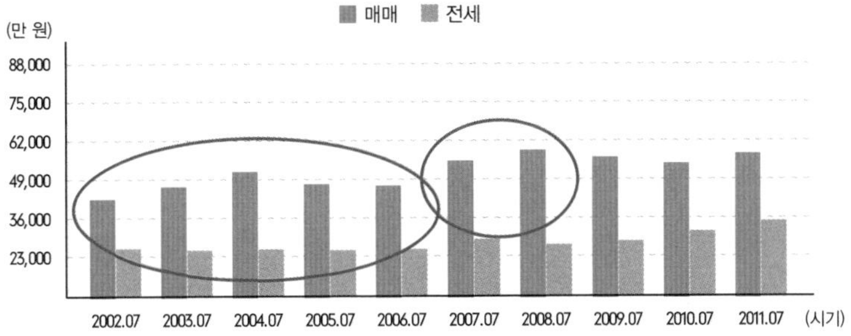

(자료원 : 부동산뱅크)

아파트가 갑자기 4억 3,000만 원이 된다. 바로 '이때'가 공략해야 할 시점이다.

앞의 그래프는 강남의 대표적인 나 홀로 아파트 K의 사례다. 2002년~2006년 부동산 대세 상승 기간에도 K 아파트 가격에는 거의 움직임이 없다가, 2007년과 2008년에 가격이 급등했다.

어째서 이런 일이 벌어지는 것일까? 이는 아무리 나 홀로 아파트라고 해도 결국 '부동산의 가격은 시장가격 수준에 맞춰진다'는 원칙 때문이다. 조금만 생각해도 아주 상식적인 이야기다. 예를 들어, 현재 강남의 대단지 84㎡ 아파트 평균 가격이 14억 원 정도인데 같은 지역 같은 평수의 나 홀로 아파트가 3억 원이라면, 이 아파트의 가격이 계속 그대로 머무르겠는가? 그럴 수는 없다. 비단 나 홀로 아파트라고 해도, 머지않아 대단지 아파트 가격을 따라 최소 9~10억 원 정도로 가격이 형성될 것이다.

중요한 것은 수익률이다. 좀 전의 사례에서 매매가격이 5억 원인 대단지 아파트의 전세가율이 75%이고, 따라서 세입자가 3억 7,500만 원의 전세 보증금으로 여기에 거주하고 있다고 해보자. 이 아파트를 매입할 경우 투자금으로는 1억 2,500만 원이 소요된다. 이 상태에서 경기가 좋아져 부동산 가격이 급등해 6억 원이 되었다면, 수익률이 80%(1억 원÷1억 2,500만 원×100, 편의상 양도세는 계산하지 않음)다.

이제 나 홀로 아파트를 보자. 같은 지역 같은 평수의 매매가격이 3억 5,000만 원인 아파트의 전세가율이 75%이고 여기에도 세입자가 거주하고 있다고 해보자. 사실, 이 가정은 현실적이지 않다. 대단지의 전세가율이 75%라면, 나 홀로 아파트의 전세가율은 대개 그보다 높기 때문이다. 왜 그럴까? 생각해 보라. 나 홀로 아파트의 경우 잠시 거주는 할지언정, 대다수가 매수하고 싶다는 생각은 하지 않는다. 이러한 이유로 매매가격은 크게 움직이지 않고 전세가격만 올라가는 경우가 많다. 따라서 전세가율이 80% 이상으로 형성될 가능성이 크다. 이 같은 상식에 따라, 3억 5,000만 원짜리 나 홀로 아파트의 전세가율이 80%라면 2억 8,000만 원에 세입자가 거주할 경우 실제 투자금으로 7,000만 원이 소요된다. 이 상태에서 경기가 좋아져 부동산 가격이 급등하면서 나 홀로 아파트의 가격도 4억 3,000만 원이 되었다면? 수익률은 114%(8,000만 원÷7,000만 원×100)가 된다. 결국 대단지 아파트보다 더 높은 수익률을 달성하게 되는 것이다.

대단지 아파트의 상승률

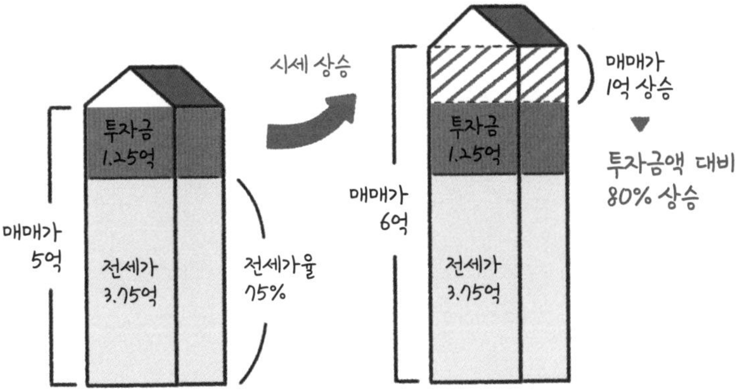

나 홀로 아파트의 상승률

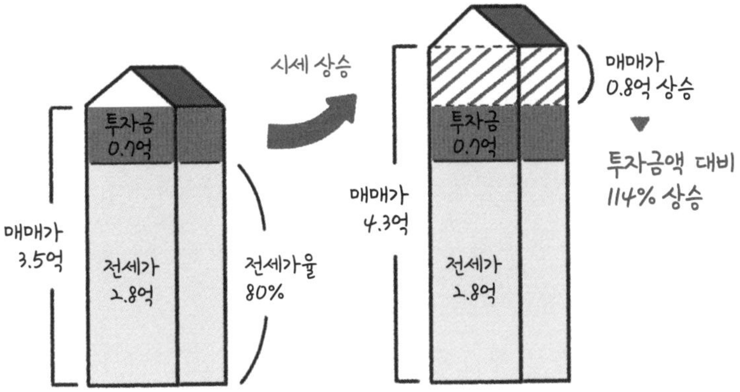

세입자에게 임대하지 않고 본인이 직접 거주하는 경우는 어떨까? 5억 원짜리 대단지 아파트의 가격이 6억 원이 되었다면 수익률은 20%(1억 원÷5억 원×100)이고, 3억 5,000만 원짜리 나 홀로 아파트가 4억 3,000만 원(8,000만 원÷3억 5,000만 원×100)이 되었다면 수익률이 23%다.

뭐야? 수익률에 별 차이가 없잖아? 대단할 것도 없네? 이런 생각이 드는가? 그렇지 않다. 대단지 아파트를 매수하지 못하는 사람의 설움을 아는가? 대단지 아파트를 사고 싶지 않아서 사지 않는 사람은 없다. 누구나 기왕이면 대단지 아파트를 사려고 한다. 그런데 돈이 없어서 그러지 못하는 것이다. 부동산 경기가 좋을 때 가격 상승률마저 대단지 아파트가 월등히 높다 보니, 이런 아파트를 매수하지 못한 사람들의 절망감도 크다.

이런 상황에서 나 홀로 아파트를 잘만 사면, 대단지 아파트 못지않은 수익률을 거둘 수 있다니 얼마나 희망적인 이야기인가? 현실에서는 심지어 앞의 계산 결과보다 더 높은 수익률이 나오기도 한다. 따라서 나 홀로 아파트만 겨우 살 수 있는 형편이라고 해도, 그것으로 더 많은 수익을 창출할 수 있는 희망이 생기는 것이다. 이것이 비 로열 물건에 해당하는 나 홀로 아파트를 현명하게 활용하는 방법이다.

단, 이와 같은 투자에서 중요한 2가지가 있다. 하나는 시점이고, 다른 하나는 나 홀로 아파트의 입지다.

중요한 건 매수 타이밍 나 홀로 아파트의 경우, 매입 시점이 정해져 있다. 아무 때나 매입해서는 절대 안 된다는 이야기다. 물론, 어느 부동산이든 아무 때나 매입해도 되는 건 아니지만, 특히 나 홀로 아파트일 경우 매입 시점을 매우 면밀히 따져봐야 한다. 그렇지 않으면, 다른 부동산의 가격이 다 오를 때 전혀 오르지 않다가 매도한 후에는 (다른 부동산의 가격이 상대적으로 많이 올라서) 아무것도 매수할 수 없는 절망적인 상황에 처할 수 있기 때문이다. 주변 사람들로부터 '나 홀로 아파트는 절대 사지 마라'라는 말을 자주 듣게 되는 것도 이러한 이유 때문이다.

나 홀로 아파트의 가격은 좀처럼 오르질 않는다. 가격이 수년째 그대로 유지되고, 심지어 다른 아파트의 가격이 다 올라도 전혀 오르지 않는 경우가 태반이다. 그러니 대부분의 사람들은 '가격이 오르지 않은 상태'만 봤을 가능성이 크다. 하지만 실제로 시세를 살펴보면, 전혀 그렇지 않다는 걸 알 수 있다. 나 홀로 아파트도 가격이 오른다. 다만 워낙 짧은 기간에만 오르기 때문에 이를 대중이 잘 모를 뿐이다. 그러니 우리는 그 짧은 순간을 노려야 한다. 그때가 언제인가?

그건 주변의 대단지 아파트들의 가격이 모두 오른 후, 그것도 충분히 오른 후다. 나 홀로 아파트는 바로 이때 매수해야 한다. 이때가 바로 매수 기회인 셈이다. 사실 생각해 보면, 나 홀로 아파트를 매수하는 원칙만 알면, 현실적으로는 매수가 매우 쉽다. 이는 차분하게 생각하면서 물건을 고를 시간적 여유가 있다는 뜻이다.

대단지 아파트의 가격 급등을 경험해 본 사람이라면 알겠지만, 대단지 아파트는 한번 급등하면, 정신을 차릴 수 없을 정도로 흘러간다. 그저 100만 원, 200만 원 오르는 게 아니라, 1,000만 원, 3,000만 원 그리고 5,000만 원…… 이런 식으로 오른다. 겨우 하룻밤 지나서 갔는데, 똑같은 물건이 5,000만 원이나 오른 상황이라면 매수할 수 있을까? 상황이 이렇다 보니 막상 매수할 시점이 되면 하나 골라서 매수하기가 현실적으로 너무 힘들다. 어쩌다 가격이 좀 덜 오른 아파트가 있어서 눈길을 주면, 그건 해가 들지 않는 곳에 있거나 소음이 심하거나 사생활 침해가 우려되는 등 결정적으로 흠이 있는 물건일 때가 많다. 그런 아파트를 사자니 영 내키지 않는 것이다. 그런데 그런 물건들도 나중에는 또 몇 천만 원씩 오른다. 따라서 스트레스만 받고 매수하는 게 너무 힘들다는 생각이 드는 것이다.

그에 비해, 비 로열 물건들은 어떨까? 비교적 매수가 쉽다. 오늘도 그 가격, 내일도 그 가격이기 때문이다. 따라서 차분히 생각해 보고 이것저것 비교해 보고(나 홀로 아파트는 그다지 비교해 볼 것도 없다), 결정하면 된다. 대단지 아파트가 급등할 때 매수하는 것보다 현실적으로 훨씬 쉽다는 것이다.

그러나 여기에 또 커다란 함정이 있다. 막상 이런 때, 즉 주변 대단지 아파들의 가격이 모두 오른 후 그것도 충분히 오른 직후에 나 홀로 아파트를 매수하려는 경우, 대다수 사람들의 마음이 어떻겠는가? 사실상 심리적으로는 더 큰 어려움에 처하게 된다.

'다른 것들 다 올랐는데 이건 왜 오르지 않지?' 하는 의문이 들면서 매수하기 싫어지는 것이다. 게다가 옆에서 거들기까지 하면? 주변 사람이 "그런 거 사면 가격이 평생 오르지 않아"라거나 부동산 중개인쯤 되는 전문가가 "그런 아파트는 가격이 오르지 않아요"라고 말한다면 이건 완전 결정타다. 도저히 매수할 용기가 생기지 않는 것이다.

그러고 보니, 대단지 아파트이든 나 홀로 아파트이든 매수하기 힘든 건 마찬가지다. 대단지 아파트 가격이 급등할 때는 너무 빨리 가격이 오르니 자칫 비싼 가격에 매수하지 않을까 하는 불안감에 힘들고, 나 홀로 아파트를 사려고 하니 주변에서 모두 부정적으로 이야기하니 매수할 용기가 나지 않는다. 나만 바보가 되는 기분이다.

바로 이러한 문제를 극복해야 한다. 원칙은 이렇다. 모든 부동산 가격은 시세에 맞춰 따라간다는 것이다. 나 홀로 아파트가 대단지 아파트의 가격을 역전하는 일은 없다. 나 홀로 아파트가 대단지 아파트보다 더 좋아지는 일은 벌어지지 않겠지만, 그렇다고 해도 대단지 아파트 가격의 80%, 낮아도 70% 선은 가야 하지 않을까? 이것이 상식이다. 그런데 주변의 모든 대단지 아파트의 가격이 급등한 시점에 나 홀로 아파트 가격이 그들의 50% 선에 멈춰 있다면? 이때는 과감하게 매입해도 된다는 말이다. 바로 이때가 나 홀로 아파트를 매수할 시점이다.

이처럼 상식적으로 좀 더 생각하다 보면, 한 가지가 더 보일 것이다. 대단지 아파트의 가격이 급등하면, 아무래도 경제적으로 부담을 느끼는 사람들이 많아진다. 그러면 나 홀로 아파트의 가격이 앞으로 더 오르든 말든 그냥 '저렴한 가격에 거주하기 위해' 나 홀로 아파트를 찾는 사람이 늘어난다. 그러니 당연히 가격이 오른다.

이러한 이유로 '때', 즉 매수 시점을 잘 맞춰야 한다. 그때란 주변 대단지 아파트의 가격이 충분히 올라서 모두들 '너무 비싸다'고 느낄 때다. 동시에 나 홀로 아파트의 가격은 오랫동안 변화 없이 같은 가격을 유지하고 있을 때다.

여기에 한 가지만 덧붙인다면, 나 홀로 아파트의 매매가격에는 변화가 없지만 전세가격이 꾸준히 오른 상태라면, 더욱 좋은 기회다. 전세가격이 꾸준히 올랐다는 건 두 가지를 의미한다. 하나는 실수요자가 충분히 선호하는 곳이라는 뜻, 또 다른 하나는 아직 매매가격이 오르지 않았다는 뜻이다. 그러니, 더할 나위 없이 좋은 기회라고 할 수 있다.

나 홀로 아파트의 입지 그렇다면, 아무 나 홀로 아파트라도 괜찮을까? 당연히 아니다. 정말 독불장군처럼 그야말로 외부와 단절된 위치에 별장처럼 우뚝 선 나 홀로 아파트도 있다. 이런 아파트를 두고 나름대로의 창의성을 발휘해 매수 타이밍을 고르려고 하지 않기를 바란다.

앞서 말한 것을 다시 생각해 보라. 대단지 아파트의 장점은 무엇인가? 여러 가지 장점이 있지만 투자 측면에서 보자면, 무엇보다도 '노출'이 잘 된다는 점이다. 나 홀로 아파트의 가격이 상승하려면 나 홀로 아파트가 일단 대중에게 노출되어야 한다. 가뜩이나 나 홀로 아파트라서 노출이 어려운데, 그나마 대단지 아파트들 사이에 끼어 있거나 대단지와 가까운 곳에 있거나, 그것도 아니라면 기반 시설이 잘 갖춰진 곳에 있어야 하는 것이다. 이런 입지의 나 홀로 아파트를 골라야 한다. 이를테면, 학군 강세 지역 중 하나인 목동 같은 경우, 전체적으로 기반 시설이 잘 갖춰져 있고 무엇보다 '좋은 학군'이란 대단히 큰 장점이 있으므로 늘 수요가 끊이지 않는다. 따라서 이런 지역에 숨어 있는 나 홀로 아파트를 찾아보는 것도 좋겠다.

노출도 그렇지만 이런 입지에 자리 잡은 나 홀로 아파트의 경우 직접 살아보면 그런대로 불편한 점이 없다. 대단지 아파트의 쾌적함을 기대하긴 어렵고, 관리비도 살짝 비싼 편이지만 불편할 정도는 아니다. 마트도 가깝고, 학원도 많고, 교통도 편리하다. 이런 지역의 나 홀로 아파트에 거주하는 사람에게 "뭐 불편한 건 없어요?"라고 물으면, 한결같은 대답이 돌아온다. "불편한 건 하나도 없어요. 가격이 안 올라서 그렇지."

이것이 정답이다. 따라서 이런 입지에 위치한 나 홀로 아파트를 공략해야 한다. 그렇게 하면 확실히 승산이 있다.

‖ 비 로열 대단지 ‖

지금까지 나 홀로 아파트 가격이 어떤 움직임을 보이는지 살펴보면서 결국 매수 타이밍만 잘 잡으면 큰 수익을 낼 수 있다는 것을 알게 되었다. 그런데 이런 장점을 가진 대상이 나 홀로 아파트만은 아니다. 이와 거의 유사한 움직임으로 가격이 오르는 것이 있는데 바로, '비 로열 대단지 아파트'다.

비 로열 대단지 아파트란 무엇일까? 많은 세대수를 아우르고 있는 대규모 단지 아파트이긴 하지만, 경사진 곳에 위치하고 있거나 전철역과 상당히 떨어진 거리에 있고, 초등학교가 멀리 떨어져 있어 통학이 힘들든지 해서, 쉽게 말해 대단지 아파트임에도 선호도가 떨어지는 아파트를 말한다. 결정적인 흠 때문에 비 로

서울 관악구 비 로열 대단지 B 아파트의 시세 추이

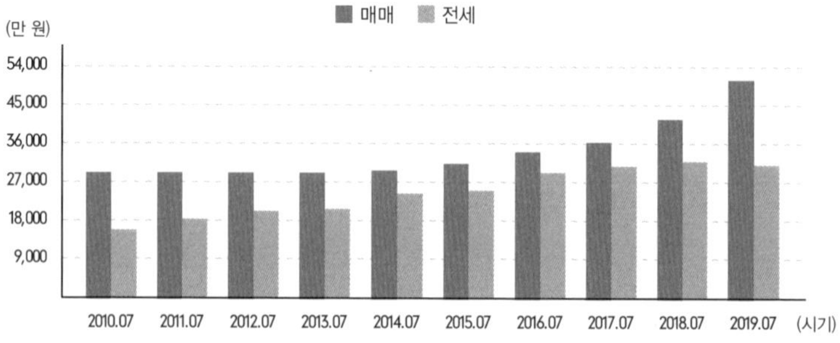

(자료원 : 부동산뱅크)

열로 분류된 이런 아파트들도 좀처럼 가격이 오르지 않는다.

이와 같은 비 로열 대단지 아파트의 매수 타이밍도 나 홀로 아파트와 비슷하게 생각하면 된다. 주변 로열 대단지 아파트의 가격이 움직이면, 비 로열 대단지 아파트도 한참 후 키 맞추기를 하면서 그 가격을 따라가게 된다. 그때가 투자 시점인 것이다.

위 그래프는 서울 관악구에 있는 비 로열 대단지 아파트에 속하는 B 아파트의 시세 변화를 보여주는 그래프다. 서울 아파트 가격의 대세 상승이 2015년부터 시작되었으나, B 아파트의 가격은 2017년까지 거의 움직임이 없다가 3년 후인 2018년과 2019년에 급등했다는 것을 알 수 있다.

단, 같은 비 로열이라고 해도 '대단지'라는 조건을 달았다. 그건 바로, 같은 나 홀로 아파트라고 해도, '기반 시설이 잘 갖춰진 곳'이라는 조건으로 투자 대상을 좁힌 것과 같은 이유에서다. 여러 가지 흠이 있더라도, 최소한 대단지 아파트여야 한다. 그래야만 입지적으로 좀 모자라고 여러 가지 기반 시설 부족으로 불편함이 있어도, 쾌적한 단지와 저렴한 관리비 같은 장점과 '노출도' 측면에서 유리할 수 있다. 이 정도의 조건은 갖춰야 로열 단지들의 가격 움직임을 결국 따라갈 수 있는 것이다.

또한 비 로열 대단지 아파트는 '한 방'을 기대해 볼 만하다는 장점도 있다. 그 '한 방'이라는 건, 교통의 획기적인 변화다. 현시점에도 전국은 교통 시설 확충에 열을 올리고 있다. 당연히 그래야 한다. 날이 갈수록 더 복잡해져 가는 도심의 거리를 고려하면,

교통 시설 확충은 앞으로도 매우 긴 시간 지속적으로 해결해야 할 과제다. 그럼 교통 시설 확충의 여러 방편 중 가장 파급효과가 큰 것이 무엇이겠는가? 역시 전철이다. 전철이 개통된다는 소식 하나만으로 그 지역의 집값이 들썩이는 이유도 이 때문이다.

그런데 전철이 개통된다면 어디에 되겠는가? 세상과 단절된 채 도도하게 살아가고 있는 소수의 사람들이 거주하는 곳 앞으로 떡하니 전철이 들어오겠는가? 거기에 개통된다면 정부도 주민도 싫어할 것이다. 한적한 곳에서 조용히 살려던 주민 입장에서는 집 앞에 전철이 개통되어 시끄럽고 복잡해지는 걸 원치 않을 테고, 정부 역시 원하지 않는 사람들에게 혈세를 낭비할 이유가 없다. 그러니 결국 전철을 개통한다면 그동안 전철역과 멀리 떨어져 있어 교통 편의 개선이 필요한 지역 중 특히 많은 사람이 몰려 있는 곳, 즉 대단지 아파트 인근에 전철을 개통하게 된다.

이러한 이유로 전철 개통에 관한 새로운 발표가 없어도 서울 지역의 지도만 잘 들여다보면, 어디쯤에 전철역이 생길지 예상할 수 있다. 일단, 사람이 많이 거주하는데 전철역과 많이 떨어져 있는 곳이 가장 유력한 후보지인 것이다. 이것이 비 로열 대단지 아파트에 관심을 가져볼 만한 이유가 된다.

매입보다 매도 시점 비 로열 대단지 아파트에 투자했을 경우, 반드시 알아둬야 할 것이 있다. 가격이 충분히 올랐다는 판단이 서면, 반드시 매도해야 한다는 것이다.

우선, '가격이 충분히 올랐다'는 개념을 살펴볼 필요가 있다. 어렵게 생각할 건 없다. 비 로열 대단지 아파트의 시세가 과거 수 년 동안 오름폭이 거의 없던 상황에서 갑자기 상승했다면, 그것으로도 충분히 올랐다고 볼 수 있다. 이 '충분히'라는 표현이 애매하긴 하지만, 일반적으로 볼 때 가격이 오르기 시작한 이후로 최대 3년 정도의 기간을 보면 된다. 단, 본인이 매입한 후 3년이 아닌, 가격이 오르기 시작한 후 3년간이란 뜻이다(적당한 선은 2년 정도라고 생각한다).

비 로열 대단지 아파트를 팔아야 하는 이유는 크게 두 가지다. 첫째, 늘 그래왔듯 비 로열 대단지 아파트의 가격은 계단식으로 상승한다. 한 번 상승한 후에는 수년 동안 그대로 가격이 정체한다. 따라서 실질적으로 그 이후에는 이익을 얻기 힘들다. 무엇보다 비 로열 대단지 아파트를 여타 로열 아파트와 비교하자면 성장성이나 안정성 등 모든 면에서 떨어진다. 따라서 적은 자금을 들여 수익을 냈다면 수익률이 최고조에 달할 때 매도하는 것이 현명하다. 그렇지 않고 시기를 놓치면, 수익은 더 이상 커지지 않고 세월만 흘려버리게 된다. 당연히 수익률이 점점 떨어지면서 매우 비효율적인 투자 결과를 얻게 되는 것이다. 둘째, 비 로열 대단지 아파트는 매도하기가 쉽지 않다. 아파트 가격이 상승하는 시점이 제한되어 있듯, 거래가 가능한 시점도 제한된다. 따라서 거래가 될 수 있는 시점에 반드시 매도해야만 한다. 그 시점을 놓치면 영영 매도할 타이밍을 잡기 힘들 수 있다.

그런데 참 묘한 게 하나 있다. 초보 투자자에게 '비 로열 아파트'를 추천하면 그들 모두 고개를 갸우뚱한다는 것이다. 가뜩이나 투자 경험도 부족한데 어디서 듣도 보도 못한 비 로열 아파트를 추천하니 당연한 반응일 수도 있다. 그래서 앞서 이야기한 다양한 원리들을 설명해 주면서, 당장은 소액으로 접근해 볼 만한 투자 대상이 없고, 오히려 무리하게 대출을 받아 이미 가격이 많이 오른 아파트에 투자하는 것보다는 이런 아파트에 투자하는 게 상승 기대감이나 안정성 측면에서 낫다고 아무리 설명해도, 쉽게 납득하지 않는 것이다. 그런데 어찌어찌해서 내 말을 듣고 그들이 비 로열 아파트를 샀다고 하자. 그리고 기대치 않았던 가격 상승을 경험했다. 그렇게 되면, 그 사람에게 이는 대단히 경이로운 경험이 된다. 소액으로 투자해도 돈을 벌 수 있다는 놀라움, 내가 투자한 대상의 가격이 오르는 놀라움, 본인 같은 초보 투자자도 돈을 벌 수 있다는 놀라움 등으로 가슴이 벅차게 되는 것이다.

이때, 내가 그 사람에게 해당 아파트를 매도할 것을 권유한다면 어떨까? 그는 다시 처음과 같은 고민에 빠지게 된다. 매도하고 싶지 않기 때문이다. 막상 해당 부동산을 소유하고 가격까지 오르고 보니, 그 부동산이 상당히 괜찮아 보인다. 마음 한쪽에서 어디에도 이만 한 부동산이 없고, 앞으로도 계속 가격이 올라갈 것 같다는 예감이 든다. 결국 그들은 비 로열 아파트를 매도하지 않는다. 그러면서 나중에 매도할 때는 매수할 때의 어려움만큼이나 상당한 심리적 고통을 겪게 된다.

생각해 볼 게 또 있다. 투자 초보일수록 항상 이런 생각을 한다. 내가 부동산을 매수할 때는 가장 낮은 금액에 매수해야 하고, 매도할 때는 가장 높은 금액에 매도해야만 한다는 생각. 이는 부동산 시장과 가격의 움직임 그리고 거래의 가능성을 잘 모르기 때문에 갖게 되는 생각이다.

매도 타이밍이 특히 그렇다. 매수의 경우, 자신이 좀 비싸게 부동산을 샀다고 해도 가격이 오르기만 하면 그 대상을 얼마에 샀는지는 금세 잊어버릴 만큼 중요한 문제가 아니게 된다. 일단 돈을 벌 수 있기 때문이다. 그래서 만족감이 매우 크다. 그러나 매도할 때는 그렇지 않다. 부동산을 매도한 후 가격이 조금이라도 오르면, 배가 아파서 끙끙거리게 되는 것이다. 그들이 바라는 가장 이상적인 상황은 무엇일까? 본인이 해당 부동산을 매도한 딱 그 시점부터는 부동산 가격이 뚝뚝 떨어지는 것이다.

물론, 그렇게 되면 얼마나 좋겠냐마는 그것이야말로 욕심이다. 게다가 여기서 로열과 비 로열 아파트의 차이가 벌어진다. 로열 아파트는 가격이 하락해도 어느 정도 하방경직성이 있다. 게다가 가장 중요한 '거래'가 된다. 생각해 보라. 대다수의 사람은 특별히 부동산에 관해 공부하지 않는다. 그냥 냉장고 사듯 구입하는 것이다. 그들은 무슨 기준으로 냉장고를 살까? 그저 주변인의 경험담을 듣고 비교적 평가가 좋은 냉장고를 선택하는 게 일반적이다. 아파트를 구입할 때도 마찬가지다. 온갖 정보와 평가가 로열 아파트에 쏠리다 보니, 로열 아파트는 가격이 떨어져도 매수하겠다는 사람이 나타난다. 그런데 비 로열 아파트는 어떤가? 이 책을 읽고 있는 당신처럼 모든 사람이 부동산에 관해 공부하지는 않는다는 걸 기억하라. 그러니 부동산 매도는 대중의 심리를 철저히 이해해야만 좋은 시점을 잡을 수 있다. 부동산 가격이 하락하고 시장 경기가 얼어붙기 시작하면, 비 로열 아파트는 아예 거래가 되질 않는다. 거래가 끊기는 기간이 한두 달로 끝나는 게 아니라, 길게는 수년간 이어질 수도 있다. 물론, 그렇게 거래가 되지 않아도 전세상승분만 발생한다면 괜찮다고 생각할 수 있다. 하지만 만약 그 아파트를 매도해야 하는 상황이 온다면 어떻게 할 것인가? 사람 일이라는 건 모르는 것이고, 투자라는 건 언제나 리스크를 고려해야 하는 행위다. 그러니 '수년'이라는 기간을 고려한다면 반드시 집을 매도해야만 하는 상황이 발생할 수 있다고 보는 게 맞다. 만약 그렇게 될 경우, 그런 시점에 비 로열 아파트를 좀 더 싼 가격에 내놓으면 매도가 될까?

거의 매도되지 않는다. 이럴 때 부동산 중개소를 찾아 "이 물건은 얼마에 내놓으면 팔릴까요?"라고 물어보라. 중개인은 이렇게 대답할 것이다. "거래된 지가 하도 오래돼서 가격을 책정할 수가 없네요." 깜깜해지는 것이다. 중개인 입장에서도 가끔 문의하는 사람이라도 있어야 팔릴지 말지, 어떤 가격이 좋을지를 가늠할 수 있을 텐데, 그런 문의조차 없으니, '가격을 낮추면 팔린다'라고 말할 수조차 없어지는 것이다.

이러한 이유로, 비 로열 아파트는 충분히 가격이 올랐다는 판단이 서면 반드시 매도해야 한다. 그런데 이런 의문이 드는 사람도 있을 것이다. '앞에선 분명히 비 로열 대단지 아파트의 경우 전철 개통 같은 호재도 기대해 볼 수 있다고 했는데, 그러려면 계속 보유하고 있어야 하는 거 아닌가?' 이는 내가 보유하고 있는 동안 그런 호재가 터지길 기대할 수도 있다는 것이지, 실제로 전철이 개통될 때까지 보유하라는 말이 아니다. 알다시피, 실제로 전철이 개통되기까지 얼마나 걸리는가? 짧아도 계획을 발표한 이후 10년은 족히 걸린다. 그런데 부동산 가격은 어떤가? 계획이 발표되면, 즉시 가격이 오른다. 10년 동안 지속적으로 오르는 게 아니다. 따라서 그 '급상승'기에 얻을 수 있는 이익을 집중적으로 공략하라는 것이다.

결국, 비 로열 아파트의 가격이 충분히 오른 다음 반드시 매도하라는 말은, 매도가 될 수 있을 때 하라는 이야기인 셈이다. 이때 주의해야 할 게 또 있다. 그렇게 매도한 비 로열 아파트의 가격은 앞으로 더 오를까, 오르지 않을까? 당연히 더 오른다. 더 오르니깐 팔리는 것이다. 내가 매도한 뒤부터 가격이 떨어지리라 기대해서는 안 된다. 그렇게 욕심을 부리다가는 모든 시기를 놓치게 된다. 따라서 내가 아파트를 매도한 뒤 가격이 더 오르는 게 정상이라고 생각하라. 비 로열 아파트라도 내가 산 가격보다 더 비싼 가격에 사줄 사람이 있을 때, 즉 비 로열 아파트에까지 대중의 관심이 몰려 있을 때야말로 내가 그 아파트를 매도해야 할 타이밍이라는 걸 기억하라.

서울 성동구의 비 로열 대단지 H 아파트의 시세 추이

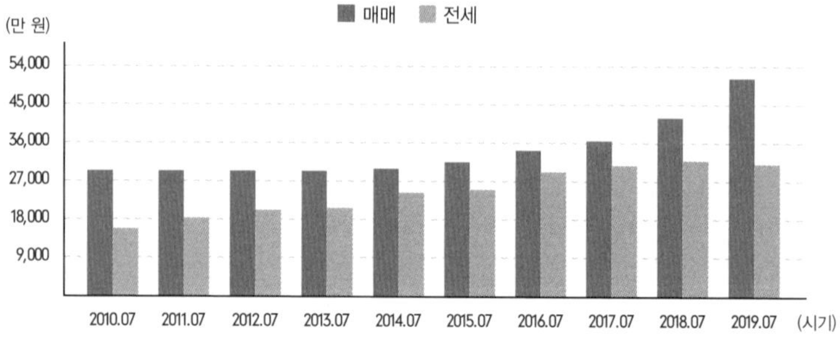

(자료원 : 부동산뱅크)

그래프는 서울 성동구에 있는 비 로열 대단지 아파트인 H의 가격 움직임을 나타낸 것이다. 과거에 한 번 급등한 후에는 상당 기간 가격이 멈춰 있었음을 알 수 있다.

‖ 비 로열동, 비 로열층 ‖

같은 아파트 단지 내에도 '로열동'이 있고, '로열층'이 있다. 일반적으로는 남향에, 앞에 막힌 것이 없이 트여 있고, 소음 문제가 없고, 대중교통을 이용하기에 좋은 위치에 자리 잡은 물건이라고 할 수 있다. 물론 한강이 내다보이긴 해도 소음 문제가 있다든지, 조망이 좋은 대신 전철역까지 거리가 멀다든지 하는 문제점이 있다면, 단지에 따라 로열동과 로열층에서 약간의 차이가 생길 것이다.

여기서 잠깐, 한 아파트 단지를 선정해 다양한 물건을 보다가 엄청나게 머리가 아팠던 경험이 있지 않은가? 아파트 가격이라는 게 정가가 있는 것도 아니고 주인 마음이기 때문에 들쑥날쑥한데다, 동과 호수에 따라 각각 장·단점이 있다 보니 그에 따라 가격도 천차만별이다. 초보 투자자들 입장에서는 그 가격이 비싼지, 싼지, 적당한지 알 길이 없어 앞이 캄캄해지는 것이다. 거기에다 너무 많은 물건의 정보가 겹치면 더욱더 골치가 아프다.

이때 해야 할 일이 바로, 그 단지의 로열동 로열층의 물건을 찾는 것이다. 무조건 이것부터 하라. 그리고 왜 그 물건이 사람들이 가장 선호하는 물건이 되었는지 알아야 한다. 이를 기준으로 문제점을 찾고 그것을 근거로 가격을 따져봐야 한다. 그렇게 하다 보면, 각 물건이 적절한 가격에 나왔는지 아닌지 알 수 있다. 이것이 한 아파트 단지에서 좋은 투자 물건을 찾는 정석이다.

이러한 기준으로 로열동 로열층의 물건이 먼저 나가면, 개인적인 사정으로 비 로열동 비 로열층의 물건을 급히 처분해야 하는 소유주가 자신의 물건을 매우 싸게 내놓는 일이 생긴다. 그럼 이때를 공략해야 하는 걸까? 아니다. 비 로열 아파트는 가격이 싸다고 해서 덥석 잡으면 안 된다. 예를 들어, 일반적으로 저층 아파트도 비 로열에 해당되는데, 4층 정도라면 그래도 괜찮은 편이라 매우 저렴하게 살 경우 승산이 있다. 다만, 4층 아파트 바로 앞에

5층짜리 상가가 있다면 어떨까? 실제로 서울 모 아파트 단지의 특정 동 바로 앞에는 상가가 자리 잡고 있는데 워낙 가까이 붙어 있어서 상가보다 낮은 호수의 내부가 훤히 들여다보일 정도라, 사생활 침해 문제가 우려된다. 뿐만 아니라 해당 동의 경우 상가로 가로막힌 탓에 시야가 매우 답답하게 느껴진다. 이 같은 문제를 안고 있는 비 로열 아파트라면, 아무리 싸게 나왔다고 해도 매수하지 않는 것이 좋다.

간혹 이런 물건을 싸게 매수하면서 '일단 싸게 샀으니, 나중에 팔 때도 싸게 팔면 되겠지'라고 안이하게 생각하는 이들이 있다. 나중에 싸게 팔아야 하는 건 맞다. 그런데 수년이 지나며 다른 아파트의 가격이 오를 때도 자신의 아파트만 가격이 전혀 오르지 않는다면? 싸게 파는 정도가 아닌, 손해를 보며 파는 꼴이 된다. 더군다나 실수요가 아닌 투자용으로 그런 결정을 했다면 정말 바보 같은 짓을 한 것이다. 따라서 그저 가격이 싸다는 이유로, 투자금이 부족하다는 이유로 비 로열 물건을 사는 일만큼은 반드시 피하자. 좀 더 투자자 입장에서 집중해 생각해 볼 필요도 있다. 만약 같은 가격으로, 좋은 지역 비 로열동 비 로열층 아파트와 외곽 지역 로열동 로열층 아파트를 살 수 있다면, 당신은 어떤 아파트에 투자할 것인가? 외곽 지역의 로열동 로열층 아파트를 사는 것이 정석이다.

그런데 간혹, 비 로열동 비 로열층이 아닌데도 아주 헐값에 나오는 물건이 있다. 우리가 공략해야 할 것은 바로 이런 물건이다.

우선 그런 물건을 잡으려면, 비 로열동과 비 로열층 아파트의 가격이 로열 아파트와 비교할 때 어느 정도 가격에 형성되어 있는지부터 파악해야 한다.

일반적으로 로열과 비 로열 아파트의 가격 차이는 약 5~10% 가량이다. 로열 아파트 매매가격이 5억 원이라면, 비 로열 아파트는 4억 5,000만~4억 7,500만 원 선인 셈이다. 이 정도가 정상이다. 이 같은 상황에서는 5억 원짜리 로열 아파트를 매수하는 것이 맞다. 부동산 상승기에는 로열 아파트의 가격이 더 많이 상승해, 비 로열과의 차이가 더욱 벌어져 20%가량 나기도 한다.

그러나 어떤 사람들은 이런 생각을 할 수도 있다. '상승기에 덜 상승한다고 해도, 비 로열 아파트는 투자금이 덜 들었으니 그만큼 로열 아파트보다 투자 수익률이 더 좋지 않을까?' 그렇지 않다. 비 로열 아파트가 절대적인 가격은 싸다고 해도 실제 들어가는 투자금 자체는 로열 아파트와 대개 5~10%보다 차이가 덜 나는데 상승률에서는 10% 이상 차이가 나다 보니, 결국 로열 아파트의 투자 수익률이 더 좋다. 무엇보다 비 로열 아파트는 앞서 설명했듯, 리스크에도 취약하다. 부동산 경기가 늘 좋을 수만은 없고 침체기가 올 수 있다는 걸 고려하면, 그런 상황에서 비 로열 아파트는 매도하기가 더욱 힘들고, 가격을 더욱 낮춰야만 하기에 그만큼 위험할 수 있다. 따라서 가격이 정상적으로 형성된 상황에서는 당연히 로열 아파트를 사는 것이 맞다.

다만, 간혹 가격이 비정상적으로 형성되는 경우가 있다. 심지어 실제로는 비 로열이라고 보기 아까운 물건에 비 로열 가격이 붙은 경우가 있는데, 이때가 기회가 된다. 이게 무슨 말인가? 이를 제대로 이해하기 위해 우선, 아파트를 구분하는 로열과 비 로열의 개념부터 생각해 보자.

일단 로열 물건이라고 하면, 기본적으로 해당 물건 가까이에 혐오 시설이 없고, 햇볕이 잘 들고, 통풍이 잘 되는 곳이다. 그런데 초보 투자자들은 이런 본질적인 것보다 그저 '가운데 있는 동, 남향, 중간층 이상'처럼 공식으로 생각하는 경향이 있다. 부동산 관련 지식은 대개 중개소를 통해 배우게 되니, 그럴 수밖에 없다. 수많은 사람을 상대해야 하는 중개인들이 언제 그런 본질적인 이야기를 해줄 수 있겠는가? 빨리빨리 물건을 소개하고 계약을 맺고 팔아야 하는데, 그런 이야기들만 늘어놓으면 손님들도 싫어하지 않을까? 그러니 이런 내용은 모두 생략하고 공식화된 이야기만 하는 것이다.

그런데 지역에 따라서는 저층인데도 해가 잘 들고, 통풍이 잘 되는 곳도 있다. 전작에서도 소개했듯이, '1층이어도 사생활 침해가 없고, 남향에, 시야가 막히지 않았다'면 충분히 승산이 있다. 게다가 이런 물건이 아주 싸게 나와 있다면 과감하게 베팅해 볼 만하다.

일반적으로 저층에 해당하는 4~10층 물건이어도 옆이나 앞에 해가 들어오는 것을 막는 동이 없다면, 일조권에는 전혀 지장이 없다. 또 이런 경우도 있다. 대단지 아파트는 대개 동간이 좁아서 저층은 사생활 침해 문제로 기피되면서 비 로열이 되는데, 동향이라도 앞이 탁 트여 있는 라인의 물건이 싸게 나와 있다면 이 역시 과감하게 접근해 볼 필요가 있다.

적합한 투자 대상을 고르기까지는 대개 이런 식으로 흘러간다. 따라서 좀 더 적극적인 거래의 기술이 요구된다. 그만큼 노력이 필요하다는 말이다. 이것이 바로 '싸게 사서 제값에 팔기' 전략이다. 이 같은 물건이 시장에 나오면 쉽게 매도되지 않으므로 사정이 급한 사람의 경우 저렴한 가격에 내놓을 수밖에 없다. 이때, 매수자라면 신속한 판단이 필요하다. 구체적인 금액을 들어 설명해 보자.

같은 단지 내 로열 아파트의 매매가격이 5억 원, 비 로열 아파트 매매가격이 4억 5,000만 원이라고 하자. 이때 비 로열 아파트에 해당하지만 꽤 괜찮아 보이는 물건이 나왔다. 다만 매도자의 사정이 급해서 4억 5,000만 원에 거래가 되지 않자 이를 4억 2,000만 원까지 내려서 내놨다. 그래서 매수했다. 그런데 향후 가격 상승으로 로열 아파트가 5억 5,000만 원이 되었다면, 비 로열 아파트는 4억 9,000만 원 정도에 매매가격이 형성된다. 이럴 경우, 서두를 필요 없이 그 시점에 비 로열 가격에 물건을 내놓으면, 쉽게 팔려 무척 높은 수익률을 선사해 줄 것이다.

로열 아파트

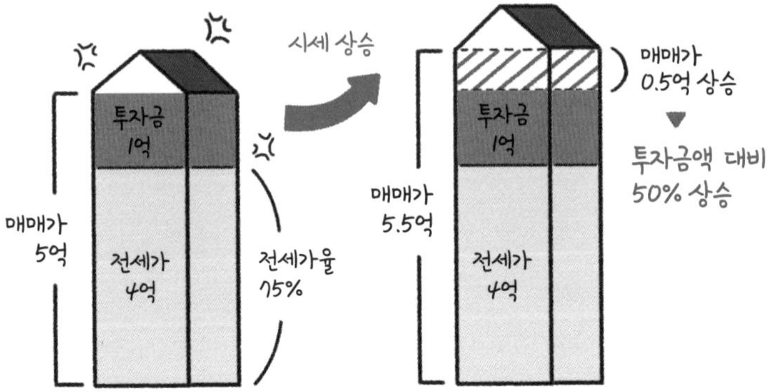

비 로열 아파트

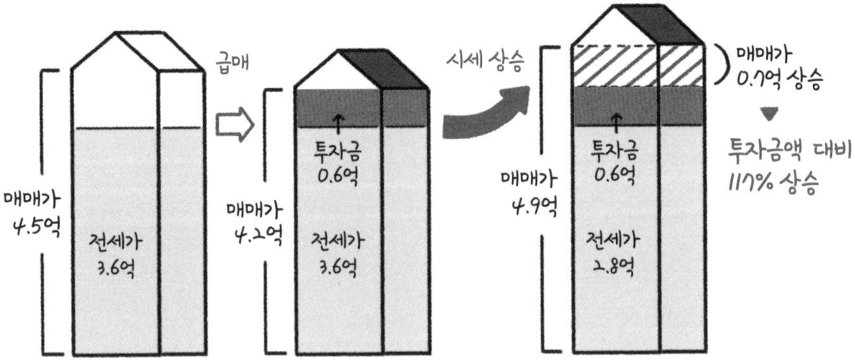

	로열	비 로열	비 로열 급매
매매가격	5억 원	4억 5,000만 원	4억 2,000만 원
전세가율	80%	80%	85.7%
전세가격	4억 원	3억 6,000만 원	3억 6,000만 원
투자금	1억 원	9,000만 원	6,000만 원

▶ 약 10% 매매가격 상승 시

	로열	비 로열 급매
매매 시세	5억 5,000만 원	4억 9,000만 원
상승금	5,000만 원	7,000만 원
투자금 대비 상승률	50% (5,000÷10,000×100)	약 117% (7,000÷6000×100)

여기서 한 가지 오해하지 말아야 할 것이 있다. 비 로열 중 괜찮은 물건을 사라고 해서 비 로열 물건이 로열만큼 괜찮을 거라고 착각해서는 안 된다는 점이다. 어찌 됐든 비 로열은 비 로열이다. 다만 어느 정도 가격을 깎아주면 수요자들이 매수할 만한 비 로열 물건을 고르라는 이야기다. 우리 역시 집을 고를 때 그렇게 하지 않는가? 대형 평형에, 한강 변에, 남향에, 초역세권, 대단지 아파트를 살 수 있다면 얼마나 좋겠는가? 그런데 그 조건에 맞는 아파트를 매수할 여력이 안 되니, 약간의 흠은 감수하면서 보다 가격이 저렴한 아파트를 고르는 게 아닌가. 비 로열 물건도 마찬가지다. '로열만큼은 아니지만, 이 정도면 생활하기엔 괜찮을 것 같다' 정도의 비 로열 물건을 사야 한다. 이 같은 비 로열 물건이

로열 아파트

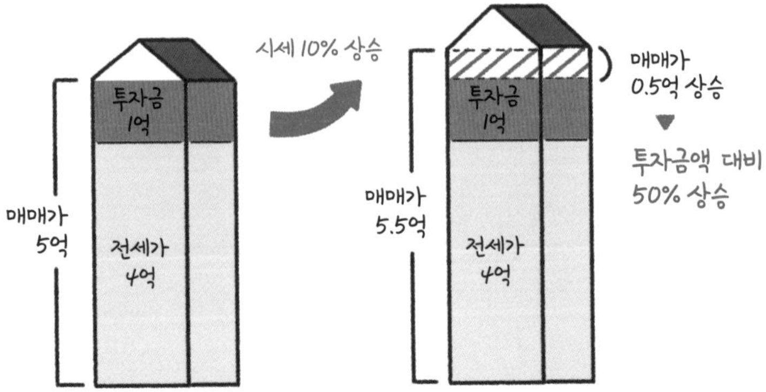
시세 10% 상승
매매가
5억
투자금
1억
전세가
4억
매매가
5.5억
투자금
1억
전세가
4억
매매가
0.5억 상승
투자금액 대비
50% 상승

비 로열 아파트

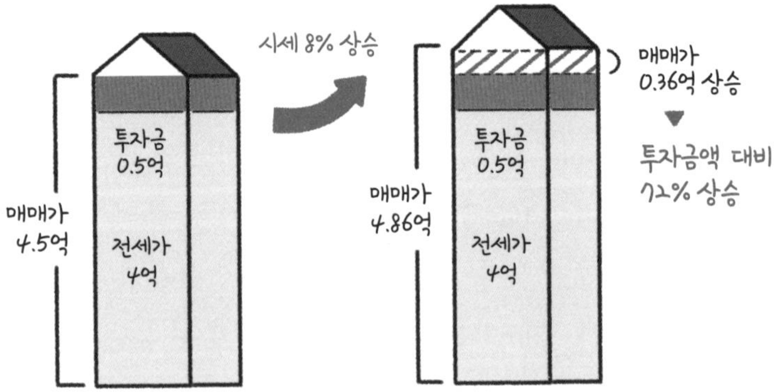
시세 8% 상승
매매가
4.5억
투자금
0.5억
전세가
4억
매매가
4.86억
투자금
0.5억
전세가
4억
매매가
0.36억 상승
투자금액 대비
72% 상승

갑자기 더 저렴한 가격에 나왔을 때를 노려야 한다.

특히 비 로열 아파트를 공략하는 최고의 타이밍은 시세 가격에서 힌트를 얻을 수 있다. 바로 전세가격이 많이 상승해 매매가격과의 차이가 별로 없어질 때다. 이때야말로 비 로열 물건에 투자하기에 가장 매력적인 시점이다. 아파트의 전세가격이 상승하는 시점에는 로열과 매매가격의 차이는 있어도 전세가격의 차이는 거의 없어지는데, 마침 해당 아파트의 매매가격과 전세가격의 차이가 좁혀짐에 따라 실제 들어가는 투자금이 적어 큰 레버리지 효과를 거둘 수 있다.

※로열 아파트의 매매가격이 10% 오를 때, 비 로열은 7~8% 오르는 게 일반적이다.

	로열	비 로열
매매가격	5억 원	4억 5,000만 원
전세가격	4억 원	4억 원
투자금	1억 원	5,000만 원

▶ 로열 아파트 매매가격 10% 상승 시

	로열	비 로열
매매 시세	5억 5,000만 원 (10% 상승)	4억 8,600만 원 (8% 상승)
상승금	5,000만 원	3,600만 원
투자금 대비 상승률	50% (5,000÷10,000×100)	72% (3,600÷5,000×100)

정리해 보자. 소액으로 비 로열의 아파트에 투자하려면 다음을 기억해야 한다. 첫째, 관심 있는 단지의 로열과 비 로열동 물건의 차이가 어떤 이유로 벌어졌고, 이에 따라 가격이 어떻게 형성되었는지를 잘 파악해야 한다. 둘째, 비 로열 물건으로 분류되었다고 해도 투자하기 괜찮은 비 로열 물건은 없는지 찾아보고, 이 물건이 급매로 나올 경우 가격이 어느 정도이면 적당한지 알고 있어야 한다. 셋째, 투자하기 적당한 비 로열 물건이 급매로 나올 경우 확신을 갖고 과감하게 매수할 수 있어야 한다. 어찌 보면 매우 단순한 전략이지만, 구사하는 것은 결코 쉽지 않을 것이다. 다만 이 책의 콘셉트가 그렇듯, 소액으로 도전해 보기에는 아주 매력적인 전략이다. 1년에 1건만 성사시켜도, 웬만한 월급쟁이 연봉 정도의 수익을 기대할 수 있으니 해볼 만하지 않은가?

02 미분양 아파트

내가 부동산 투자 대상 가운데 미분양 아파트에 관심을 가지는 이유는, 미분양 아파트가 구입이 용이하고 매우 적은 돈으로도 투자할 수 있기 때문이다. 게다가 수익률이 크게 오를 여지가 있다는 것도 큰 장점이다.

그런데 정말 투자 대상으로 괜찮을까? 그들이 왜 미분양 물건이 되었겠는가? 당연히 대중의 관심을 끌지 못해서다. 무언가 흠이 있으니 다른 물건들이 다 분양될 때도 팔리지 않고 남은 것이다. 주의할 것은, 부동산 경기가 좋아져 강세를 타고 있는 시절에도 분양되지 않는 아파트일 경우 아예 손을 대지 않는 것이 좋다.

강세 시장에서도 미분양이라는 건 치명적인 흠이 있다는 뜻이기 때문이다.

그래서 어쩌면 괜찮은 미분양 물건을 찾는다는 건 모래사장에서 바늘을 찾는 것처럼 어려운 일일 수 있다. 그런데도 관심을 가져야 하는 건 딱 '적합한 대상'을 찾아냈을 때 얻을 수 있는 이익이 상당히 크기 때문이다. 그렇다면 어떤 미분양 아파트를 공략해야 할까?

우선, 일체 흠이 없는 대상을 먼저 골라야 한다. 사람들이 거주하는 아파트의 흠이라는 게 무엇이겠는가? 교통 편의가 형편없다든지, 홀로 떨어져 있는 동이라는지, 또는 그 정도에 준하는 단지라든지, 가까이에 혐오 시설이 있다든지, 기반 시설이 전혀 갖춰지지 않은 곳에 새로 건립된 것이라든지 하는 것이다. 이 같은 흠이 하나라도 있어서는 안 된다. 즉, 아파트 자체로서는 별로 흠잡을 데 없이 괜찮아야 한다는 말이다. 대단지 주변에 기피 혹은 혐오 시설이 없고, 교통 사정이나 기반 시설 등은 당장은 좋지 않아도 시간이 지날수록 좋아질 것이 확실한 곳이라면 관심을 가져보자.

이쯤에서 이런 의문이 들 수 있다. 이렇게 아무 흠도 없는 아파트 단지가 왜 미분양이 된 걸까? 그 이유는 2가지밖에 없다. 처음 분양 가격이 너무 비쌌거나 주변에 물량이 너무 많아서.

여기서 주의해야 할 것이 또 있다. 이 '물량'이라는 건 입주 물량을 의미한다. 사실 분양 물량이 많다고 해도 미분양이 나는 경우는 드물다. 주변에 입주 물량이 많아지는 시점에서 마침 분양을 시작하는 물건들은 미분양이 나는 경우가 많다. 생각해 보라. 주변에 대규모로 입주하는 아파트 단지들이 있다면 어떻게 되겠는가? 당연히 공급이 많아지니 아파트 전세가격이 떨어지고, 전세가가 떨어져도 전세 세입자를 구할 수 없어서 난리가 나고, 그렇게 시간이 흐르면 당연히 매매가격도 떨어진다. 특히 프리미엄이 많이 붙었던 단지라면, 프리미엄이 급격히 빠지고 심지어 마이너스 프리미엄으로 전락하는 일도 발생한다.

상황이 이러한데 그 주변에 새 아파트가 분양한다면 어떻겠는가? "우와! 분양받으러 가자!"라고 외칠 사람이 있을까? 사람들의 심리는 급격히 위축되게 되어 있다. 여전히 공급은 넘쳐나고, 전세가격을 맞추지 못해 고생하는 사람도 많은데다 프리미엄도 다 빠진 마당에, 또 분양을 한다고? 이 같은 소비 심리의 위축으로 이 같은 때 분양을 시작한 단지들은 불행히도 미분양이 나는 경우가 많다. 여기에 더해, 부동산 경기가 좀처럼 좋아지지 않고, 정부의 규제까지 강화되고 있는 상황이라면, 소비 심리가 더욱 위축되면서 미분양 물건이 계속 늘어날 것이다. 그럼 이러한 이유로 미분양된 아파트는 매수해도 되는 것일까?

언제나 그렇지만, 미분양 아파트를 매수할 경우 얻을 수 있는 혜택은 다양하다. 분양 회사 입장에서는 분양 완료가 목적이기에, 가격을 깎아준다거나 무상으로 발코니 등의 옵션을 서비스해주기도 하고, 중도금 납입을 무이자로 해주거나, 계약금을 5%만 내게 해주거나, 중도금 대출을 아예 받지 않아도 되게 해주는 식이다. 심지어 입주 때까지 어느 정도의 프리미엄이 붙지 않으면, 그만큼 프리미엄을 주거나 깎아주는 '프리미엄 보상제'까지 있다.

이처럼 소액으로도 충분히 투자할 수 있는 환경이 조성되면, 남은 것은 하나뿐이다. 이 같은 대상 중에서 옥석을 가리는 것이다. 앞서 말했듯, 미분양 물건은 상식적으로 그럴 만하니까 분양되지 않고 남은 것이다. 그래서 대부분의 미분양 아파트는 아무리 많은 혜택을 준다고 해도 오랜 기간 미분양으로 남고, 가장 중요한 '프리미엄'이 붙지 않는 경우가 대다수다. 수많은 미분양 중에서 화려한 백조로 변신하는 건 극히 일부라는 말이다. 그러니 인고의 시간을 거쳐 마침내 멋지게 변신해 비상할 미분양 아파트를 찾아내는 것이 우리가 해야 할 일이다.

‖ 비싼 분양가로 인한 미분양 ‖

아파트 단지에 치명적인 흠이 없는데도 미분양이 됐다면, 딱 2가지 경우라고 했다. 그중 첫 번째인 분양가가 너무 높아서 미분양된 경우라면, 때를 기다려야 한다. 그 '때'에도 2가지가 있다.

하나는 부동산 시장의 힘이 길게 유지되면서 점점 가격이 올라가는 때다. 즉, 해당 아파트의 너무 높아 보였던 처음 분양가가 더 이상 비싸게 느껴지지 않는 시점을 노려야 한다. 별것 아닌 듯

보일지 몰라도, 이는 매우 중요하다. 대중은 그저 어떤 아파트의 미분양 소식을 들으면, '거긴 너무 비싸서 미분양 났겠지' 정도로 생각한다. 하지만 이 '비싸다'는 느낌이 곧 바뀔 수 있다는 생각은 못한다. 그러니 그런 때가 올 수 있다는 것을 미리 알아두고 기다릴 필요가 있다. 단, 최적의 매수 타이밍은 '전혀 비싸지 않게 느껴지는 시점'이 아니라, '거의 비싸지 않게 느껴지는 시점'이다.

나머지 때란, 미분양 물량이 소진되는 상황으로 짐작할 수 있다. 아파트의 가격은 일반적으로 보통 3가지 가격대에서 구성된다. 1층, 2~4층, 기준층이다. 물론 요즘엔 조금 더 세분화해 1층, 2~4층, 5~12층, 13층~고층, 탑층(꼭대기 층)까지 구성하기도 한다. 아파트를 판매하는 입장에서는 가격 체계가 너무 복잡할 경우 회계 처리가 힘들기 때문일 것이다. 하지만 소비자 입장에서는 5층과 21층 물건이 있는데 가격이 같다면, 당연히 21층을 선택한다. 이것이 물량이 얼마나 소진되었는지를 짐작할 수 있는 바로미터 역할을 한다. 예를 들어, 특정 미분양 아파트 단지를 예의 주시하고 있다면, 분양 사무실에 연락을 해서 남은 물건 중 가장 좋은 물건이 무엇인지 물어보는 것이다. 이때 담당자가 최고 로열동 로열층 물건이 남았다고 한다면, 아직은 때가 아니니 기다리는 것이 좋다. 그런데 어느 날 연락해 보니 로열동 로열층은 이제 거의 없다며, 약간 선호도가 떨어지는 동과 층을 추천한다면, 이때가 매입해야 할 시점인 것이다.

이때야말로 경제적 효율성이 가장 높을 때다. 미분양 아파트로서 분양 회사가 제공하는 혜택을 모조리 받으면서도, 상황이 급반전하는 것을 경험할 수 있기 때문이다. 이에 따라 투자 기간 대비 수익률이 가장 높고, 그에 따라 심리적으로도 빠르게 안정감을 찾을 수 있다.

한 가지 주의해야 할 점은, 매수에 적당한 때라는 확신이 들면 과감하게 매수해야 한다는 것이다. 너무 망설이거나 더 좋은 것을 사려는 마음이 앞서면, 오히려 결정을 못하게 된다. 예를 들어, 해당 아파트의 로열층이 18층 이상이라고 하자. 그런데 25층 이상의 물건도 아직 많이 남아 있다. 그래서 기다렸다. 그런데 어느 날 연락하니, 19층 이상은 하나도 없다고 한다. 혹시나 매수를 압박하기 위한 거짓말이 아닌가 싶어 다른 루트를 통해서도 알아보니, 맞는 말이다. 그럼 어떻게 해야 하는가?

과감하게 그다음 좋은 것을 매수해야 한다. 계속 25층을 고집하고 있으면 안 된다는 것이다. 또는 어느 날 알아보니, 16층이 최고층이고 그 이상은 아무리 뒤져도 나오지 않는다. 이런 경우에도 남은 것 중 가장 좋은 물건을 과감하게 매입해야 한다. 로열층을 사지 못한 건 아쉽지만 그만큼 시간을 절약했다고 여겨라. 그리고 좀 더 드라마틱한 반전을 빨리 볼 수 있게 된 것에 만족하라. 자꾸만 '18층 이상도 같은 가격으로 살 수 있었는데……' 하면서 미련을 가지고 망설이다 보면 선택하기가 더 어려워진다. 그때부터는 자꾸만 층이 빠질 테니 말이다. 14층, 10층, 9층이 최고 층이 되는 상황이 온다는 것이다. 그러니 무조건 '최고의 선택'

만 하겠다 고집하지 말고, 이 정도면 충분히 좋은 타이밍을 잡았다고 생각하면서 과감하게 결정하라.

‖ 물량 과다 공급으로 인한 미분양 ‖

아파트 단지에 치명적인 흠이 없는데도, 그 두 번째 이유인 주변에 물량이 너무 많아서 미분양된 경우라면 어떨까? 이 같은 사례라면 사실 조사해야 할 것이 조금 더 많다. 처음 분양가가 비싸서 미분양된 경우는 앞서 말한 방법대로 아파트들의 가격이 오르는 정도만 봐도 어느 정도 감을 잡을 수 있다. 그런데 주변 아파트의 물량을 조사하려면, 해당 단지에 영향을 미치는 주변 물량의 범위를 어디까지로 봐야 하는지 정하는 것부터가 까다롭다. 이는 지역에 따라 매우 다르기 때문이다.

그저 같은 행정구역 안에 있는 물량만 영향을 미치는 것도 아니다. 같은 행정구역이라고 해도 동까지인지, 구까지인지 범위를 정하기도 어렵다. 또 공급 물량이 아주 가까운 지역까지만 영향을 미치는 곳이 있는가 하면, 아주 먼 지역까지 영향을 미치는 곳도 있다. 물량도 그렇다. 아주 적은 물량이지만 큰 영향을 미칠 수도, 아주 많은 물량이지만 별다른 영향을 미치지 않을 수도 있다. 이러한 이유로, 주변 공급 물량이라는 걸 '딱 이거다'라고 정할 수는 없다. 가장 정확한 것은 부동산 중개소 소장들의 이야기를 들어보는 것이다.

왜 그럴까? 일단 미분양이 나면, 분양 회사 직원들이 그 주변 부동산 중개소를 돌아다니면서 열심히 마케팅을 한다. 이때 매수자를 데려와 계약을 성사시키면 중개소 소장에게 얼마간의 '수수료'를 주겠다고 하는 경우도 많다. 그럴 경우 중개인 입장에서 마다할 이유가 없다. 그런 수수료의 경우 일반적인 방법으로 중개해 얻는 수수료보다 큰 경우가 많다.

그런데 이러한 방법으로 소비자들에게 미분양 물건을 소개함에도 계약이 성사되지 않는다면, 중개인도 그 원인이 무엇인지 알게 된다. 중개소를 찾은 사람들에게 추천하는 미분양 물건을 매수하지 않는 이유를 직접 들을 수 있기 때문이다. 이를테면, 'A 지역 아파트에 입주해야 한다'거나 'B 아파트의 잔금을 치러야 해서'처럼 그 구체적인 이유를 들을 수 있는 것이다. 그러니 이를 통해, 지금 이 아파트의 미분양은 어느 지역 어느 아파트 물량 때문에 그런지 짐작할 수 있다. 이것이 바로, 해당 단지에 영향을 미치는 물량의 범위다. 이 범위를 알면, 그 범위 안에 들어와 있는 물량을 체크해 보면 된다.

이러한 방법으로 그런 물량이 소진되는 시점을 하나씩 체크해 볼 수 있다. 만약 여전히 물량이 계속 나오는 상황이라면, 염두에 두고 있는 미분양 아파트는 포기하는 것이 좋다. 계속 미분양으로 남아 있을 가능성이 크기 때문이다. 그러나 주변 물량이 거의 소진돼 이제 더 이상 물량이 더 나오지 않는 상황이라면, 지금 생각하고 있는 미분양 아파트에 극적인 반전이 일어날 가능성이 크다. 여기에 해당한다면 과감한 결정을 내릴 필요가 있다.

여기서 중요한 것은 이 '물량'이라는 것은 입주 물량을 의미하는데, 주변의 분양 물량도 체크해야 한다는 것이다. 주변의 분양 물량도 미분양 아파트에 영향을 미치기는 마찬가지인데, 이 분양 물량이 미치는 영향이 긍정적일 때도 있고 부정적일 때도 있다. 긍정적인 영향을 미칠 때는 신규 분양하는 물건의 가격이 비쌀 경우다. 신규 아파트의 분양가가 비쌀 때는 상대적으로 미분양된 물건이 싸 보이므로 갑작스럽게 반전 효과를 얻을 수 있다. 반면, 그 반대로 신규 아파트의 분양가가 저렴하다면, 미분양 물건은 더욱 깊은 수렁에 빠지게 된다. 이러한 이유로 신규 분양 물량을 체크하되, 특히 가격을 중점으로 보고 얼마나 빠른 시간에 분양이 끝나는지도 보자.

또한 입주 물량은 아니더라도 그 주변에 미분양된 물건이 많다면, 이 역시 주의해야 한다. 상식적으로 볼 때 소비자 입장에서는 선택의 여지가 많으므로 매수가 분산될 수밖에 없고 투자 가치가 없을 수 있다.

그래도 뭐니 뭐니 해도 미분양 아파트에 가장 큰 영향을 미치는 건 입주 물량이다. 입주 물량이 임대가에 강력한 영향을 미치면서 매매가격 상승을 상당히 제한하기 때문이다. 다만 재미있는 것은, 임대 물건이 모두 소진되면 급반전이 일어난다는 것이다. 대한민국 임대 시장 특성상, '전세 2년'이 거의 주를 이루기 때문이다. 그렇다, 한번 임대계약을 하면 최소 2년 동안은 움직임이 멈춘다. 그렇다 보니, 물량이 모두 맞춰지면 물량이 갑자기 없어진다. 한두 개라도 나오는 게 아니라, 아예 싹 사라져 버리는 현상이 일어난다. 이 때문에 시장에 반전이 이뤄지므로 평소 이 물량 변화를 예의 주시할 필요가 있다.

입주 물량 체크는 분위기 반전이 이뤄진 다음에 볼 문제가 아니다. 이는 충분히 예측할 수 있으므로 언제쯤 소진될지도 예측 가능하다. 다시 말해, 언제쯤 분위기가 반전될지 예측할 수 있다는 말이다. 그런데 대중은 이렇게 상황이 빤하게 흘러가는데도 도통 예측하려고 하지 않는다. 지금의 현상만 바라보고, 지금의 이유들만 생각한다. 당장 몇 개월 후에 도래할 미래이고 충분히 예측 가능한데도, 그렇게 '머리 쓰는 일'을 하지 않으려고 하는 것이다.

바로 이러한 이유로, 소액으로 투자하려는 이에게 기회가 온다. 무엇을 해야 하는가? 입주 물량이 소진되는 시점을 예측해 보는 것이다. 그리고 현시점의 미분양 상황을 살펴본다. 이를 통해 얼마나 기다리면 분위기가 반전될 수 있는지를 가늠할 수 있으니, 그 시간을 계산해서 매입 시점을 결정하면 된다.

여기서 또 알아두어야 할 것이 있다. 입주 물량이 매우 중요한 것은 맞지만, 물량이 소진되는 과정이 매우 합리적이고 이성적으로 흘러가는 것만은 아니라는 것이다. 예를 들어, 당신이 현재 미분양 상태인 A 아파트에 관심을 갖고 있다고 하자. 그런데 주변의 B 아파트가 다음 달에 입주를 시작하고, 옆의 C 아파트는 그다음 달부터 입주를 시작한다. 그래서 B와 C 아파트의 입주가 모두 끝나는 시점을 6개월로 계산하여, 3개월 뒤 A 아파트를 매수해야겠다고 마음먹었다. 그러면서 꾸준히 A 아파트의 잔여 물량을 체크하고 있었는데, 1개월도 지나지 않아서 갑자기 물량이 소진되기 시작했다는 소식이 들린다. 이러한 상황이라면 어떻게 해야 할까? 이럴 경우, 분양 회사 직원들이 구매를 유도하기 위해서 일부러 흘린 가짜 정보일 때도 있지만, 이는 다른 루트로 몇 번만 알아봐도 정확한 실상을 파악할 수 있으니 좀 더 알아보라. 그리고 이것이 사실이라는 게 확실하다면 계획을 앞당길 필요가 있다. 전체적인 부동산 시장 상황이 바뀌었거나, 알지 못하는 호재가 나왔거나, 그것도 아니면 그냥 사람들의 심리가 바뀌었을 수 있다. 항상 유연하게 대처해야겠다는 생각으로 준비하고 있으라는 이야기다.

또 미분양 아파트를 매수할 때 간혹 이런 행운을 만날 수 있는데, 중도금 대출을 아예 받지 않아도 되는 물건인 경우다. 일단 미분양이 나면, 시행사는 할인, 경품, 중도금 무이자, 계약금 5% 같은 각종 혜택을 내건다. 그런데 정부가 강력히 규제하는 시기에 가장 문제가 되는 건 대출이다. 투자 규제 지역이 아니라고 해도, 대출에 대한 규제가 조금 낫다 뿐이지, 전혀 없는 건 아니다. 2019년 분양권 중도금 대출은 규제 지역이든 비규제 지역이든 2개의 물건만 가능하며, 소득 조건도 까다롭다. 따라서 아무리 미분양 분양권이라고 해도, 대출의 제한이 있는 사람은 매수하기 힘들다.

이러한 이유로 시행사가 이런 문제를 해결해 주면서까지 매수를 돕는 것이다. 대출을 아예 받을 필요가 없게 해주는 것이다. 정확하게 말하면, 대출을 받지 않는 것이 아니라 그냥 모든 대출을 시행사가 떠안는 것이다. 심지어 대출 신청서를 작성하거나 자필 서명 같은 것도 할 필요가 없다. 그야말로, 계약금만 내고 분양권을 사는 것이다. 이런 혜택의 가장 큰 장점은, 향후 해당 아파트를 매도하려고 할 때도 매수자를 구하기 쉽고, 거래가 용이해진다는 것이다. 내 분양권을 승계받게 될 사람 역시 대출 규제에 해당되지 않기 때문이다. 특히, 이 경우는 중도금 이자 후불제의 분양권과 비교할 때 탁월한 장점을 가지고 있다. 거래 과정도 그렇지만, 중도금 이자 후불제는 대부분 매수하는 사람이 부담하므로 매수자 입장에서는 프리미엄과 이자까지 매매가에 포함시켜 계산한 후 매수해야 하니 좀 더 신중해질 수밖에 없는 것이다. 대출이자가 없는데다 아예 대출을 받지 않아도 된다면, 부담이 없어지니 매수 결정이 훨씬 쉬워진다. 당연히 프리미엄이 붙기도 쉽다.

사실 이런 물건은 시행사가 모든 분양자를 대상으로 공개적으로 내거는 경우도 있지만, 직접 분양 사무실 현장에서 결정되는 경우도 있다. 비공개적으로 암암리에 진행될 때가 많다는 의미다. 다시 말해, 중도금 대출 조건이 되는 사람의 경우 일반적인 방법으로 진행하고, 중도금 대출을 받을 수 없는 사람에게만 이러한 혜택을 주는 것이다. 이런 혜택이 공개적으로 알려질 경우 혜택을 받지 못한 사람들의 반발이 있을 수 있기 때문이다.

그러니 대출을 받을 수 있는 조건이 안 되거나 대출 조건이 되더라도 향후 다른 계획이 있는 경우라면, 현장에서 대출을 받지 않을 수 있는 조건을 타진해 볼 필요가 있다. 또 나중에 분양권을 매수하는 경우라도 이런 조건의 물건을 찾으려고 노력해 보라.

미분양 아파트에 투자할 경우 탁월한 레버리지 효과를 거둘 수 있다. 무엇보다 아주 소액으로 매수할 수 있다. 4억 원짜리 아파트를 10%의 계약금만으로 매수할 수 있으니, 실제 투자금으로 4,000만 원밖에 소요되지 않는 것이다. 심지어 간혹 계약금이 5%인 조건의 물건을 만나면 투자금이 2,000만 원이다. 아주 특별한 경우이긴 하지만, 계약금 1,000만 원 정액제 같은 조건도 있다. 실제로 충청남도 천안에서 분양한 효성해링턴플레이스의 경우, 천안의 물량 공급이 수년간 계속되자, 흠 없는 아파트 단지였음에도 상당량이 분양되지 않았다. 이에 따라 시행사는 계약금 1,000만 원만 내면 입주 시점까지 추가 자금이 전혀 들지 않는 조건을 내걸어 분양을 완료했다. 입주가 가까워지자, 1,000만~3,000만 원 정도의 프리미엄까지 붙었다.

프리미엄이라는 건, 가치에 맞춰 붙게 마련이다. 즉, 주변에 비슷한 평수 아파트의 가격이 4억 원이라면, 신규 아파트는 신축이라는 프리미엄이 반영돼 4억 4,000만 원 정도가 되는 게 일반적이다(주변 비교 아파트의 연수가 어떻게 되느냐에 따라 차이는 있다). 그런데도 대중은 신규 아파트의 분양가가 4억 원임에도 미분양이 났다고 하면, 그 가치는 생각하지 않고 그저 미분양이 났다는 사실에만 주목한다. 하지만 물량이 모두 소진되고 나면 정상적인 가치 수준인 4억 4,000만 원 정도로 올라갈 수밖에 없는 것이다. 그럴 경우 가격은 4,000만 원만 올라도, 실제로는 4,000만 원만 들었으므로(계약금 조건이 10%였을 때) 100% 상승한 결과를 얻게 되는 것이다.

이러한 이유로 소액으로 투자할 경우 최고의 투자처는 역시 분양권이다. 다만 다시 한번 강조하건대, 미분양 물건은 반드시 그렇게 남은 이유가 있으므로 반드시 그 원인을 꼼꼼히 살펴보고, 꼭 '특별히 흠잡은 데 없는 좋은 아파트인데도 미분양이 난 경우'만 공략해야 한다. 그저 좋은 할인 혜택에만 혹해서 결정하지 않길 바란다. 무엇보다 엄청난 할인 혜택을 내거는 아파트의 경우 분양사의 직원들이 더욱 열을 내서 홍보하고 판매하다 보니, 그들의 이야기만 듣다 보면 나중에 이런 마음이 들 수 있다. '에이, 들어가는 투자금도 거의 없는데, 나중에 정 안 되면 그냥 싼 가격에 전세를 내놓아도 조금이라도 이익을 얻겠지!' 이 같은 마음에 덜컥 매수를 결정하는 것이다. 심지어 이런 경우도 있다. 미분양 아파트를 매수하는 데 계약금이 1,000만 원 정액제다. 한 달 후에 2,000만 원가량을 내야 하긴 하지만, 당장은 1,000만 원만 내면 된다. 그런데 계약금을 걸면 그 자리에서 보너스로 200만 원짜리 상품권을 준다고 하니, 결국 800만 원에 매수하는 셈이다. 사람들은 200만 원어치의 상품권을 공짜로 얻기라도 한 것처럼 신이 난다. 게다가 분양사들은 관심을 보이는 사람들 사이에 경쟁을 부추기고, 여러 채를 매수하는 사람을 영웅처럼 보이게 쇼를 한다. 그렇게 다른 사람들의 부러움과 초조함을 자극하는 것이다. 결국 이러한 유혹에 넘어가 덜컥 미분양 물건을 매수하는 사람들은 마음속으로 이렇게 생각한다. '일단 2채만 사도 400만 원 상당의 상품권을 얻는 셈이네. 매수한 아파트는 어디 도망가는 게 아니니 그냥 갖고만 있어도 물가에 비례해 가격이 조금씩은 오르겠지, 뭐.'

부동산 매수 결정의 조건 결론은, 미분양된 부동산의 매수 결정은 '부동산의 가치'가 기준이 되어야 한다는 것이다. 부수적인 혜택 때문에 매수를 결정해서는 안 된다. 그냥 갖고만 있어도 가격이 오를 거란 생각은 틀리진 않지만, 매우 위험한 생각이다. 이를 매도해 현금화하는 데 10년이 걸릴 수도 있다. 게다가 임대를 놓을 때는 매우 낮은 금액으로 놓아야 하고, 오랫동안 공실이 이어질 수도 있다. 그럴 때마다 현금이 필요하고, 추가 투입할 자금이 예상을 훨씬 뛰어넘을 수도 있다.

가지고 있는 물건의 전세금이라도 오른다면 그나마 중간에 현금이라도 회수할 수 있는데, 전세금은 오르지 않고 오히려 전세입자가 나간다고 하면서 당장 다른 세입자를 구하기도 힘들다. 무엇보다 실제 해당 아파트에 살아본 세입자일 경우, 그 아파트의 '결정적인 흠' 때문에 2년 이상 거주하기 힘들다는 것을 깨닫기 때문에, 세입자가 거주를 더욱 꺼리는 일도 벌어질 수 있다.

이것이 바로, '그냥 갖고만 있어도 가격이 조금씩 오르겠지'라고 생각했던 아파트의 실상이다. 그러니 분양사가 주겠다는 혜택에 현혹되어 덜컥 매수하는 것은 독이 든 사과를 통째를 집어삼키는 것과 마찬가지다.

따라서 매수를 결정하기 전에 물건에 숨어 있는 함정은 없는지 유심히 살펴야 한다. 부동산의 가치를 파악하고 적절한 투자 타이밍을 찾으려고 노력해야 한다. 그래야 소액으로 미분양 물건에 투자해 높은 수익을 내는 성공 신화를 쓸 수 있다.

여기서 또 한 가지 유용한 팁을 알려주겠다. 이렇게 분양권을 매입할 때는 부부공동명의를 활용하는 것이 좋다. 부부공동명의를 활용할 경우 거래 과정이 다소 불편할 수는 있다. 계약을 할 때나 대출을 받아야 할 때, 또 매도 시에도 부부가 모두 와서 사인을 해야 하기 때문에 다소 번거롭다. 그런데도 부부공동명의를 추천하는 건 양도세 관련 기본공제 때문이다. 현재 기본공제는 1인당 250만 원이며, 1년에 딱 1번 그것도 가장 먼저 매도하는 물건에 한해 적용해 준다. 하지만 부부공동명의로 계약한 물건일 경우, 500만 원을 공제받을 수 있다. 이해를 돕기 위해 예를 들어 보자. 만약 5,000만 원을 투자해 매수한 물건에서 5,000만 원의 이익을 거둔 후 이를 2년 후에 매도한다고 하자. 이 경우 실제 수익금을 기본세율로 계산하면 다음과 같다.

단독명의로 투자할 경우 (계산은, 아래 '양도소득세 계산법' 참고)

매도 시 차익	5,000만 원
기본 공제	250만 원
	4,750만 원(5,000만 원–250만 원)
적용 기본세율	1,140만 원(4,750만 원×24%) ※24%(과세표준 기준)
누진공제	522만 원(과세표준 기준)
양도세	618만 원(4,750만 원×24%–522만 원)
지방소득세	62만 원(양도세의 10%)
총 세금	680만 원(618만 원+62만 원)
실제 수익금	4,320만 원(5,000만 원–680만 원)

공동명의로 투자할 경우 (계산은, 아래 '양도소득세 계산법' 참고)

남편

매도 시 차익	2,500만 원
기본 공제	250만 원
	2,250만 원(2,500만 원–250만 원)
적용 기본세율	337.5만 원(2,250만 원×15%) ※15%(과세표준 기준)
누진공제	108만 원(과세표준 기준)
양도세	229.5만 원(2,250만 원×15%–108만 원)
소득세	23만 원(양도세의 10%)
총 세금	252.5만 원(229.5만 원+23만 원)
실제 수익금	2247.5만 원(2,500만 원–252.5만 원)

아내

매도 시 차익	2,500만 원
기본 공제	250만 원
	2,250만 원(2,500만 원–250만 원)
적용 기본세율	15%(과세표준 기준)
	337.5만 원(2,250만 원×15%)
누진공제	108만 원(과세표준 기준)
양도세	229.5만 원(2,250만 원×15%–108만 원)
소득세	23만 원(양도세의 10%)
총 세금	252.5만 원(229.5만 원+23만 원)
실제 수익금	2,247.5만 원(2,500만 원–252.5만 원)
부부의 실제 수익금 합	4,495만 원(2,247.5만 원+2,247.5만 원)

∴ 단독명의와 부부공동명의 투자 시 차이
4,495만 원–4,320만 원=175만 원

차이가 무려 175만 원이다. 수익금이 5,000만 원인데 차이가 이 정도라면 상당히 큰 것이다. 그리고 수익금이 커지면 커질수록 세율이 달라지므로 그 차이 역시 훨씬 커진다. 만약 매도 시 차익이 9,000만 원일 경우, 단독명의로 투자할 때 실제 수익금은 7,263.5만 원, 공동명의로 투자할 때 실제 수익금은 7,831만 원이라, 그 차이가 567.5만 원에 달한다. 따라서 번거롭고 불편하더라도 부부공동명의를 활용하길 바란다.

여기서 잠깐. 부부공동명의만 가능한 것일까? 미혼일 경우엔 해당되지 않는가? 그렇지 않다. 아들과 어머니, 형과 동생 등 두

명이 명의를 함께해 투자해도 문제되지 않는다. 친구끼리도 가능하고, 심지어 둘이 아니라, 셋, 넷도 가능하다. 그럴 경우 지분별로 차익을 나누고, 또 각자 기본공제를 받을 수 있으니, 양도세 절감에 효과가 있다. 다만, 부부가 아니고 실제로 공동투자를 한 것이 아니라면 명의만 빌렸을 뿐이기에, 불법에 해당할 수 있으니 유의해야 한다.

양도소득세 계산법

양도소득세 = 과세표준×세율 = [(양도가액 − 취득가액 − 필요경비) − 장기보유특별공제 − 기본공제]×세율

과세표준	세율	누진공제	계산법	가산세율
1,200만 원 이하	6%		과세표준 금액×6%	조정지역일 경우, 2주택 이상 +10% 3주택 이상 +20%
1,200만 원 초과~ 4,600만 원 이하	15%	108만 원	과세표준 금액× 15%−108만 원	
4,600만 원 초과~ 8,800만 원 이하	24%	522만 원	과세표준 금액× 24%−522만 원	
8,800만 원 초과~ 1억 5,000만 원 이하	35%	1,490만 원	과세표준 금액× 35%−1,490만 원	
1억 5,000만 원 초과 ~ 3억 원 이하	38%	1,940만 원	과세표준 금액× 38%−1,940만 원	
3억 원 초과~ 5억 원 이하	40%	2,540만 원	과세표준 금액× 40%−2,540만 원	
5억 원 초과!	42%	3,540만 원	과세표준 금액× 42%−3,540만 원	

03 입주 급매 아파트

'제철 음식'이라는 것이 있다. 그 계절에 나오는 신선한 채소와 과일, 특정 시기에만 잡을 수 있는 수산물 등으로 만든 음식을 말한다. 제철 식재료로 만든 음식은 영양도 풍부하고 맛도 좋다. 요즘에는 워낙 기술이 발달하여 사시사철 먹을 수 있는 식재료가 늘었지만, 아직까지 특정 계절 혹은 시기에만 수확하거나 어획할 수 있는 먹거리들이 있다. 먹는 즐거움을 중시해 '맛집'을 찾아다니는 사람들은, 특정 시기에만 먹을 수 있는 음식을 맛보기 위해 먼 길도 마다하지 않는다.

제철에 나오는 먹거리처럼 부동산 분야에서도 '특정 시기'에만 나오는 물건이 있다. 딱 그 시기를 놓치면 웬만해서는 다시 나오지 않는 것, 다시는 같은 기회를 잡을 수 없는 것, 바로 입주 급매물이다. 나오는 시기는 일정하다. 새로 지어진 아파트의 입주 시기가 도래하면 거의 모든 단지에서 입주 급매물이 나온다. 단지가 크면 클수록 물건의 양도 많다. 매우 중요한 포인트다. 급매 물건이 나오는 시기가 예고되므로 이를 잡을 준비를 할 수 있기 때문이다.

언뜻 생각하면 마음만 먹으면 누구나 급매물(입주 급매물이 아닌, 일반 급매물)을 쉽게 잡을 수 있을 것 같다. 시세보다 낮은 가격에 물건이 나왔으니, 얼른 매수하면 되지 않나? 그런데 현실에서는 전혀 그렇지 않다. 현실에서 급매물이 소진되는 과정을 살펴보자. 일단, 일반 급매물이 나왔는데 정말 괜찮은 것이라면 자금이 있는 중개업자가 매수한다. 아니면, 중개업자가 지인에게 연락해 매수를 권한다. 이와 같은 인맥을 활용하는 데도 한계가 있으므로 그다음에는 최근에 해당 중개소를 방문한 사람 중 가장 유력해 보이는 사람에게까지 연락이 간다. 단, 이렇게 연락을 돌리는 중개업소가 한두 군데가 아니다. 이러한 이유로 경쟁이 붙게 되고, 결국 가장 빨리 확신을 갖고 결정하는 사람이 급매물을 손에 쥐게 된다.

이러한 과정을 보면, 막상 급매로 어떤 물건이 나온다고 해도 그 정보를 알게 되는 사람은 매우 제한적이라는 걸 알 수 있다. 투자자 입장에서는 어디에서 정보가 들어올지 모르고, 어느 정도의 돈을 준비해야 할지 모르므로, 운이 따르지 않는 한 급매물을 잡기는 쉽지 않다.

그에 비해 '입주 급매물'의 경우, 준비가 가능하다. 급매물이 나온다는 것이 거의 확실하기 때문이다. 따라서 투자에 적합한 가격대를 설정하고 이를 매수할 수 있는 돈을 준비하면서 때를 기다리면 된다. 마치, 고기들이 헤엄쳐 다니는 확실한 길목에 그물을 쳐놓고 기다리는 것과 같다.

또한 입주 급매물은 반드시 나올 수밖에 없는 구조를 갖추고 있다. 1,000세대 정도 되는 아파트에 그것도 대략 2~3개월이라는 기간 내에, 모든 세대가 들어오기는 대단히 힘든 일이다. 보통 1,000세대가 입주할 경우, 거의 절반 정도는 소유주, 나머지는 세입자가 입주한다. 소유주 자신이 입주하든 세입자가 입주하든, 이들 모두는 다른 지역 어딘가에서 살고 있다가 입주하는 것이다. 그렇기 때문에, 소유주라면 이사 날짜를 맞춰놓고 있었겠지만, 세입자인 경우 새 아파트에 입주하고 싶어도 계약 기간이 맞지 않아서 들어가지 못하는 일도 생긴다. 그러니 마침 그 기간 내에 날짜가 맞거나 이제 막 독립을 위해 돈을 마련해 둔 터라 날짜 상관없이 입주가 가능한 사람들만 들어올 수 있는 것이다. 따라서 가격과 날짜에 맞춰 세입자를 들이느라 고생하는 사이 가격까지 하락하면, 자금 압박에 두려움을 느끼는 사람들이 급매로 물건을 내놓게 된다. 급매물이 반드시 나올 수밖에 없는 구조라는 게 무슨 의미인지 이해했으리라 믿는다.

그렇다면 가격이 어느 정도 수준이어야 급매물이라고 할 수 있을까? 일반적으로는 현재 시세보다 10% 정도 낮은 금액을 급매로 본다. 이 정도의 금액에 나온 매물이라면, 기다리지 말고 과감하게 베팅해 볼 필요가 있다. 예를 들어, 매매시세 4억 원인 아파트가 10% 정도 저렴한 3억 6,000만 원에 나왔을 경우 급매 물건, 시세보다 5% 정도 저렴할 경우 '급매 수준'의 물건으로 볼 수 있다. 다만 부동산 시장이나 지역 상황에 따라 5%만 저렴해도 급매로 볼 수 있으니 주변 상황을 잘 체크해 보자.

급매 물건을 잡으면 무엇이 좋을까? 처음부터 충분히 싸게 매수했으므로 매수하는 순간 이익을 본다는 것이다. 하지만 이보다 더 주목해야 할 이득이 또 있다. 저렴하게 매수한 급매물은 입주가 마무리되는 즉시 가격이 상승하는 재미를 선사한다. 물론, 가격이 올랐다고 해서 바로 매도하라는 것은 아니다. 그럼에도 가격이 오르면 어찌 됐든 기분이 좋은 건 사실 아닌가.

앞서 말한 여러 복잡한 상황에 따라 시세보다 저렴한 급매물에 입주 시점이 지난 후 모든 입주가 마무리되면, 시장에서는 완전히 반대 현상이 벌어진다. 남은 물건이 없기 때문이다. 급매 물건이 완전히 사라지고 나면 전세가격은 약 10%, 매매가격 역시 약 5% 이상 상승한다. 이로 인해 급매 물건을 잡은 사람은 단기간에 자신이 매수한 아파트의 가격이 약 15% 이상 뛰는 경험을 하게 되는 것이다. 가격이 15% 정도 오르면, 투자금액 대비 무려 50% 이상 상승하는 셈이다. 고작 평가이익을 두고 즐거워하는 것처럼 미련한 일도 없긴 하지만, 그럼에도 일단 상상치도 못한 악재가 벌어지지 않는 한 손해 입을 일은 없다는 것만 해도 행복하지 않은가.

실제, 김포한강신도시 호수공원 근처에 2018년 11월 입주를 시작한 호반베르디움의 경우, 입주가 몰리면서 프리미엄이 거의 없다시피 거래가 되었으나 입주가 끝나자마자 매매가격은 3,000만~5,000만 원가량 올랐다. 또 2018년 하반기 가장 큰 이슈였던 서울 송파구 헬리오시티의 경우, 전용 84㎡ 아파트가 입주 전에는 16억 5,000만 원까지 거래되었으나, 입주 시점이 되자 14억 5,000만 원짜리 급매가 나와 거래되었다. 그리고 입주가 마무리된 헬리오시티의 2019년도 시세는 17억 원 선이다.

‖ 저렴하지 않은 급매 물건 ‖

어느 정도의 가격 수준을 급매로 볼 수 있는지에 대해서는 좀 더 살펴볼 필요가 있다. 앞에서는 일반적으로 시세보다 10% 정도 저렴한 금액으로 나왔을 때 이를 급매물로 볼 수 있다고 했지만, 실제 입주가 시작된 장에서는 가격이 전혀 내리지 않는 물건도 있다. 왜 이런 일이 발생하는 걸까? 이는 2가지 중 하나다. 하나는 그동안 워낙 주변에 공급이 없어서 입주가 시작되자마자 전세 물량이 금방 소진되는 경우, 또 하나는 그동안 어떤 이유에서

인지 아파트의 매매가격이 하나도 오르지 않은 경우다.

첫 번째, 전세 물건이 금방 소진되는 것은 전세 매물을 구하는 수요자가 워낙 많기 때문에 어쩔 수 없이 발생하는 상황이다. 물건이 귀하다 보니 급매 물건이 나오지 않는 게 당연하다. 그러니 입주 급매물을 잡는 것이 힘든 것이다. 다만, 투자자가 주의 깊게 봐야 할 것은 두 번째 경우다.

두 번째, 아파트의 매매가격이 하나도 오르지 않을 경우 이것이 입주 급매물인지 아닌지 애매한 상황이 벌어진다. 그동안 가격이 오르지 않았기에 입주 시기가 도래해도 그다지 낮은 금액에 매물이 나오질 않는다. 또 그동안 매매가격이 오르지 않다 보니, 아파트를 매도하고 싶은 사람들은 이미 그전에 손해를 감수하고라도 거의 매도를 해버린 것이다. 그러니 입주 시점에도 급매가 잘 나오질 않는다.

그렇다면 이와 같은 상황에서는 어떻게 해야 할까? 결론적으로 말해서, 바로 이때가 매수할 기회다! 이 같은 아파트는 입주 후 오히려 상황이 극적으로 바뀔 가능성이 크기 때문이다. 전세 매물이 하나씩 소진되기 시작하면 전세가격 역시 자연스럽게 조금씩 올라가는데, 전세가격이 오른다는 건 해당 아파트가 실수요자들에게 괜찮다는 평가를 받는 단지라는 뜻이다. 실수요자들이 아파트가 괜찮다고 생각하게 되면, 그때부터는 가격에 극적인 변화가 일어날 가능성이 크다. 이러한 이유로 입주 시점에서 가격이 별로 오르지 않았거나 그대로인 아파트 단지는 유심히 지켜볼 필요가 있다.

단, 여기서 매우 유의해야 할 것이 있다. 이런 아파트, 다시 말해 극적인 반전 드라마를 펼쳐줄 아파트에는 특별한 하자가 없어야 한다. 그야말로 그동안 가격이 오르지 않은 이유가 순전히 주변 물량 때문이거나, 가격이 비쌌기 때문이어야 한다. 주변 물량 때문에 가격이 눌려 있다가 주변 물량이 사라지는 시점에 입주하는 아파트라면, 또 가격이 비싸서 움직임이 없던 아파트였는데 주변 시세가 그 정도 가격 수준으로 올라왔다면, 입주 시점에 적극적으로 공략해야 하는 것이다.

2018년 11월 입주를 시작한 안산 힐스테이트중앙아파트가 이 같은 사례에 해당한다. 워낙 그 시기 안산에 입주 물량이 많아서 프리미엄이 붙질 않았고, 입주 시점이 되어서도 딱히 '급매물'다운 물건이 나오지 않았다. 하지만 입주가 끝나자마자 전용 59㎡ 매매가격 4억 원짜리가 4억 5,000만 원까지 상승했다. 안산 힐스테이트중앙아파트의 경우, 사실상 중앙역(서울예술대학)과 멀지 않은 역세권 대단지에, 주변에 각종 편의 시설을 갖추고 있는 흠잡을 데 없는 단지였기에 물량이 모두 소진되자 가격이 급등한 것이다.

현재 평택 일대도 아직까지 입주를 기다리는 물량이 많기에 입주가 끝난 시점에도 가격에 큰 변화가 없는 아파트가 많다. 그러나 이 지역도 물량이 소진되는 시점이 온다면 얼마든지 상황이 달라질 수 있을 것이다.

‖ 전세 맞추기 ‖

다만, 여기서 현실적인 문제를 하나 짚고 넘어가야 한다. 입주 급매 물건에 어떻게 전세 세입자를 구할 것인가? 흠잡을 데 없는 아파트를 급매 가격에 잡는다는 건, 매우 가슴 뛰는 일이다. 하지만 어째서 이 물건이 급매로 나온 것인지 그 원인을 잘 생각해 봐야 한다. 입주 시점에 급매가 나오는 건 소유주가 전세를 맞추지 못해서다. 이 말은 자신이 감당할 수 있는 가격에 전세 세입자를 구할 수 없었다는 이야기다. 소유주 역시 어느 정도 각오는 했을 것이다. 즉, 전세가격이 생각보다 낮을 것이라고 말이다. 그런데 전세가격이 생각한 것보다 더 낮은 수준에 형성되니 그 차이만큼의 자금을 조달하기 어려워진 것이다. 게다가 물량 역시 많아지니 매매도 잘 이뤄지지 않는다. 입주 마감일을 넘기면, 매우 높은 이자의 연체료를 내야 한다. 이런 상황은 공포일 수밖에 없다. 그래서 괜찮은 물건임에도 저렴하게 내놓은 것이다. 따라서 이러한 물건을 매수한 입장에서도 달라질 게 없다. 갑자기 전세가격이 올라가서 세입자를 쉽게 구할 수 있는 것도 아니고, 매수를 했다고 입주 마감일을 연기할 수 있는 것도 아니다.

그럼 방법은 3가지다. 첫째, 현시점에서 충분히 감당할 수 있는 전세가격을 예상하고, 그에 맞게 자금을 준비한다. 이것이 가능하다면 매수하는 데 문제될 게 없다. 그러고 나서 향후 2년 후 이 아파트의 매매가격과 전세가격이 정상이 되는 시점을 기다리면 된다. 이것이 정석이다. 입주 시점에는 가격이 왜곡되는 현상이 일어나는 것이 일반적이니 말이다. 반대로 말하자면, 2년이 흐르면 가격 왜곡이 사라진다는 말이다. 따라서 자금의 여유만 있다면 이를 기대하면서 과감하게 도전할 수 있다.

둘째, 애초에 대출을 받아 잔금을 치르고 시간을 보내는 것이다. 물론 대출을 받으려면 조건을 갖춰야 한다. 대출 규제 지역에서는 조건이 제한되므로 자신이 대출을 받을 수 있는 조건을 갖췄는지 확인한 후, 그게 가능하다면 도전해 보라(현재 투기과열지구에서는 1주택자에 한해 주택담보대출이 없는 경우에는 대출받을 수 있지만, 2주택자는 추가로 주택담보대출을 받을 수 없다). 대부분의 사람들은 '연체이자'가 비싸므로 가능한 한 입주 마감일 전까지는 전세 세입자를 구하거나 직접 입주하려고 한다. 그럼 어떻게 되겠는가? 입주 마감일이 지나면 놀랍게도, 빠르게 전세 물량이 없어진다. 그리고 전세 물량이 없어지면, 불과 몇 개월 사이에도 가격이 몇천만 원 정도 훌쩍 뛰는 현상이 벌어진다. 사실상 제값을 찾는 것이다. 중요한 건, 그 일련의 과정이 매우 빠르고 극적이게 일어난다는 것. 물건이 넘칠 때는 이 많은 물량이 언제 다 소진될까 걱정이 되겠지만, 물건이 없어지기 시작하면 갑자기 완전히 반대의 상황이 펼쳐진다. 그렇게 되는 데까지는 입주 마감 예정일 이후 짧으면 즉시, 길어봐야 3개월이다. 그 정도의 시간만 보내면 충분히 올라간 금액에 전세 세입자를 구할 수 있다. 그렇게 전세를 맞추면, 투자금액이 줄어들고 대출도 갚아서 대출이자에 대한 부담도 사라지니, 투자성이나 리스크 관리 측면에서 매우 성공적인 투자가 된다. 팁을 하나 주자면, 몇 개월 내에 대출을 상환할 생각으로 대출을 받는 것이기에 '중도상환수수료'가 저렴한 대출을 고르라는 것이다. 몇 개월짜리로 빌려주는 담보대출은 없으므로 어찌 됐든 중도상환수수료를 내야 하는데, 대개 1~2% 사이다. 그러니 몇 개월 내에 갚을 생각으로 빌리는 것이라면, 이자가 싼 것보다 중도상환수수료가 싼 상품을 고르는 것이 현명하다.

셋째, 그냥 연체료를 내면서 버티는 방법이다. 다소 진상처럼 보일 수도 있지만, 이것도 해볼 만하다. 그렇다고 5~6개월씩 연체료를 내며 버티라는 건 아니다. 건설사 입장도 생각해야 하지 않겠는가. 연체료를 내며 버티는 기간은 최대 2개월 정도다. 이는 건설사 입장에서도 어느 정도 양해가 되는 수준이다. 앞에서 이야기했듯, 입주 마감일이 지나면 놀랍게도 하루가 다르게 물건이 빠르게 소진된다. 1개월만 지나도 남은 물건이 거의 없어지고, 가격이 몇천만 원 정도 오른다. 게다가 남아 있는 물건이 별로 없다 보니 세입자 우위에서 다시 소유자 우위 시장으로 분위기도 돌아선다. 그렇게 되면, 매수 계약 시점과 비교할 때 상당히 높은 금액에 전세 세입자를 구할 수 있고, 매수자 입장에서는 물게 된 연체료를 그냥 구입 비용으로 계산하면 된다. 다만, 이 방법을 쓰려면 매도자에게 줄 금액, 즉 분양 계약금에 프리미엄을 더한 금액을 모두 주고 대출을 승계해야 하는데, 대출 승계 시기는 시행사마다 다르므로 대출 승계가 가능한 시점까지 거래를 마쳐야 한다.

분양계약서상의 연체료 규정

제2조【연체료 및 지체보상금】

(1) "갑"은 "을"이 중도금을 약정일 이전에 납부하는 경우에는 선납금액에 대하여 연 2%의 할인율(선납당일 기준)을 적용하여 선납일수에 따라 산정된 금액을 할인한다. 단, 잔금에 대하여는 입주지정기간 개시일을 기준으로 하여 할인하며, 입주지정기간에는 할인료 및 연체료 규정을 적용하지 아니한다.

(2) "을"이 2차 계약금, 중도금 또는 잔금의 납부를 지연하여 약정 납부일이 경과되었을 때에는 그 경과일수에 대하여 한국은행에서 발표한 예금은행가중평균여신금리[가계대출, 신규취급액 기준]와 가계자금 대출시장 점유율 최상위 은행이 정한 연체기간별 가산금리(다만, 1개월 미만 연체시는 민법 소정의 법정이율인 5% 또는 가계자금 대출시장 점유율 최상위 은행이 정한 가산금리 중 낮은금리)를 합산한 아래 연체료율을 적용하여 산정된 연체료를 가산 납부하여야 한다. 단, 계획된 공사일정이 당초 중도금 납부일정보다 현저히 늦어지는 경우 "갑"은 "을"과 합의하여 위 중도금 납부일정을 조정할 수 있다.

연체기간	예금은행 가중평균여신금리(1)	가산금리(2)	연체이율
1개월 미만	연 3.41%	연 5%	연 8.41%
1개월 이상~ 3개월 이하	연 3.41%	연 7%	연 10.41%
3개월 초과	연 3.41%	연 8%	연 11.41%

※ 예금은행가중평균여신금리: 한국은행발표(2017.04월 기준) 예금은행가중평균여신금리

※ 가산금리: 국민은행(가계자금 대출시장 점유율 최상위 은행) 2017년 4월 기준 연체기간별 가산금리

(3) 전항의 경우 경제사정의 변경 등으로 합산한 연체요율이 공급계약 체결시점에 비추어 연 2%포인트 이상 증감이 있을 때에는 "갑"은 "을"에게 미리 그 사실을 서면 통지한 이후부터 이를 적용한다.

(4) "갑"은 "갑"의 귀책사유로 본 계약서 전문에서 정한 입주예정일에 입주를 개시하지 못할 경우에는 기 납부한 계약금 및 중도금에 대하여 제(2)항에 의한 연체요율에 의거 "을"에게 지체상금을 지불하거나 잔여대금에서 공제한다.

(5) 천재지변 또는 "갑"의 귀책사유가 아닌 행정명령 등의 불가항력적인 사유로 인하여 준공 및 입주가 지연될 경우 제(4)항에서 정한 지체상금을 지급하지 아니하기로 한다.

(6) "갑"이 "을"로부터 받은 분양대금의 변제충당 순서는 "을"이 부담할 연체료, 연체중도금, 중도금, 선납중도금, 잔금의 순으로 정한다.

분양계약서에 적힌 연체료 규정은 시행사마다 다르지만, 일반적인 경우는 위와 같다. 규정을 살펴보고 무리하지 않는 선에서, 또 시행사에 큰 피해를 주지 않는 선에서 스스로 마감 시한을 정한 뒤 진행하면 된다.

또 대출을 승계해야 하는 불편도 감수해야 한다. 어쨌든 그렇게 해서 대출 승계까지 완료하면, 그 이후에는 연체를 해도 매수자의 책임이 되므로 매도자 입장에서도 딱히 거리낄 이유 없이 거래할 수 있게 된다. 이후 연체료가 붙고 연체료에 매우 높은 금리가 적용되긴 하지만, 그것이 장기화되지만 않는다면 감당할 수 없을 정도의 큰 비용은 아니다. 전세가격이나 매매가격 상승에 비하면 아주 적은 정도이므로 과민하게 생각할 필요도 없다. 특히 연체하면 바로 신용불량자가 될까 걱정하는 사람도 있는데, 고작 1~2개월 연체로 신용불량자가 되거나 신용등급이 하락하지는 않으니 크게 염려하지 말자.

입주 급매물 아파트에 투자할 경우 이와 같은 3가지의 방법을 염두에 둔 채 접근하는 게 좋다. 그렇게 한다면 흠잡을 데 없는 아파트를 충분히 저렴하고 좋은 급매 가격에 잡을 수 있고, 급매로 이미 확보된 이익을 가지고 투자할 수 있는 좋은 기회를 얻을 수 있을 것이다.

투자의 1원칙, 멍청한 선택 피하기

1. 부동산 상승장에서 완전히 소외된 A 씨

부동산 가격이 꿈틀대며 서서히 올라가던 시점, 그는 그저 가격이 조금 오르다 말겠지 생각했다. 그런데 웬걸? 계속 또 끊임없이 오른다. 결국 관심이 가는 아파트를 찾아 구체적으로 가격을 조사했다. 가격이 꽤 올랐다. 사야 하나 말아야 하나 고민되지만, 이미 가격이 너무 많이 오른 상태라 계속 망설였다. 그렇게 망설이는 사이 그 아파트의 가격이 '억대'로 오른다. 결국 아무것도 하지 못하고, 아파트를 산 사람과 놓친 사람 사이에 벌어진 자산 격차에 스트레스만 쌓여갔다.

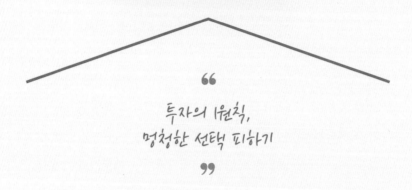

그러던 중 회사에서 친형제처럼 지내는 후배가 부동산 개발업체에 있는 지인으로부터 확실한 정보를 받았다는 이야기를 꺼낸다. 곧 3기 신도시로 발표될 곳 바로 옆에 땅이 하나 있는데, 이를 사두기만 해도 가격이 5배로 뛸 거라는 것이다. 투자금은 1억 원인데, 당장 1,000만 원만 송금하란다. A 씨는 서둘러 1,000만 원을 송금한 뒤, 이참에 2구좌를 할까 생각하고 있다.

2. 매우 저렴한 부동산을 소개받은 B 씨

부동산 상승장에서 실제 거주하던 집값의 상승으로 가만히 앉아서 돈을 번 사람이 늘다 보니, B 씨도 투자를 해야겠다는 생각이 든다. 하지만 정부의 법적 규제와 대출로 할 수 있는 게 거의 없어서 답답하다. 이제 좀 해볼까 했는데, 할 게 없다. 누구나 좋다고 하는 물건의 가격은 너무 많이 오르기도 했고, 투자금도 모자라다. 적은 돈으로 시작하려니 투자할 수 있는 게 하나도 없다.

그때 평소 알고 지내던 부동산 중개업자에게서 연락이 왔다. 할인 분양하는 아파트가 하나 있는데, 분양가에서 무려 30%나 깎아준다는 것이다. 이거다 싶어 아파트의 위치를 살펴보니, 수도권에서 멀리 떨어진 지방인데다, 전·월세도 잘 안 나가는 지역이다. 아무래도 망설여져 거절할까 싶은데, 분양사에서 3년간 임대를 보장해 주겠다는 제안을 해왔다. 게다가 B 씨에게 연락해 준 중개업자도 이미 3채를 매입한다는 것이었다. 기회가 왔다는 생각에 B 씨는 현재 가진 돈으로 몇 채나 분양받을 수 있을지 계산하기 시작했다.

3. 법인 회사로부터 오피스텔 매도를 제안받은 C 씨

C 씨는 규제가 별로 없는 오피스텔로 수익을 내볼까 싶어, 오피스텔 한 채를 매수했다. 그런데 막상 입주 때가 되니 프리미엄은 고사하고, 전·월세를 맞추기도 어려운 상황이 되었다. 홧김에 매도해 버릴까 싶어서 알아보니, 시장에서 형성된 가격은 마이너스 프리미엄이다. 이러지도 저러지도 못하던 중 한 통의 전화가 걸려온다.

어떤 법인에서 오피스텔을 일괄적으로 구입하려고 하는데, 자신이 일괄 구매를 담당한 사람이라고 밝히면서 해당 오피스텔을 매도할 의향이 있는지 묻는다. 얼마에 매입할 것인지 물으니, 프리미엄 2,000만 원에 매입하겠다는 것이다. 시장에 마이너스 프리미엄이 널렸는데 이게 웬일이냐 했더니, 담당자는 법인의 특성상 조용히 일을 처리해야 해서 시장에 나온 물건을 하나씩 매입할 수 없다고 말한다. 그래서 이렇게 전화를 통해 의사가 있는 사람들의 물건을 일괄 구매하려고 하는 것이라면서. C 씨는 당연히 매도하겠다고 했다. 그리고 구매 담당자의 사무실을 찾았다.

그런데 직접 만난 담당자가 새로운 제안을 한다. 법인이 같이 매입하고 싶어 하는 오피스텔이 하나 더 있는데, 법인이 그 오피스텔의 관계자라서 직접 매입하면 나중에 세무조사를 받을 수 있다는 것이다. 이 오피스텔을 일단 C 씨가 매입해 주면 나중에 한

꺼번에 두 오피스텔을 프리미엄 2,000만 원씩 주고 사주겠다는 것이다. C 씨는 담당자의 말에 일리가 있고, 어쨌든 2채를 통해 더 많은 수익을 얻을 수 있겠다 싶어서, 8,000만 원의 대출을 받아 담당자가 권하는 다른 오피스텔을 1억 5,000만 원에 매입했다. 두 달 후 오피스텔 2채를 매입해 주겠다는 말을 철석같이 믿고, C 씨는 기대에 잔뜩 부풀어 있다.

• • •

어떤가? 요즘 내게 상담받은 이들의 이야기다. 부동산 규제가 심해지고 투자할 만한 대상이 별로 보이지 않는 시기다. 그럼에도 돈은 벌고 싶고, 투자할 돈은 별로 없는 사람들의 마음을 이용해, 빠르게 손을 뻗치는 이들이 있다. 이렇게 적어놓고 보면 하나같이 어이가 없는 내용이다. 하지만 현실에서 이러한 상황에 놓이면 대단히 고민하게 되며, 그래서 결국 쉽게 넘어가고 만다.

물론 이 모든 내용이 사기이니 절대 투자해선 안 된다고 할 수는 없을 것이다. 그중 어떤 투자는 정말 좋은 결과를 가져다 줄 수도 있으니까. 하지만 이런 솔깃한 이야기를 들을 때마다 내가 '투자의 원칙'으로 삼는 것이 있다. 워런 버핏과 함께 버크셔해서웨이Berkshire Hathaway Inc.를 세계적인 투자 기업으로 만든 파트너, 찰스 멍거Charles Munger의 말이다.

“대단해지는 것은 고사하고 멍청해지지 않으려고만 했을 뿐인데, 이런 태도가 장기적으로 얼마나 큰 성과를 가져왔는지 놀랍다!”

대단한 선택을 하려고 하기보다 멍청한 선택을 하지 않으려고 하는 것이 투자다. 그런 선택이 쌓이면 결국 놀라운 성과로 나타나게 된다. 사람들은 모두 더 많은 돈을 벌려고만 하기에 오히려 ‘멍청한 선택’들을 많이 하게 되고, 그 멍청한 선택 때문에 결국 돈을 더 많이 날리게 된다. 투자에서 돈을 많이 벌어야 성공인 것 같겠지만, 그렇지 않다. 그저 돈을 잘 잃지 않는 선택의 결과로 성공에 가까워진다.

투자의 고수와 하수의 차이는 위기 때 드러난다. 시장이 상승장일 때는 고수와 하수를 구분할 수 없다. 모두 돈을 번다. 심지어 하수가 돈을 더 잘 벌 수도 있다. 그러나 위기가 찾아오면, 누가 하수였는지 확실하게 드러난다. 그가 내린 멍청한 선택의 결과가 나오기 때문이다.

그러니 당장 투자할 것이 없다고 안달하지 말아라. 그저 멍청한 선택을 피하고 기다리다 보면, 기회는 또 오게 되어 있다. 자칫 이때 멍청한 선택을 했다면, 정작 기회가 와도 '정말 멍청하게' 바라보기만 해야 할 것이다.

4장

소액으로 빌라 투자하기

01 신축 빌라

02 뜨는 지역의 낡은 빌라

03 대지지분이 넓은 빌라

01 신축 빌라

부동산 투자에서 빌라는 언제나 아파트의 대안으로 선택되는 대상이다. 간혹 고급 빌라처럼 특별한 계층이, 특별한 이유로 빌라를 더 선호할 수는 있지만, 일반적으로 빌라는 아파트를 매수할 수 없는 이들이 그 대안으로 선택한다. 그렇다면, 이 같은 빌라는 투자할 가치가 있는 것일까?

빌라 투자는 투자자 입장에서만 보면, 상당히 매력적이다. 우선 소액으로 투자할 수 있다는 것이 가장 큰 매력이다. 자금이 적어도 서울 등 유력한 지역의 빌라에 투자가 가능하다. 무엇보다 '입지가 좋은 곳에 위치한 상대적으로 가격이 싼 주거 시설'이다 보니, 직접 본인이 들어가서 거주할 수도 있다. 리스크를 방지하는 측면에서, 투자 초보자나 자금이 다소 부족한 사람에게는 아주 매력적인 대상이 된다.

빌라 투자에서 기대할 수 있는 이익은 크게 2가지다. 전세가격 상승을 통한 매매가격 상승, 개발 구역으로 묶이거나 개발에 유력한 자리로 지정될 때 얻을 수 있는 가격 상승.

‖ 강서구 빌라 투자 ‖

몇 년 전, 갭투자가 열풍이었다. 단돈 1,000만~2,000만 원으로 2억 원짜리 빌라를 사고, 심지어 2억 원짜리 빌라를 2억 원에 전세로 내놔 투자금이 하나도 들지 않는 이른바 '무피투자'도 가능했다. 한발 더 나아가 처음부터 돈을 벌고 시작하는 '플피투자'도 있었다. 2억 원짜리 빌라를 산 뒤 2억 1,000만 원에 전세를 놓아 오히려 1,000만 원을 버는 기적 같은 기법이었다. 그런데 이런 기형적인 투자의 결과가 어땠는가?

2019년 5월, SBS 뉴스토리에서 '150채 집주인을 고소합니다'가 방영됐다. 서울 강서구 화곡동 일대에 빌라 수백 채를 소유한 집주인이 세입자에게 전세 보증금을 반환하지 않고 잠적하면서, 세입자들이 고스란히 피해를 입고 있다는 것이었다. 어디 그뿐인가? 5년 전인 2014년에는 생활고로 일가족 3명이 자살한 사건이 보도됐다. 예상과 달리 그들은 기초생활보장 수급자가 아니었다. 가장인 A 씨는 부동산 경매를 통해 빌라를 싸게 산 후 그 빌라를 전세 놓고 확보한 전세자금으로 다시 빌라를 구매하는 식으로 15채의 빌라를 소유하게 됐다. 하지만 무리하게 빌라에 투자하다 은행 빚에 몰려 극단적인 선택을 한 것이다. 모두 갭투자의 어두운 그늘이 드러난 사례다. 빌라는 아파트와 비교할 때, 상대적으로 공급이 쉽다. 따라서 공급이 늘어나면 전세가격이 오르지 않고 오히려 떨어진다. 이 점을 간과한 투자자들이 큰 화를 입게 된 것이다.

갭투자 열풍은 오래가지 못했다. 불과 3년 정도 전성기를 구가하다가, 엄청난 역전세난 부메랑을 맞고 침몰한 것이다. 내가 알기로는, 화곡동의 한 투자자의 경우 '무피'와 '플피' 투자를 번갈아하면서 실제로 자신의 돈은 5,000만 원도 채 들이지 않고, 전세금 상승분으로 또 다른 빌라를 사고 또 사고 하면서 불과 3년 만에 600채가 넘는 빌라를 소유하게 됐다. 하지만 계약 당시보다 주택의 전세가격이 하락하는 역전세난이 도래하자 많은 세입자들에게 전세금을 내어줄 수 없게 되었고, 집이 경매로 넘어간다고 해도 채무를 갚을 길이 없게 되자 해외로 도피해 버렸다. 모국을 버리고 해외로 도망간 그의 인생도 그렇지만, 피땀 흘려 모은 전세 보증금을 날리게 된 세입자들은 어떻게 되었겠는가? 그야말로 수많은 사람의 가슴에 피멍이 들었다.

‖ 강남구 빌라 투자 ‖

그런데 이런 사례도 있다. 2012년쯤, 투자자들 사이에서는 강남의 빌라를 매수하는 것이 일종의 유행처럼 번졌다. 사실상 이 유행을 주도한 건 빌라 업자들이었는데, 당시에는 매우 이례적으로 케이블 TV를 이용해 판매가 이뤄졌다. TV라는 매체를 통해 신뢰감을 확보한 이들은 상담을 해주는 척하면서 전화를 걸어온 시청자들에게 빌라 매수를 권유했다. 또 강의를 이용한 판매 방식도 새롭게 등장했다. 부동산 강의를 싸게 혹은 무료로 개설한 후, 몰려든 수강생들에게 빌라 매수를 유도하는 식이었다.

당시 부동산 시장은 큰 가격 상승도 없었지만 가격 하락도 멈춘 상태였다. 그렇다 보니 사람들의 관심이 '월세 수익'으로 몰렸다. 소유하고 있는 부동산의 가격은 좀처럼 오르지 않고, 아파트의 경우 가격이 내려도 월세 수익률이 형편없다 보니, 월세 수익을 기대할 만한 빌라에 투자해 볼까 하는 심리가 작용한 것이다. 그런 상황에서 이른바 '업자'들이 새로운 판매 기법을 들고 접근하자 상당히 많은 사람의 마음이 흔들렸다.

정부의 역할도 컸다. 부동산 경기 하락으로 인해 건설사들이 아파트를 짓지 않으면서 주택의 공급 부족으로 전세가격이 너무 많이 상승했던 것이다. 이에 따라 정부는 쉽고 빠르게 공급할 수 있는 빌라 건설에 대대적인 규제 완화를 추진했다.

'주차장법 완화'로 이전에 비해서 빌라 건설 및 판매 수익성이 올라가자, 여기저기 우후죽순 신축 빌라가 들어서기 시작했다. 당시에는 대출 규제도 없었다. 그러니 대출을 받아 빌라를 매입한 뒤 월세를 놓으면, 두 자릿수 이상의 수익이 나는 일도 많았다. 게다가 굳이 월세 수익이 아니더라도 워낙 전세가격이 높던 시절이라, 신축 빌라라고 해도 전세가율이 90%에 육박했기에 매우 적은 돈으로 투자가 가능했다. 예를 들어, 3억 원짜리 빌라를 3,000만 원 정도면 매입할 수 있었던 것이다. 이 같은 빌라가 주로 많이 생산되고 판매되던 지역이 바로 강남권이었다. 그중에도 논현동과 역삼동 등에 집중적으로 빌라가 공급되었다.

상황이 이렇게 흘러가자, 당시 많은 사람이 나를 찾아와 이런 빌라들을 투자 대상으로 매입해도 될지 물었다. 김 사부가 이들에게 무엇이라고 답했을 거 같은가? 나는 강력하게 반대하며 그들을 말렸다.

"빌라라는 것은 기본적으로 감가상각이 되는 대상입니다. 물론 아파트도 감가상각이 됩니다. 그런데도 아파트의 가격이 오르는 건 아파트가 희소하기 때문입니다. 아파트는 쉽게 생산되지 않으므로 건물이 감가상각이 돼도 가격이 오르지만, 빌라는 얼마든지 쉽게 지을 수 있는데 어떻게 가치가 올라가겠습니까?

월세도 그렇습니다. 당장은 월세 수익률이 높다고 해도 앞으로도 계속 그 정도의 수익률이 나올 거란 보장이 없습니다. 주변에 더 좋은 빌라들이 건축되고 공급되는데, 계속 같은 월세를 받을 수 있을까요? 무엇보다 매도할 때를 한번 생각해 보세요. 매매가격 상승에 대한 기대감도 없고 월세 수익률도 낮은데, 누가 낡은 빌라를 사겠습니까? 이런 투자는 절대 하지 말아야 합니다."

한마디로 말하면, 신축 빌라는 투자 가치가 없다는 말이었다. 빌라의 경우 어차피 건물의 가격은 감가상각이 되기에 땅의 가치를 따져야 한다. 하지만 새 빌라는 건물 가격을 포함해서 매매가격을 매길 수밖에 없으므로, 땅의 가치로 보면 말도 안 되게 비싼 것이었다. 그러니 물건을 비싸게 사놓고선 그것의 가격이 더 올라가길 기대하는 건 비상식적인 일이었다.

이 같은 이유로 나는 강남의 신축 빌라를 사겠다는 사람들을 열심히 말렸다. 그런데 모든 사람이 내 말을 듣진 않았다. 당연하다. 당시에는 신축 빌라만큼 만만한 투자 대상이 없었고(투자할 경우 신축 빌라는 3,000만 원 정도, 아파트는 최소 1억 원 정도의 자금이 필요했다), 워낙 업자들이 열심히 홍보했던 탓이다. 무엇보다 부동산 가격 상승에 대한 기대가 없는 때다 보니, '이걸 사나 저걸 사나 오르지 않을 게 빤한데, 그냥 적은 돈으로 살 수 있는 부동산을 사서 월세나 받지 뭐' 같은 심리가 더해졌다. 이러한 마음으로 부동산을 매수하는 것까지 말릴 수는 없는 노릇이었다. 그런데 이렇게 내 말을 듣지 않고 신축 빌라를 매수한 사람들은 몇 년 후 어떻게 되었을까?

아, 놀랍게도 모두 부자가 되었다! 거의 2년 만에 투자금 전액을 회수하고, 대부분의 사람이 투자금 대비 2~3배 정도의 수익을 냈다. 다음 표에 정리한 신축 빌라 B 사례의 전세가격만 봐도 투자금액 대비 3배 이상이 오른 것을 알 수 있다. 매매가격은 계산하지도 않았다.

2012년 강남 신축 빌라 B

매매가격	2억 5,000만 원
전세가격	2억 2,000만 원
실제 투자금	3,000만 원

2018년 강남 신축 빌라 B

전세가격	3억 3,000만 원
6년간 전세상승분	1억 1,000만 원
2년 평균 상승분	3,667만 원
1년 평균 상승분	1,833만 원

‖ 강남 빌라 vs. 강남 아파트 ‖

그렇다면, 신축 빌라도 투자 가치가 있는 것일까? 일단 같은 지역의 빌라와 아파트에 투자했을 시 매매가까지 포함한 수익률을 계산해 보자.

2007년에 강남의 신축 빌라 S를 매수했을 경우

2007년 강남 신축 빌라 S

매수가격	1억 2,500만 원	
전세가격	1억 원	
최초 투자금	2,500만 원	매수가격-전세가격

2018년 강남 신축 빌라 S

전세가격	2억 3,000만 원	
전세금 상승분	1억 3,000만 원	
(2년 평균 상승분)	2,167만 원	전세금 상승분÷6
(1년 평균 상승분)	1,182만 원	전세금 상승분÷11
(예상) 매도가격	3억 5,000만 원	
수익금(매도차익)	2억 2,500만 원	매도가격-매수가격
수익률	900%	수익금÷최초 투자금×100
투자금 회수 기간	약 2.5년	전세금 상승분만으로 회수

투자금 대비 무려 10배의 수익을 낸 것이다. 11년 만에 10배의 수익을 거둔 셈이다.

2007년에 강남의 반포주공 아파트를 매수했을 경우

2007년 강남의 반포주공 1단지 전용 107㎡ 기준 아파트 매매가격은 15억 4,000만 원이었는데, 11년이 지난 2018년에는 같은 평수의 아파트 매매가격이 34억 원이 되었다. 무려 18억 6,000만 원이 상승한 셈이다. 그렇다면 투자 수익률은 얼마나 될까?

2007년 강남 반포주공 아파트

매수가격	15억 4,000만 원
전세가격	3억 3,000만 원
최초 투자금	12억 1,000만 원

2018년 강남 반포주공 아파트

전세가격	5억 5,000만 원	
전세금 상승분	2억 2,000만 원	
(2년 평균 상승분)	3,667만 원	전세금 상승분÷6
(1년 평균 상승분)	2,000만 원	전세금 상승분÷11
(예상) 매도가격	34억 원	
수익금(매도차익)	18억 6,000만 원	매도가격–매수가격
수익률	154%	수익금÷최초 투자금×100
투자금 회수 기간	11년	매도해야만 매도 차익으로 회수

표에서 보다시피 반포주공 아파트의 가격은 11년 동안 겨우(?) 2.2배 정도 상승했다. 여기서 양도소득세까지 감안하면 실제 수익률 200%도 장담할 수 없다.

2007년에 개포주공 아파트를 매수했을 경우

2007년 당시 강남의 개포주공 전용 42.55㎡ 기준 아파트 매매가격은 7억 5,000만 원이었는데, 2018년에는 같은 평수의 아파트 매매가격이 18억 원이 되었다. 10억 5,000만 원이 상승한 것이다. 투자 수익률을 계산해 보면 다음과 같다.

2007년 강남 개포주공 아파트

매수가격	7억 5,000만 원
전세가격	9,500만 원
실제 투자금	6억 5,500만 원

2018년 강남 개포주공 아파트

전세가격	1억 5,000만 원	
전세금 상승분	5,500만 원	
(2년 평균 상승분)	917만 원	전세금 상승분÷6
(1년 평균 상승분)	500만 원	전세금 상승분÷11
(예상) 매도가격	18억 원	
수익금(매도차익)	10억 5,000만 원	매도가격-매수가격
수익률	160%	수익금÷최초 투자금×100
투자금 회수 기간	11년	매도해야만 매도 차익으로 회수

※ 쉬운 비교를 위해, 양도세는 계산하지 않았다.

역시 11년 만에 매매가격은 약 2.4배 정도 상승했다. 하루가 멀다 하고 신문을 장식하는 강남 아파트가, 자고 일어나면 1억 원씩은 오르는 것 같던 강남의 집값이 장기적으로 면밀하게 수익률로 따져보니 그렇게 대단한 건 아니라는 것이다.

게다가 같은 지역 빌라의 수익률과 비교해 보니, 더욱 상대가 안 된다. 물론 절대적인 투자금액 자체만 놓고 보면 아파트 투자에 들어간 돈이 빌라 수십 채를 살 수 있는 금액이고, 이런 수익률을 얻기 위해 그 돈을 전부 빌라 투자에 썼다면 현 정부의 부동산 규제 중과세를 감안할 때 수익에 큰 차이가 있을 수 있다. 그럼에도 투자금액 대비 가격 상승률만큼은 비교가 되지 않는다. 이게 웬일인가. 이런 말도 안 되는 일이 벌어지다니, 도대체 어떻게 된 거지? 이때부터 나는 내가 놓친 것이 무엇인지 차근차근 생각해 보았다.

‖ 빌라의 투자 수익률을 좌우하는 것 ‖

앞의 서울 강서구 빌라에 투자한 사례와 강남구 빌라에 투자한 사례를 보면 어떤 생각이 드는가? 투자 방식에 있어서는 별로 다를 게 없고, 투자 대상에서도 큰 차이가 없다. 투자자들 모두 최대한 적은 금액을 들여 신축 빌라를 매수했을 뿐이다. 그런데 한쪽은 해외로 도피해야 하는 상황이 되었고, 다른 한쪽은 떵떵거리며 살게 되는 결과를 얻었다. 뭐지? 무슨 차이가 있는 것일까?

첫 번째 차이, 지역　　두 빌라의 투자 수익을 가른 결정적인 차이는, 지역이다. 서울의 강남은 언제나 부동산 가격 상승의 진원지 역할을 한다. 모든 것이 강남에 집중되어 있다 보니, 항상 부동산 가격 상승이 강남에서 시작되며, 강남의 집값이 올라야 다른 지역의 집값도 따라서 오른다. 이 말은 여전히 강남이 '성장하는 도시'라는 뜻이다. 성장하는 도시라는 건 여전히 찾는 사람이 많은 곳, 즉 수요가 넘쳐나는 곳이라는 의미다. 따라서 강남에 위치한 빌라들은 전세가격이 빠르게 오르고, 결국 그것이 매매가격의 상승으로 이어진다.

그럼, 여기서 당시 김 사부가 사람들에게 했던 조언을 다시 살펴보자. '빌라 건물은 감가상각이 되기에 땅의 가치로 빌라의 가치를 봐야 하는데, 신축 빌라는 건물 값이 포함되므로 결국 땅을 비싸게 주고 사는 꼴이라서 이익이 될 수 없다'는 논리다. 사실 이 논리에는 전혀 문제가 없다. 매우 타당하다. 그런데 결과적으로 엄청난 수익이 가능했다. 건물이 감가상각이 안 된 게 아니라, 원칙적으로 건물은 감가상각이 되었으나, 땅의 가치가 더 많이 오른 것이다. 그러니 결국 빌라의 가격이 오른 것이다. 강남에는 수요가 몰렸고, 당시 아파트 공급이 부족하다 보니, 더욱 그 가치가 올랐다.

쉽게 설명해 보자. 예전에는 빌라를 3억 원에 지을 수 있었지만, 시간이 지나면서 그와 비슷한 신축 빌라를 더 이상 3억 원에 지을 수 없는 상황이 된 것이다. 그사이 땅 가격이 더 오르면서 이젠 신축 빌라를 짓는 데 4억 원이 들게 된 것. 이렇게 되면 무슨 일이 벌어지는가? 예전에 지은 빌라보다 새로 지은 빌라가 더 깨끗하긴 하지만, 예전에 지은 빌라도 큰 차이가 없다 보니 자연스럽게 4억 원보다는 약간 못한 3억 5,000만 원 정도로 매매가격이 오른다.

이 같은 이유로, 빌라 가격이 오르고 또 오르는 일이 벌어지는 것이다. 그럼 정리해 보자. 빌라의 매매가격이 오르려면, 특히 신축 빌라의 가격이 오르려면 '뜨는 지역'에 있어야 한다. 그래야만 건물의 감가상각보다 땅의 지가가 더 올라서 신축 빌라의 가치를 끌어올리는 것이다.

여기서 아주 중요한 사항 하나를 더 짚고 넘어가자. 이 '뜨는 지역'이라는 건 어떤 곳을 말하는가? 뜨는 지역을 고르는 것도 굉장히 막연한 일 중 하나다. 투자 초보자의 눈에는 모든 곳에 호재가 있는 것 같고, 모든 곳에서 '대박'을 칠 수 있을 것 같다. 그러니 어떤 지역이 뜨는 지역인지 판단하기가 대단히 힘들다. 내가 말하는 뜨는 지역이란, '1등 혹은 2등 지역 또는 탁월한 입지를 가진 지역'이다. 구체적으로 살펴보자.

1등 혹은 2등 지역이라는 건, 현재 서울에서 가장 주목받는 지역이거나 그다음 지역을 뜻한다. 현재 서울에서 가장 주목받는 지역은 단연코 강남이다. 그다음은? 상황에 따라 달라지긴 하지만 2019년 현재는, 마포구다. 이렇게 1, 2등 지역에 주목하는 것이 좋다. 빌라는 앞서 말했듯 그 자체가 아파트의 대안적 대상이기 때문이다. 충분히 아파트에 들어갈 여건이 되는데 일부러 빌라에 거주하는 사람은 없다. 여건이 되지 않아서 아파트 대신 빌라에 들어가는 사람이라면 어떤 지역의 빌라를 고르겠는가? 당연히 입지적으로 우수하고, 기반 시설도 잘 갖춰져 있고, 직장과 가까운 지역을 선택할 것이다. 이러한 이유로 이 조건에 맞는 지역에 수요가 몰리면서, 결국 건물의 감가상각보다 지가 상승이 더욱 빠르게 일어나는 것이다.

다시 앞의 사례를 생각해 보자. 수많은 빌라를 소유하고도 해외로 도피한 사람의 실패 원인은 바로 '지역'을 잘못 선택했기 때문이다. 1, 2등 지역이 아닌, 그저 투자하기 좋은 대상이 많은 지역, 즉 적은 돈으로 빌라를 소유할 수 있는 지역에서 무턱대고 많은 빌라들을 매수하다 보니, 결국 시장 상황이 조금만 변해도 수요가 받쳐주지 않는 결과를 맞이하게 됐다. 따라서 신축 빌라에 투자하고 싶다면, 철저하게 1, 2등 지역에만 국한해 투자하길 바란다.

두 번째 차이, 수요 대비 공급 두 빌라의 수익을 좌우한 것은 공급이었다. 해외로 도피한 사람이 투자한 지역은 수요에 비해서 공급이 상당히 많았던 곳이다. 사실 투자자 입장에서 이를 정확히 판단하는 건 쉬운 일이 아니다. 하지만 조금만 더 노력하면, 이 역시 어느 정도 가늠할 수 있다. 가장 쉬운 방법은 내가 투자하려고 하는 지역을 돌아다녀 보는 것이다. 현장에 나가 이곳저곳 둘러보는데 '분양'이라고 적힌 현수막이 계속 눈에 띈다면, '위험'하다는 생각을 가져야 한다.

실제 1, 2등 지역의 경우, 아무리 작은 빌라라고 해도 그렇게 쉽게 지어지기 힘들다. 거꾸로 생각해 보면, 금방 이해할 수 있을 것이다. 빌라 건축업자가 빌라를 지으려면 어쨌든 땅을 매입해야 하는데, 땅 주인 입장에서는 옆집이 평당 5,000만 원에 땅을 팔았다면 평당 5,500만 원 정도는 받고 팔고 싶어진다. 그렇다 보니,

뜨는 지역에서는 적당한 가격에 땅을 매입하는 것부터가 굉장히 힘들다. 이러니 공급이 원활히 이뤄질 수 없는 것이다.

반면 1, 2등 지역이 아닌 곳에서는 '신축 빌라 건축'이 오랫동안 집을 팔지 못했던 사람들에게 반가운 소식일 수밖에 없다. 그러니 '이때가 아니면 언제 집을 팔 수 있겠어?'라고 생각하는 땅주인들이 매물을 쏟아내고, 빌라 건축업자들은 그 매물들을 받아내면서 무더기로 신축 빌라가 공급된다.

일단 신축 빌라가 공급되면, 전세 세입자를 들이는 건 그리 어렵지 않다. 새 빌라를 선호하는 세입자는 많기 때문이다. 또 빌라를 매도하려는 업자들이 워낙 적극적으로 세입자를 찾기 때문에 일단 세입자는 구할 수 있다. 바로 여기서 투자자들이 현혹된다. 투자금액도 적게 들고 세입자도 들어와 있으니, 이 같은 상황에서 몇 년만 지나면 투자금을 회수하고도 더 큰돈을 벌 수 있을 것 같은 착각이 들기 때문이다. 실제 이와 같은 현상이 2~3년 정도는 지속될 수 있다. 부동산 상승 시장의 힘이 강할 경우엔 그렇다. 상황이 그렇게 흘러가면 이는 더욱 강한 독약이 된다. 탈출할 기회를 놓치고 오히려 더 많은 투자를 하게 되면서 돌이킬 수 없는 상황에 빠질 수 있다.

따라서 주변 공급을 살피는 것이 매우 중요하다. 일단 빌라 공급이 원활하게 일어나고 있는 상황이라면, 이 지역이 1, 2등 지역이 아닐 가능성이 크다. 그러니 한 걸음 떨어져서 그 지역에 대해 다시 연구하고, 어디가 1, 2등 지역인지 좀 더 꼼꼼히 살펴보자.

‖ 투자 가치 있는 신축 빌라 고르는 팁 ‖

빌라에 투자해 수익을 내려면, 어떤 빌라를 골라야 할까? 앞에서는 큰 테두리 안에서 어떤 빌라를 골라야 할지를 이야기했다면, 이제 디테일을 살펴볼 차례다. 물론, 먼저 큰 그림을 보는 것도 중요하다. 그러나 막상 실전에 나가면 아주 사소한 것 하나 때문에 결정을 내리지 못해 불면의 밤을 보낼 수도 있다. 따라서 이왕이면 마음 편한 투자를 위해서라도 세부적인 상황을 체크해 보길 바란다.

하나, 전세가율이 높은 빌라 먼저, 수익성 측면에서 가치 있는 빌라에 투자하려면 전세가율이 높은 물건을 골라야 한다. 예를 들어, 1, 2등의 지역에 있고 한눈에 봐도 잘 지어진 빌라라는 느낌이 든다고 해도, 가격이 너무 비싸서 투자금이 많이 든다면 투자로서 큰 매력이 없다. 투자에서는 본질적인 특징을 잘 살펴야 하는데, 원래 빌라는 가격 상승 여지가 거의 없는 대상이다. 앞서 지적했듯 희소성이 떨어지기 때문이다. 아파트에 비해 쉽게 지을 수 있는 대상이라 공급이 쉽게 이뤄지다 보니, 까딱 잘못하면 투자자 입장에서 수익성이 전혀 없는 대상이 될 수 있다.

즉, 지가 상승보다 건물의 감가상각이 더 빠르게 일어나거나 비슷하게만 일어나도, 투자의 결과가 만족스럽지 않게 되는 것이다. 이러한 이유로 신축 빌라는 매우 신중하게 골라 투자해야 하는데, '수익성'을 고려한다면, 뭐니 뭐니 해도 싸게 사는 것이 가장 중요하다.

가격이 싼지 비싼지는 어떻게 판단할 수 있을까? 빌라의 가격 수준을 판단하는 것은 생각보다 어렵다. 빌라의 사이즈는 아파트처럼 규격화되어 있지 않기 때문이다. 생각해 보라. 아파트의 경우 1,000세대가 넘는 대단지로 공급된다고 해도, 규격이 일정하다. 전용면적 59㎡ 아니면 84㎡. 요즘은 조금 복잡해져서 74㎡ 정도가 있고, 대형으로 가면 114㎡, 125㎡ 정도다. 이러한 평수를 모두 헤아린다고 해도 몇 개가 되지 않는다. 브랜드가 달라도 규격은 거의 일정한 편이다. 브랜드가 달라도 소형은 59㎡다. 그러니 다른 물건과 가격을 비교하기 편리한 것이다. 그런데 빌라는 그렇지 않다. 빌라는 똑같이 방 2개짜리라고 해도 전용면적 14㎡, 전용면적 13㎡, 18㎡ 등 면적이 다양하다. 일반적으로 서비스로 제공하는 발코니 확장도 그렇다. 아파트는 분양 당시 '확장'이라는 옵션을 선택하면 (요즘은 아주 예외적인 경우를 제외하면 대부분 확장을 선택한다), 그 크기나 레이아웃이 동일하다. 그러나 빌라에서는 확장을 선택할 경우 호수에 따라 확장 면적이 달라진다. 그러니 똑같이 방 2개에 전용면적이 같아도, 확장이 얼마나 되었는지에 따라 가격이 또 달라지는 것이다. 레이아웃도 마찬가지다. 요즘 신축 아파트들은 거의 4베이4bay(건물 기둥과 기둥 사이의 공간으로 발코니 기준으로 빛이 잘 들어오는 공간)로 나오는데, 수천 세대가 입주한다고 해도 평면도는 몇 개 안 된다. 하지만 빌라는 대부분 동서남북 4군데 방향으로 짓다 보니, 레이아웃과 방향까지 복잡해지는 것이다.

이렇게 써놓고 보니, 빌라 투자가 훨씬 어렵게 느껴질지 모르겠다. 그런데 꼭 그렇지도 않다. 이런 디테일이 있긴 하지만, 이런 세부사항 모두를 신경 쓸 필요는 없다. 다양한 차이가 있다고 해서 그 차이만큼 정확하게 시세에 반영되는 건 아니기 때문이다. 즉, 전용 14㎡인지 13㎡인지, 남향인지 북향인지 같은 차이가 가격에 정확하게 반영되는 것도 아니고, 이는 매도할 때나 임대를 놓을 때나 마찬가지다. 큰 차이가 없으니 비슷한 수준으로 매도되거나 임대가 된다. 그러니 과도하게 따질 건 아니지만, 그렇다고 아무렇게나 가격을 지급하고 매수해도 된다는 뜻은 아니다. 어쨌든 싼 가격, 아니 최소한 적절한 금액에 매수해야 하는데, 가격이 적절한지 아닌지 판단할 수 있는 가장 확실한 방법이 바로 전세가율이다. 빌라의 전세가격은 아주 예외적인 경우를 제외하고는 거품이 끼지 않는다. '이 정도 물건이라면, 이 정도 가격을 내고 들어와서 살아도 되겠다'라고 시장에서 합의된 금액이기 때문이다. 그래서 전세가격 대비 매매가격의 수준을 보면, 해당 빌라의 매매가격이 비싼지 싼지 적절한지를 알 수 있다.

그렇다면 전세가율은 어느 정도가 되어야 할까? 투자 목적으로 빌라를 매수하는 경우에는 적어도 전세가율이 85%는 넘어야 한다. 이상적인 건 88% 선이다. 예를 들어, 해당 빌라의 전세가격이 2억 5,000만 원이라면 매매가격은 적어도 2억 9,400만 원

(25,000만 원÷0.85)쯤은 되어야 하는 것이다. 전세가율이 85%가 넘어야 하는 이유는 그 정도는 돼야 4년 후 전세금 상승분만으로 원금을 회수할 가능성이 크기 때문이다.

4년 만에 원금을 회수할 수 있다면, 앞으로도 전세 레버리지용 부동산으로 삼아 계속 보유해도 되고, 매도해서 수익을 실현해도 된다. 즉, 어떤 전략을 취해도 이익이 확정되므로 성공한 투자가 되는 것이다.

게다가 이 전략은 '신축 빌라 투자 전략'이 아닌가? 새 빌라를 이렇게 높은 전세가율로 저렴하게 매수할 수 있다면 충분히 승산이 있다. 여기서 다시, 아파트 투자와 비교해 보자. 신축 아파트의 경우, 전세가율은 보통 부동산 시장 상승기에는 50~60%, 시장 침체기에는 60~70%다. 그만큼 새 아파트의 매매 가치가 높게 인정된다는 뜻이다. 그런데 이런 아파트를 매수해서 전세금 상승분으로 이익을 보기는 매우 어렵다. 회계 차원에서 볼 때, 전세금 상승분이라는 건 결국 내 투자금 중 일부를 회수하는 것에 불과하기 때문이다. 따라서 이익을 보려면 투자금을 '빨리' 회수하는 것이 관건이다. 그래야 그다음부터 바로 이익이 얻는 구조가 되는 것이다. 이러한 이유로 신축 아파트에 투자할 때는 전세금 상승분으로 인한 이익을 기대하기 힘들고 매매가격의 상승을 기대해야 하는데, 이미 가격이 많이 오른 상황이라면 추가적인 상승은 매우 느릴 수 있다. 반면, 빌라는 오히려 매매가격 상승에 대한 기대감이 적고 매수자를 찾는 것도 아파트에 비해 훨씬 어렵다. 그러니 매매가격을 전세가격 대비 너무 높게 책정할 수 없는 것이다. 바로 여기서 우리에게 기회가 발생한다. 신축 빌라를 전세가격 대비 높지 않은 금액에 매수할 수 있다면, 빠른 시일(4년) 이내에 원금을 회수할 가능성이 큰 것이다. 4년 차 정도의 빌라는 새것이라, 임대 수요가 충분히 있기 때문에 4년 후에는 어떤 전략을 써도 된다.

그런데 여기에서 알아둬야 할 게 또 하나 있다. 빌라의 가격이 비싼지 아닌지를 판단하려면 전세가율을 보면 쉽다고 했지만, 이를 이용해 전세금의 수준을 '속이는' 일이 종종 발생한다는 것이다. 빌라의 매매가격과 전세가격 사이, 즉 갭이 적어야만 투자자들이 쉽게 매수에 달려든다는 걸 알고 있는 업자들이, 전세가격을 인위적으로 높게 만드는 것이다. 가장 대표적인 수법은, 주변 중개업자에게 아주 높은 보수를 약속하면서 높은 금액의 전세 임차인을 데려오게 만드는 것이다. 예를 들면, 주변 빌라의 전세가격 시세가 2억 5,000만 원인 경우, 신축 빌라의 프리미엄을 인정하면 비슷한 평수의 신축 빌라의 전세가격은 2억 7,000만 원 정도에 형성될 수 있다. 그런데 그런 신축 빌라의 전세가격이 3억 5,000만 원 정도로 가능하다고 하면, 수상하게 생각해 봐야 한다.

이렇게 무리한 가격에 전세 세입자를 구하려면 중개인이 여러 가지 수단을 동원할 수밖에 없다. 거짓 정보를 흘리거나 리베이트, 전세 보증보험 활용 등 다양한 방법이 있을 것이다. 어찌 됐든 중개인 입장에서는 더 많은 수수료를 얻기 위해서라도 얼마든지

고액의 전세 세입자를 구할 수 있다는 말이다. 이렇게 무리한 전세가격에 세입자를 구한 경우 어떤 일이 벌어질까? 2년이 지나도 추가적인 전세 상승분을 기대할 수 없고, 심지어 2년 전보다 전세 시세가 하락해 전세금을 내줘야 하는 상황까지 발생할 수 있다.

그렇게 되면, 투자의 성과 역시 매우 낮아진다. 따라서 전세가율만 볼 것이 아니라 형성된 전세가격이 적당한 수준인지 시장조사를 통해 알아봐야 한다. 단, 시장조사를 할 때는 너무 세부적인 상황까지 다 볼 필요는 없다. 빌라의 특성상 워낙 경우가 다양해 어떻게 가격을 매겨야 할지 막막하다면, 일단 건축 연수와 방의 개수에 따라 금액이 거의 비슷하게 형성된다고 걸 감안하고, 거기에 입지에 따라 프리미엄과 디스카운트를 적용해 보라. 그런데 사실 이 프리미엄과 디스카운트도 크게 차이가 없다. 어차피 같은 지역 내에서 조사하는 것이므로 가격이 크게 벌어질 만큼의 입지 차이가 존재하지 않기 때문이다. 그럼에도 불구하고, 프리미엄 요소로는 한강 조망권이나 공원 조망권, 초역세권 정도가 있을 수 있고 이에 해당할 경우 좀 더 높은 프리미엄이 붙는다. 또 디스카운트 요소로는 경사가 심한 곳이나 접근하는 도로 사정이 나쁜 곳 등이 해당한다. 그 외에는 입지에 따라 적당한 프리미엄과 디스카운트를 적용하면 된다.

간혹 이런 경우도 있다. 시장 상황에 따라, 너무 오랫동안 빌라 공급이 없어서 전세가격이 급등했을 경우다. 과거로 치자면, 2012~2015년까지가 여기에 해당한다. 이런 때는 단순히 주변 빌라의 시세만 비교해서는 적절한 금액을 판단하기 힘들다. 워낙 빠르게 전세가격이 오르는 시기이기 때문이다. 지나치게 보수적인 잣대로 보면 '정상적인 가격 상승'도 모두 사기처럼 느껴질 수 있다. 그러니 시장의 상황도 염두에 두자. 시장에 공급이 없었고 전세가격이 계속 올라가는 상황이라면, 주변 전세가격 시세보다 많이 높은 가격에 전세가격이 형성되어 있어도 정상적인 수준으로 판단할 수 있다는 말이다.

둘, 초역세권 빌라 만약 투자하려는 빌라가 있는 지역이 1, 2등 지역은 아니라고 해도 그 지역이 탁월한 입지를 갖추고 있다면 투자해 볼 가치가 있다. 탁월한 입지의 가장 대표적인 조건은 초역세권이다. 초역세권은 그 자체로 서울 어디든 이동이 가능하다는 프리미엄을 갖고 있다. 서울권에 전철이 계속 늘어난다고 해도, 역시 초역세권에 속하는 입지는 제한적일 수밖에 없고, 그 주변에 아무리 많은 빌라가 지어진다고 해도 한계가 있다. 즉 희소성을 가질 수 있다는 말이다. 탁월한 편의성과 희소성을 가지고 있으니, 부동산 가격은 오를 수밖에 없다.

해외로 도피해 버린 투자자의 경우도, 그 사람이 소유한 모든 빌라에 역전세난이 발생한 것은 아니었다. 초역세권에 있던 빌라들은 전세가격이 그대로이거나 심지어 약간 오르기까지 했다. 물론 그 사람 입장에서는 그 정도의 이익으로 수백 채에 벌어진 역전세난으로 인한 손실을 감당할 수 없었겠지만, 이런 극단적인 사례에서도 초역세권 부동산의 위력이 어느 정도인지 잘 알 수 있다.

초역세권 빌라라면, 다른 기대감도 가져볼 수 있다. 초역세권은 정부가 고밀도 개발을 권장하고 있는 상황이기 때문이다. 워낙 희소하고 생활이 편리하다 보니, 정부도 여러 가지를 검토해서 되도록이면 고밀도 개발이 가능하도록 땅의 용도를 변경해 주기까지 한다. 그렇게 되면, 2종 주거지역이 3종 주거지역이 되거나 3종 주거지역이 준주거지역이 될 수 있고, 준주거지역이 상업지역이 되는 등 용도가 상향될 가능성이 있다. 용도가 상향되면 아울러 용적률도 늘어난다. 이는 해당 토지에 지을 수 있는 건물의 양이 늘어난다는 뜻이므로, 결국 땅의 가치가 급격하게 올라간다는 것이다. 물론, 용도를 그냥 변경해 주지는 않을 것이다. 일부 기부채납을 요구하거나 어떤 의무 사항을 부여할 수도 있다. 하지만 그렇다고 해도 이러한 호재가 발생하지 않는 것보다 큰 이익을 기대할 수 있다. 개발 사업에 포함될 가능성도 있다. 도시환경정비사업 등에 포함되어 주상복합건물로 변신할 수도 있다는 말이다. 실제 청량리역 주변은 개발 이전에도 빌라 같은 것이 없어 소액으로 투자할 만한 게 없었으나, 초역세권에 대규모 개발이 진행될 수 있다는 것을 보여준 사례다. 또한 용산역 또한 도시환경정비사업을 통해 래미안용산, 더센트럴과 용산푸르지오써밋 등이 들어오며 새로운 모습으로 탈바꿈했다. 물론 이런 모든 기대가 이뤄지지 않는다고 해도, 그 주변이 개발되는 것만으로도 반사이익을 얻을 수 있다. 주변이 개발된다는 것은 그만큼 기반 시설이 늘어난다는 것이므로, 이동의 편리함에 편의 시설까지 더해진다. 그런 면에서 초역세권 빌라는 유력한 투자 대상이다.

셋, 핵심지역의 빌라 만약 서울 신축 빌라의 매매가격이 4억 원이고, 비슷한 조건의 수도권 빌라가 3억 원이라고 해보자. 빌라에서 1억 원의 금액 차이는 크다고 봐야 한다. 이때 투자자의 입장이라면 서울의 빌라를 사야 할까, 수도권의 빌라를 사야 할까? 당연히 서울의 빌라를 사고 싶겠지만, 돈이 모자란 경우에는 수도권 빌라로 눈길을 돌리게 될 것이다. 그런데 이 두 물건의 조건을 좀 더 자세히 들여다보면, 신기한 점을 발견할 수도 있다. 이런 식이다.

	서울 신축 빌라	수도권 신축 빌라
매매가격	4억 원	3억 원
전세가격	3억 5,500만 원	2억 6,000만 원
투자금	4,500만 원	4,000만 원

둘을 비교한 표에서 보듯, 투자금액에 있어서는 500만 원밖에 차이가 나지 않는다. 이런 경우라면 어떨까? 조건이 이러한데도 수도권의 빌라를 사야 할까? 여기에 해당한다면, 누구라도 서울 빌라에 투자해야 한다고 말할 것이다. 그런데 대중은 상황이 이러한데도 수도권의 빌라를 매입한다. 왜? 서울의 빌라 가격을 모

르기 때문이다. 정확히 말하면, 서울의 빌라는 살 때 투자금이 얼마나 드는지 따져보지 않고 그런 결정을 내리고 마는 것이다.

즉, 수도권 빌라를 염두에 두고 있는 사람의 경우, 서울의 빌라는 애초부터 너무 비쌀 것으로 지레짐작해 버린다. 특히 빌라의 특성상 규격화되어 있지 않기에, 매매가격과 전세가격을 정확하게 파악하기 힘들다는 것도 한몫한다. 이러한 이유로, 대중은 '수도권 빌라 가격이 이 정도이니 서울의 빌라라면 훨씬 비싸겠지' 하며 제대로 알아보지도 않고 단념하는 것이다.

그런데 실제 부동산 시장에서 형성되는 금액은 예상과 다를 때가 많다. 서울의 빌라와 수도권의 빌라는 가격에서 차이는 있지만, 실제로 들어가는 투자금에서는 별로 차이가 나지 않는다. 왜 그럴까? 서울의 빌라는 매매가격이 비싼 만큼 전세 보증금도 비싸기 때문이다. 게다가 '빌라'라는 상품 자체가 과도하게 비싸질 수는 없는 한계를 가지고 있다. 빌라가 너무 비싸다면 아파트의 대안 상품으로 자리 잡을 수 있을까? 그렇다 보니 전세가격 대비 매매가격 수준은 대개 비슷한 비율로 형성되어 있는 경우가 많다. 상황이 이런데도 정보의 부족으로, 또 정보 습득이 힘들다는 이유로, 서울 대신 수도권 빌라를 매수하는 투자자들이 많다. 보다 폭넓은 조사가 필요한 이유다.

정리해 보자. 이왕이면 서울이 좋다. 그리고 알아보면 투자금액에 있어 그렇게 큰 차이가 있는 것도 아니다. 따라서 빌라에 투자하고 싶다면, 특히 신축 빌라에 투자할 경우, 예외적인 상황을 지역별 순 인구이동(16.5.~19.5.)

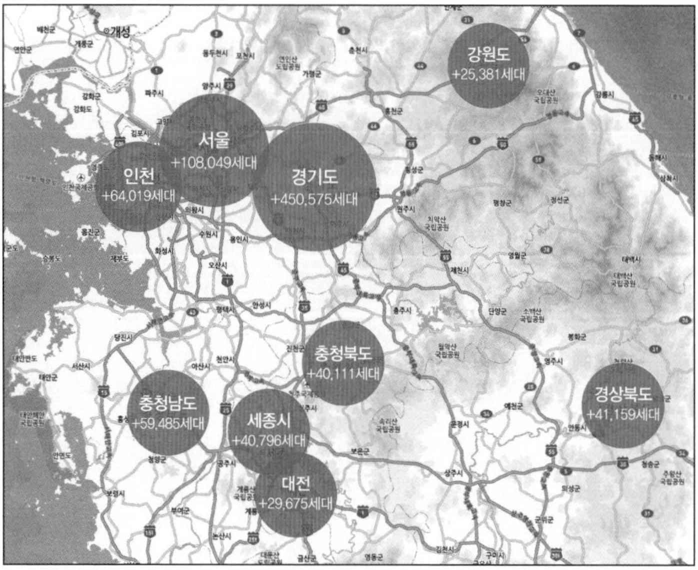

(자료원 : 호갱노노)

제외한다면 서울에서 뜨는 지역의 빌라부터 먼저 보는 게 좋다. 이 방식을 추천하는 가장 큰 이유는 서울이 세입자 수요도 가장 많고 전세금도 가장 많이 오르고, 결국 가장 안전하기 때문이다. 서울의 경우, 앞으로 10년 이상 재개발과 재건축으로 인한 이주 수요가 계속 발생할 것이다. 이 사실 하나만으로도 서울의 수요는 넘친다. 게다가 인구가 늘지 않는 것처럼 보이지만, 여전히 빠르게 세대수가 늘어나고 있는 곳이 서울이다.

2013년 5월~2016년 5월까지, 최근 3년간 세대수의 증가를 보면 경기도에 이어 서울이 전국 2위다. 3위인 인천과의 차이는 거의 2배다. 경기도 세대수의 증가는 서울에서 탈출했다기보다 서울에 근거지를 둔 이들이 조금 저렴한 지역으로 이동한 것으로 보는 것이 합리적이다. 그렇게 보면, 여전히 서울은 수요가 몰리는 곳이다.

또한 빌라가 아파트의 대체재라는 사실을 꼭 염두에 두자. 빌라와 아파트의 가격 차이가 크지 않다면, 대부분의 사람은 웬만하면 아파트를 선택한다. 굳이 빌라를 선택할 필요가 없는 것이다. 서울만큼 수요가 많지 않은 지역에서 빌라가 큰 인기가 없는 이유도 이 때문이다. 그런데 서울은 어떤가? 서울 같은 지역에서는 빌라와 아파트의 가격 차이가 상당히 크다. 그러니 투자 측면에서 빌라를 매입하는 것이 의미가 있을 수 있고, 또 매도할 때도 승산이 있는 것이다. 빌라 투자자의 입장에서 보면, 아파트와 빌라의 가격 차이가 많이 벌어질수록 좋다. 따라서 이왕이면 서울의 빌라를 공략해야 한다.

여기서, 두뇌 회전이 빠른 사람이라면 응용력을 발휘할 수 있을 것이다. 이왕이면 서울이 좋다는 말의 본질을 잘 들여다보면, 그 핵심이 안정적인 수요와 아파트와 빌라의 가격 격차라는 걸 알게 됐을 테다. 이 2가지를 어떻게 응용할 수 있을까?

그렇다. 서울이 아니더라도 지방 핵심 도시에서 아파트와 빌라의 격차가 매우 많이 벌어진 곳, 여러 가지 이유로 갑자기 인구가 증가한 곳, 지속적으로 성장하는 곳, 그렇지만 빌라의 공급은 아주 많지 않은 곳의 신축 빌라라면 승산이 있을 수 있다. 이런 지역의 괜찮은 신축 빌라를 잘만 고르면, 원래의 목표대로 4년 만에 원금을 회수할 가능성이 크다.

사실 2017년~2019년까지 서울을 제외하고는 사실상 투자 가치 있는 신규 빌라가 있는 지역이 거의 없었다. 동탄2신도시의 영향으로, 서울 남부권 일대는 아파트에서 역전세난이 일어났다. 그러나 늘 이렇게 공급 물량이 과도할 때만 있는 건 아니다. 그러니 언제 물량이 없어지는지, 그때를 주시하고 있을 필요가 있다.

넷, 최대한 저렴하게 매입 빌라 투자를 하기로 결심한 당신이 임장을 나가 여러 빌라들을 살펴본 후, 한 빌라가 마음에 쏙 들었다. 그렇다면, 그 빌라를 절대로 제 가격에 사선 안 된다. 일단 최대한으로 깎을 수 있을 만큼 가격을 깎아라.

빌라 자체가 규격화되지 않은 상품이듯, 가격도 딱히 정해진 것이 없다. 또한 대개는 개인 사업자가 지어서 판매하므로(법인이라고 해도, 결국 개인 법인 같은 개념이다), 빌라 가격은 그야말로 정하기 나름이다. 빌라 건설업자가 욕심을 좀 덜 내면 싸게 파는 것이고, 욕심을 좀 더 내면 비싸게 파는 식이다. 빌라 업자의 속사정을 살펴보면 이렇다. 그는 빌라를 싸게 팔아 그만큼 판매되는 시간을 절약해 이자와 마케팅 비용, 인건비 등을 절약하는 게 나을지, 비싸게 팔아 많은 이익을 남겨 여러 가지 비용을 메우는 게 나을지를 결정해야 하는 것이다. 한마디로 업자 마음이다. 심지어

업자는 이전 현장에서는 저가 전략을 쓰다가 이번 현장에서는 고가 전략을 쓰는 등 상황에 따라 다른 전략을 쓰기도 한다.

반면 아파트의 경우 이미 브랜드가 있고 규격화되어 있으므로 건설사 입장에서 조금만 비싸게 분양해도 소비자들의 온갖 불만과 비난을 감수해야 한다. 그러니 건설사 마음대로 정할 수 없다. 유사 조건의 아파트 가격이 모조리 비교된다.

하지만 빌라는 그렇지 않다. 특정 빌라의 적정 가격을 아는 사람도 없고, 대중적으로 관심도 크지 않다. 이렇다 보니 빌라 가격은 업자 마음대로 책정되는 것이다. 때로는 상당히 많은 금액이 이익으로 계산되었을 수 있고, 그만큼 업자나 마케팅 담당자에게 가격에 관한 재량권이 주어져 있을 가능성도 크다. 그렇기 때문에 일단 깎고 보는 것이다. 그런 전략이 통하면 가장 좋고, 아니라고 해도 무언가 다른 혜택이라도 얻을 수 있다.

그럼 어떻게 깎을 것인가? 깎는 것도 깎아본 사람들이 잘한다. 항상 물건을 정가대로 사는 사람이라면 깎기도 힘들다. 방법도 다양하다. 하소연을 할 수도, 조를 수도, 협박할 수도 있다. 그런데 사실 업자들과는 말을 많이 하면 할수록 불리해진다. 보통은 업자들의 술수에 말려들기 쉽다. 그들은 이미 관련된 교육을 모두 받은 사람들이기 때문이다. 예상되는 질문과 트집 들을 이미 파악하고 있기에 그에 대처하는 방법까지 미리 준비한다. 그리고 수십 번에 걸쳐 연습까지 한다. 당연히 상대가 되질 않는다. 말을 할수록 '내가 억지를 부리고 있구나' 하는 느낌이 들면서 결국 업자가 제시한 수준에서 가격을 결정하거나, 심지어는 가격 협상을 하다가 말려들어 별로 원하지 않았던 물건을 덜컥 매입하게 되기도 한다.

그럼 어떻게 해야 할까? 가격을 깎을 때는 아주 단순한 방법을 쓰는 것이 좋다. 우선, 2가지 경우로 나눈다. 첫 번째는 해당 빌라의 전세가격이 적절하게 책정된 데 비해 매매가격이 너무 높은 경우다. 이때는 가격을 과감하게 깎아서 불러야 한다. 매수하기에 적절해 보이는 매매가격을 제시하는 것이다. 그런데 그 차이가 너무 크면 거래가 성사되기 쉽지 않다. 하지만 이때도 이를 기억하라. 빌라 투자의 경우, 꼭 '그 빌라'를 사지 않아도 된다는 것. 빌라는 적절한 가격에 사는 게 중요하지 반드시 거기에 있는 그 빌라를 사야 하는 건 아니다. 빌라 투자를 통해 이익을 얻으려면 결국 전세가율이 높아야 한다는 걸 잊지 말자. 빌라는 아파트와 다르다는 걸 명심하면서, 거래가 안 될 각오를 무릅쓰고 과감한 가격을 부르자. 당신의 제안이 받아들여지지 않을 수 있다. 빌라 업자 입장에서 제안을 받아들일 이유가 없을 수도 있다. 굳이 '투자자'에게 판매하지 않아도 충분히 판매할 수 있다고 보일 때는 협상에 응할 이유가 없는 것이다. 그렇다면 투자자로서 그 물건을 포기하면 그만이다. 업자가 충분한 이익을 얻을 수 있다는 판단이 서는 금액까지 깎아주면 매수하고, 아니면 다른 매물을 찾는 것이 현명하다.

앞서 설명했듯, 빌라는 공급이 쉬운 대상이다. 그러니 아파트를 매입할 때처럼 조급해할 필요가 없다. '이거 아니면 안 되는 빌라'는 없다. 조급함을 버리고 좀 더 배짱 있고 여유롭게 투자에 접근하라.

두 번째 경우는, 전세가격 대비 매매가격이 적절할 때다. 이때는 업자에게 몇십만 원에서 몇백만 원 정도의 할인을 요구한다. 너무 무리하게 조르지 않는 게 좋다. 많이 깎아주면 매입하는 입장에서 좋긴 하지만, 업자에 따라 정말 양심적으로 거의 이익을 붙이지 않고 판매하는 경우도 있고, 심지어 다른 빌라에서 이미 이익을 충분히 남겨서 '떨이'로 거의 원가 수준 또는 그 이하로도 빌라를 판매하는 경우도 있다. 여기에 해당한다면, 몇백만 원의 할인에 너무 연연하지 말고 그냥 '한번 던져보는 수준'에서 부르는 것이 좋다. 이때는 계약을 성사시키는 것이 가장 중요하므로, 몇백만 원 또는 몇십만 원을 깎으려다 물건을 놓치는 우를 범하지 말자.

실례를 하나 들자면, 내 경우 빌라 투자 시 1~2채가 아닌 최소 5채 이상을 매입한다. 나뿐 아니라 구입 의사가 있는 회원들과 공동으로 구매할 때가 있기 때문이다. 덕분에 '구매 파워'가 있어서 대개는 가격 협상 시 상당한 할인을 요구하는데, 한번은 상품권 10만 원에 협상을 마무리 지은 적도 있다. 그만큼 업자가 이익을 적게 남기는 경우이었기에, 상당한 할인을 요구하지 않아도 충분히 괜찮은 수익을 기대할 수 있는 물건이라 확신했다. 결국 해당 빌라는 2년 만에 원금 회수는 물론 훨씬 많은 수익을 안겨주었다.

만약 매입 당시 할인에 목매다가 물건을 놓쳤다면, 그야말로 몇백만 원 벌려다가 몇천만 원을 날린 꼴이 됐을 것이다.

정리해 보자. 최대한 가격을 깎아 저렴하게 매수하라는 건, 빌라의 '전세가격 대비 매매가격'의 수준이 적당한 금액에 매수하라는 것이다. 이 기준에 적합하다면 투자 수익은 어느 정도 보장받은 것이나 마찬가지다. 이 본질을 염두에 두고, 융통성 있게 대처하자.

다섯, 시야가 막히지 않은 빌라 아파트의 로열동과 로열층은 어떤 기준으로 나뉘는가? 아무리 부동산에 관한 지식이 없는 사람이라고 해도 '남향'이 좋다는 정도는 알 것이다. 태양은 동쪽에서 떠올라 남쪽을 향하여 움직이다 서쪽으로 지므로 남향 아파트는 온종일 해가 들어온다. 게다가 여름에는 해가 짧게 들어오니 덜 덥고, 겨울에는 해가 집 안 깊숙이 들어와 따뜻하다. 그러니 많은 사람들이 선호하는 남향 아파트가 로열동이 된다.

또한 로열층도 선호도로 갈린다. 대다수의 사람들이 고층을 더 선호하는 것도 햇빛 때문이다. 남향 아파트라고 해도 저층일 경우에는 주변 건물에 가려져 그림자 때문에 빛이 잘 들어오지 않을 수 있다. 그러니 남향의 고층 아파트가 로열동 로열층이 되는 것이다.

그렇다면 빌라는 어떨까? 빌라도 남향에 고층을 노려야 할까? 그럴 수만 있으면 좋다. 하지만 빌라의 경우 이 조건에 해당하는 물건이 매우 드물다. 빌라는 건물이 지어지는 땅의 특성상 다양한 방향으로 지어질 수밖에 없고 옆 건물과의 거리 같은 문제가 있어, 남향에 고층 물건이 거의 나오기 힘들다고 봐야 한다. 그렇다면 빌라에서는 어떤 조건을 갖춘 것을 로열이라 할 수 있을까? 빌라의 로열은 '시선이 막혀 있지 않은 호수'다. 예를 들어, 남향인데 바로 옆 건물이 가까이 붙어 있는 경우와 북향인데 앞이 주차장이라서 시선이 트여 있는 경우라면 후자가 더 낫다. 일단 시야가 막히지만 않으면, 남향만큼 빛이 잘 들어오지는 않아도 집 안이 훤하다. 게다가 그렇게 시선이 트여 있는 빌라는 상대적으로 드물기 때문에 이에 해당하는 호수에 먼저 관심을 가지면 된다.

이 정도라면 시야가 막히지 않은 로열 호수로 볼 수 있다.

거실에서 보이는 시야가 이 정도라면, 시야가 막혀 있다고 본다.

단, 시야가 답답하게 막히지 않은 빌라를 우선적으로 선택하라고 해서 거실과 모든 방 창문에서 내다보는 시야가 트여 있는 걸 찾으려고 해선 안 된다. 그러다가는 아예 빌라 투자를 하지 못할 수도 있다. 시야가 막히지 않았다는 건 거실에서 볼 때의 기준이며 나머지는 보너스 정도로 생각하는 게 좋다. 즉, 다른 방 창문 앞까지 막히지 않았다면 고마운 것이고, 거실에서 보는 시야만 트여 있어도 괜찮다고 볼 수 있다.

여섯, 기능상 문제가 없는 빌라 신축 빌라 현장을 다니다 보면, 새 빌라를 고르는 것이 신규 분양 아파트 모델하우스를 보며 새 아파트를 고르는 것보다 쉽다는 것을 알 수 있다. 신축 빌라는 모두 실제 물건이고 실제 건물이다. 그렇다 보니 실제 거주할 경우 어떤 문제가 생길지 꼼꼼히 모든 것을 살필 수 있다. 향은 물론이거니와 실제 창밖에 무엇이 있는지, 주변 환경이 어떤지도 볼 수 있고, 소음 수준이나 사생활 침해 정도도 가늠할 수 있다.

다만, 신축 빌라 분양 시 '구경하는 집'을 너무 예쁘게 꾸며놓다 보니, 자칫 기능상의 문제를 간과할 수 있다. 예를 들어, 욕실 문을 열었더니 바로 옆에 샤워기가 있는 경우 실제 샤워를 할 때는 물이 욕실 문에 모조리 튈 수밖에 없다. 또 변기와 벽 사이가 너무 좁아서 용변 후 뒤처리를 하기가 곤란한 경우도 있고 주방에 냉장고를 놓으면 싱크대 문이 열리지 않는 경우도 생긴다.

이처럼 기능상의 문제는 대개 욕실과 주방에서 일어날 수 있으니 특별히 이 부분을 꼼꼼히 체크할 필요가 있다. 다만 기능상의 문제를 해당 빌라의 매수 결정에 결정적인 요소로 삼을 필요는 없다. 이러한 문제는 수리를 하거나 교체하면 해결할 수 있기 때문이다. 건설업체 측에 하자 해결을 요청할 수 있고 오히려 이 기능상의 문제를 빌미로 가격 협상을 유리하게 할 수도 있다.

인테리어도 마찬가지다. 빌라를 처음 볼 때는 인테리어 수준이 좋은지 나쁜지 감을 잡기 힘들지만 돌아다니다 보면, 자연스럽게 이를 보는 감각도 생긴다. 빌라를 짓는 데 들어간 자재가 좋은지 나쁜지, 시공이 꼼꼼한지 아닌지도 알 수 있다. 하지만 앞서 말했듯 이러한 조건들을 매수 결정에 주요한 요소로 삼지 말자. 인테리어는 그저 플러스 마이너스 요소일 뿐이다. 즉, 빌라의 가치를 조금 더 올리거나 조금 낮출 뿐이다.

한번 계산해 보자. 아주 좋은 입지에 신축 빌라가 나왔다고 하자. 초역세권인 데다 주변에 기반 시설도 잘 갖춰져 있다. 무엇보다 가격이 주변 가격과 비슷한데, 입지적 장점을 따질 때 약 3,000만 원 이상 싸게 나온 것 같다. 그런데 인테리어가 너무 별로다. 꼼꼼히 살펴보니 싱크대만 교체해도 많이 좋아질 것 같다. 이런 상황이라면 싱크대 교체 비용을 계산해 볼 필요가 있다. 대개 투룸 기준으로 100만~150만 원 정도면 된다. 이 정도 비용을 계산에 넣는다고 해도, 2,500만 원 이상 저렴하게 매입하는 셈이다. 그렇다면 투자하기에 충분히 매력적이지 않은가.

이렇게 계산할 줄 알아야 한다. 인테리어를 보는 감각이나 기능상 문제 여부를 체크하는 능력을 갖추려는 노력도 필요하지만, 이것이 매수 결정을 좌우하진 않는다. 다만 이로 인한 마이너스 요인이 얼마나 되는지 계산할 수 있는 수준에 도달해야 한다. 그것이 어렵다면 본인이 투자자가 아닌 해당 빌라에 거주하려는 세입자라고 생각해 보라. 실제 거주하려는 입장이라면 가장 먼저 무엇을 보겠는가? 역시 입지다. 그리고 깨끗한지 아닌지를 본다. 그다음에는 인테리어, 기능상 문제 여부를 따져볼 것이다. 그러다가 치명적인 하자가 없거나 또 개선의 여지가 있다면, 계약할 가능성이 크다.

일곱, 옆집에 건축될 소지가 없는 빌라 앞서 이야기했듯, 투자 대상으로서 빌라를 볼 때는 방향보다는 거실에서 보는 시야가

해당 빌라의 경우 거실 창 앞으로 시야가 확보되어 트여 있는 것처럼 보이지만, 자세히 보면 구옥의 지붕이 보인다. 머지않은 미래에, 비슷한 형태의 건물이 지어질 가능성도 예상해야 한다.

막힌 데 없이 트여 있어서 빛이 충분히 들어오고 옆집과 사생활 침해 문제가 없는지가 중요하다. 사실 이런 조건에 해당하는 빌라를 찾는 것까지는 어렵지 않게 해낸다. 문제는 현시점이 아닌 앞으로, 바로 옆집에 새로운 건물이 들어올 소지가 있는지도 체크해 봐야 하는데, 초보 투자자들은 이를 잘 놓치곤 한다. 사진을 보자.

옆집에 새 건물이 지어진다면 어떻겠는가? 가까운 옆집이라 해당 빌라와 거의 유사한 규제를 받아 건축 허가가 떨어지면 매우 유사하게 지어질 가능성이 크다. 그러니 당연히 거실 쪽 창이 완전히 가려질 것으로 봐야 한다. 이러한 이유로, 해당 빌라 옆집이 낮은 구옥으로 남아 있어 전망이 트여있는 곳이라면, 주의해야 한다.

그런데 빌라 옆에 새로운 건물이 지어질지 아닐지는 어떻게 알 수 있을까? 무작정 옆집에 찾아가서 물어봐야 할까? 중개인이나 주변 건축 사무소라도 찾아가서 물어야 할까? 그럴 필요가 없다. 그냥 옆집이 구옥이라면 앞으로 새로 건축이 될 것으로 예상하자. 빌라는 아파트와 달리 완공되는 데 오랜 기간이 소요되지 않다. 일반적인 건축 기간이 3개월이다. 따라서 당장은 아무런 계획이 없다고 해도 어느 날 갑자기 건설업자에게 매도되면 그날로부터 몇 개월 안에 신축 빌라가 올라올 수 있다.

그러니 처음부터 이를 감안하는 게 좋다. 간혹 옆에 새로 건물이 들어올 소지가 전혀 없는 곳도 있다. 이를테면, 해당 빌라가 있

해당 빌라의 경우, 거실 창에서 확인할 수 있듯 지대가 높은 곳에 건설되어, 아무리 옆집에 새로운 건물이 들어온다고 해도 시야를 가리게 될 가능성이 없다고 봐야 한다.

는 곳의 지대가 높아서 옆집이 새로 지어져도 높이가 그만큼 올라올 수 없는 상황이라든지, 옆집의 토지 형태가 너무 좁아서 주변 집과 합의를 해야만 건축할 수 있는데 이미 그 집은 건축을 끝냈다든지, 바로 옆집인데도 상권의 차이가 있어서 상가로 두는 것이 훨씬 유리하기에 빌라로 지어질 가능성이 없다든지 하는 경우다. 여기게 해당한다면 옆집에 새 건물이 들어올 가능성이 희박하다고 판단하고 전망이 트여 있는 호수의 빌라를 선택해도 좋다.

사전에 이러한 사항을 점검하지 않은 채, '탁 트인 전망'이란 홍보 문구에만 현혹돼 프리미엄을 주고 매입하면 낭패를 볼 수 있으니, 유념하자.

여덟, 가까이에 혐오 시설이 없는 빌라 어떤 주거 환경이든 가까이에 혐오 시설이 있으면 좋을 리 없다. 당연히 부동산의 가격이 오르지 않을 뿐만 아니라, 오히려 세월이 지날수록 가격이 떨어질 수 있다. 따라서 빌라를 매수하기 전, 주변에 혐오 시설이 있는지를 꼭 체크해야 한다. 일반적으로, 혐오 시설이라고 하면 대개 장례식장, 묘지, 쓰레기 소각장, 대규모 발전소 등을 말한다. 사실 빌라의 경우 아파트 같은 대단지도 아니고, 주택 지역 사이에 위치하므로 이 같은 혐오 시설이 가까이 있는 경우는 별로 없다. 그렇다면 안심해도 될까? 빌라의 경우 특별히 체크해야 할 혐오 시설이 있다.

바로 고압선이다. 태어나는 신생아는 줄고 인간의 수명은 점점 길어져 건강에 대한 관심이 더욱 커져가는 요즘, 고압선과 밀접하게 연관된 빌라는 선호도에서 밀릴 수밖에 없다. 아파트는 대개 대규모로 짓다 보니 전선을 모두 땅 밑에 매설해 크게 눈에 띄지 않는다. 그러나 빌라 건축 시 고압선은 대부분 처리하기 힘든 요소가 된다. 지금도 빌라나 단독주택이 늘어선 골목을 지나다 보면 아주 어지럽고 복잡하게 얽혀 있는 전선들을 쉽게 볼 수 있다. 심지어 이 같은 전선 때문에 소방차나 이삿짐 차량이 지나지 못하는 일도 생긴다. 이러한 전선은 사회가 복잡해지면서 더욱 골치 아픈 문제가 되었는데, 쉽게 해결될 기미가 보이지 않는다. 일단 전선이 복잡하게 얽혀 있는 문제까지는 어떻게 할 수 없지만, 가급적 고압선이 지나는 위치와 너무 가까이 있는 빌라는 피

주택가로 지나는 고압선의 경우 특별히 '노란색'으로 표시가 되어 있다. 창문을 열었을 때 바로 고압선이 지나간다든가 변압기가 바로 앞에 위치해 있다면 피하는 것이 좋다.

하는 것이 좋다.

고압선이 지나는 빌라라면 무조건 투자 대상에서 제외하라는 말인가? 꼭 그런 건 아니다. 고압선이 지난다는 이유 하나만으로 피한다면 웬만한 빌라를 매수하기 힘들다. 주택가에는 고압선 지나는 일이 흔하기 때문이다. 그러니 고압선이 지나는 자리가 좀 떨어져 있어 굳이 관심을 가지지 않으면 보이지 않는 위치에 있다면 그렇게 염려할 필요는 없다.

물론, 고압선은 주택가 한두 군데의 문제가 아니라 상당히 광범위한 영역에 걸쳐 있는 문제다. 따라서 국가적인 차원에서 나서서 대대적인 정비를 하게 될 가능성도 없지 않다. 그러나 막연한 기대에 희망을 걸기보다는 개인적 차원에서 피할 수 있다면 피하는 게 좋겠다.

2개 동 이상으로 건축된 단지형 빌라도 종종 등장하고 있다. 1동짜리 단독 빌라에 비해 주거 환경의 쾌적성이 좋고, 노출 면에서 유리하다.

아홉, 단지형 빌라 아파트의 경우, 대개 1,000세대가 넘는 단지를 대단지라고 말한다. 또 대다수의 사람이 대단지 아파트를 선호한다. 그만큼 주거 환경 면에서 쾌적하기 때문이다. 그럼 빌라는 어떨까? 빌라는 단독으로 1개씩 지어지는 게 일반적인데, 요즘은 단지형으로 건축되는 빌라도 있다. 여기에 해당하는 빌라라면 유심히 살펴볼 필요가 있다.

한마디로, 프리미엄을 인정해 줄만 하다는 뜻이다. 대단지 아파트가 왜 좋은가? 여러 가지 장점이 있지만, 그중 하나는 대단지는 쉽게 건축되기 어렵기 때문이다. 대단지를 구성하려면 넓은 땅이 있어야 하고, 넓은 땅을 확보하려면 수많은 사람의 협의가 필요하다. 넓은 땅을 확보하는 것은 쉬운 일이 아니다. 빌라도 마찬가지다. 1개 동을 짓는 데도 경우에 따라 수많은 협상이 필요한데, 2개 동 이상의 단지로 구성하려면 주택 몇 채를 사서 지어야 하므로, 여러 사람의 토지를 동시에 매수하는 데 얼마나 많은 시간과 노력이 들어가겠는가? 그런데도, 요즘 단지형 빌라들이 종종 나오는 것은 몇 년간 이어진 부동산 호황으로 자금을 축적한 빌라 전문 중형 시행사들이 많이 생겨났기 때문이다. 이들은 탁월한 자금력과 협상력을 발휘해 넓은 땅을 구입하는가 하면, 미리 땅을 사두고 천천히 주변 땅을 사들이며 다음 프로젝트를 진행할 여유를 가지게 되었다. 덕분에 3~4동짜리 단지형 빌라가 속속 등장했다.

그런데 언제나 그렇지만, '처음'이라는 것에 대중은 모두 어리둥절해진다. 단지형 빌라가 어느 정도의 가치를 지녔는지, 어느 정도의 가격을 책정하는 게 적절할지 잘 모르는 것이다. 단지형 빌라가 등장한 지 얼마 되지 않았기에 아직까지는 시장에서 그 가치를 제대로 인정받지 못하고 있다. 이 때문에 단지형 빌라를 적극적으로 공략해 볼 필요가 있다.

예를 들어, 입지적 조건이 거의 비슷한 2개의 빌라가 있는데, 1동짜리 빌라가 3억 원이고 단지형 빌라가 3억 500만 원이라고 한다면, 단지형 빌라를 사는 것이 낫다. 500만 원이라는 차이는 세월이 흐르고 난 뒤 훨씬 더 크게 벌어질 가능성이 크다. 그러니 단지형 빌라라면 앞서 말한 조건들을 유심히 체크한 뒤 약간의 프리미엄은 과감하게 인정하자.

열, 완벽한 빌라는 없다, 가격이 관건 투자 가치 있는 빌라를 고르는 법을 읽다 보니 어떤 생각이 드는가? 오히려 선뜻 빌라를 고르기가 더 힘들어지진 않았는가? 이것저것 따지다 보면 매수할 빌라가 없을 것 같은가? 오해하지 말자. 앞서 이야기한 조건을 모두 충족하는 빌라에 투자하라는 건 아니다. 흠이 있다면 그 흠을 감안해 할인한 가격에 매수할 수 있는지 따져서 고르면 된다. 예를 들어, 거실 창 쪽으로 시야가 트여 있는 빌라가 가장 좋지만, 혹여 그렇지 않아도 입지가 괜찮고 가격이 충분히 싸다면 매수해 볼만 하다. 즉, 해당 빌라의 문제점을 가격과 함께 고려하라는 것이다. 이때도 세입자의 입장에서 생각해 보면 쉽다. 물론 세입자도 직접 들어가서 살 것이기에 당연히 모든 조건을 갖춘 좋은 빌라를 선호할 것이다. 그런데 다소 생활에 불편하긴 하지만 전세가격이 현저하게 싼 빌라라면 어떨까? 일단 저렴하기에 작은 불편 정도는 감수할 수 있다. 물론, 사람마다 차이는 있다. 다른 건 다 참아도 어두운 것은 못 참는 사람이 있는가 하면 추운 것을 못 참는 사람도 있고, 추운 건 참아도 더운 것은 도저히 못 참는 사람도 있다. 또 어떤 사람은 다른 건 다 상관 없는데, 전철역만큼은 가까이에 있어야 한다고 말한다. 이는 그 반대도 존재할 수 있다는 뜻이다. 즉 어떤 사람들은 '그 정도의 불편은 감수할 수 있어'라고 생각할 수 있다. 이 정도의 마음을 갖게 하는 건 결국, 가격이란 말이다. 이러한 이유로 투자자는 일단 충분히 저렴한 금액에 빌라를 매수할 수만 있다면, 가격 면에서 메리트를 제공해 세입자를 구할 수 있고, 이를 통해 충분한 수익을 만들어 낼 수 있다.

이때 중요한 것이, 빌라를 매수할 시 가격 디스카운트 요건과 프리미엄 요건이 되는 것들이 무엇인지 아는 것이며, 또 어느 정도의 디스카운트을 요청하고 어느 정도의 프리미엄을 인정해야 하는지 아는 것이다. 이 사소한 차이가 나중에는 매우 큰 차이를 만들기 때문이다.

예를 들어, A라는 사람과 B라는 사람이 투자를 위해 신축 빌라 임장을 나갔다. 입지도 괜찮고 시야도 트여 있어 괜찮은 편인데 주변 시세보다 3,000만 원도 저렴했다. 다만 이미 많은 빌라를 본 후라, 둘 다 단번에 빌라 건축에 싸구려 자재를 썼다는 것을 알아챘다. A는 이를 이유로 해당 빌라를 투자 선택지에서 제외시켰다. 그런데 B는 자신이 매수해서 내장재를 싹 바꿀 경우 비용이 1,500만 원 정도 든다는 걸 계산해 보고, 싸게 나온 만큼 과감하게 매수하리라 결심했다. 누가 승자인가? B다. 결국 무엇이 문제인지 알아채는 것만이 실력은 아니다. 문제를 가치와 연결지어, 이를 가격 디스카운트와 프리미엄으로 반영할 줄 알아야 투자자로서 눈을 뜬 것이며, 투자자로서 자질을 갖추기 시작한 것이다.

열하나, 떨이 빌라 '떨이 항공권'이라는 게 있다. 출발일이 가까운데 팔리지 않아 매우 싼 가격에 나오는 항공권을 말한다. 대개는 출발일 바로 전일에 나오는 항공권이 진짜 떨이 항공권이다. 항공사가 예비용으로 잡아둔 표가 끝까지 판매되지 않았다든지, 여행사가 탑승 인원을 못 채웠다든지, 그것도 아니면 갑자기 해약되면서 나온 표라 정상적인 가격에 팔기 힘들어 잽싸게 소진하기 위해 저렴한 가격에 판매하는 것이다.

빌라에는 이런 떨이 물건이 없을까? 당연히 있다. 떨이 항공권도 그렇지만 떨이로 나왔음에도 특별히 문제될 게 없는 정상적인 빌라도 있다. 사실 떨이 물건이라고 하면서도 실제로는 아닌 경우가 많기에 주의가 필요하지만, 일단 떨이 빌라를 잡기만 하면 매우 좋은 수익을 기대할 수 있기에 관심을 가져보자.

빌라에서 떨이 물건이 나오는 과정도 다른 것들과 비슷하다. 분양 기간 내에 모두 팔 수 있을 거라 확신했는데 예상과 빗나가게 되니, 가격을 파격적으로 낮춰 파는 것이다. 이런 물건들은 그 이름에서 알 수 있듯 '잘 안 팔리는 물건'이다. 다시 말해, 이런저런 하자가 있을 가능성이 크다. 그러니 아주 저렴하게 매수하지 않으면 오히려 위험할 수 있다. 이때 중요한 건 일단 무조건 싸게 매수해야 한다는 것이고, 그 하자가 치명적인 건 아니어야 한다는 것이다. 예를 들어, 거실 창 쪽으로 시야가 막혀 있다고 해도 대부분 빌라는 각도에 따라 약간 트여 있어서 어느 정도 빛이 들어온다. 그런데 어떤 빌라는 정말로 앞이 완전히 막혀 있어서 조금만 손을 뻗으면 옆집 빌라가 닿을 정도다. 여기에 해당한다면 아무리 싼 가격에 매수해도 세입자를 구하기 힘들다. 따라서 하자의 정도와 가격을 아주 면밀하게 따져봐야 한다.

간혹 큰 하자가 없는데도 싼 가격에 나온 A급 떨이 물건도 만

날 수 있다. 이때는 신축 빌라를 분양하는 팀에서 다른 더 좋은 현장을 맡게 되었다든지, 이미 다른 호수를 통해 충분한 수익을 얻었다든지 해서, 손해를 감수하고라도 빨리 팔려고 하는 경우일 수 있다. 그렇게 싸게 팔아도 이미 얻은 이익 때문에 손해가 아니거나 이득이라면, 그렇게 파격적인 가격에 판매해 버리는 것이다. 또 이런 경우일 수도 있다. 분양 팀은 대개 건축주와 분양 완료 시기를 약속한다. 분양 완료 시기를 맞추면 수수료를 얼마 더 받는다든지 하는 계약을 하는데, 시기를 지켜서 받을 수 있는 수수료가 매수자에게 깎아주는 가격보다 큰 경우, 과감하게 매도하는 것이다.

이와 같은 이유로 떨이 물건이라고 반드시 치명적인 하자가 있는 건 아닐 수 있으니 잘 살펴보자. 다만 A급 떨이 물건을 알아볼 정도로 눈이 뜨이려면 상당한 시간이 소요된다. 운 좋게 이런 물건을 만나게 되는 경우도 있지만, 사실은 인맥을 통해 만나는 경우가 흔하다. A급 떨이 물건의 정보는 한 번이라도 거래했던 사람에게 오는 경우가 많기 때문이다. 분양업자의 입장에서는 빠른 시간 내에 판매를 마무리 지어야 하니 이미 그 빌라의 가치를 알고 있는 사람에게 파는 게 효율적인 것이다. 따라서 이 같은 떨이 물건을 잡으려면, 일단 여러 번의 거래를 통해 괜찮은 업자들을 만나 인맥을 쌓는 시간이 필요하다. 일단 이를 위해 시간과 돈을 투자하다 보면, 그다음부터는 좀 더 큰 이익을 얻을 수 있는 기회가 더 자주 더 많이 찾아온다.

단, 언제나 그렇지만 흥분은 금물이다. 세상은 정글과 같아서 틈만 나면 나를 먹잇감으로 삼으려는 맹수들이 우글거린다. 당신이 서둘러서 부자가 되고 싶다는 욕심을 드러내면 맹수들의 타깃이 될 가능성이 크다. 따라서 시간을 두고 천천히, 빌라의 가치를 보는 시각을 높이고 분석력도 키우면서 인맥을 쌓아라. 그러다 보면 어느새가 자연스럽게 A급 떨이 물건을 잡을 기회가 올 것이다. 그리고 그때, 그 기회를 놓치지 않고 잡으면 된다.

02 뜨는 지역의 낡은 빌라

낡은 빌라를 매수하는 부동산 투자법은 한때 크게 유행했다. 사실, 낡은 빌라의 투자 가치를 가장 먼저 발견한(?) 사람은 '김사부'라고 자부하고 있다. 낡은 빌라가 투자할 가치가 있음을 이미 알고 있는 사람이 있었을 수 있지만, 이 사실을 널리 공개적으로 알린 사람은 내가 최초였을 것이다. 2000년대 초반까지는 낡은 빌라가 투자 가치가 있다고 생각하기 힘들었기 때문이다.

당시에도 낡은 빌라를 사는 사람은 있었다. 다만 그들 대부분은 남들이 거들떠보지 않는 오래된 빌라를 산 뒤 깨끗하게 수리해 매도하거나, 경매 등을 통해 싸게 매입한 뒤 제 가격에 되파는 형태로 투자했다. 하지만 나는 낡은 빌라를 보유하고 있기만 해도 큰 수익이 될 수 있다는 개념을 처음으로 알렸다.

낡은 빌라가 투자 대상이 될 수 있는 가장 큰 이유는, 빌라가 깔고 앉아 있는 대지의 크기와 이것이 다시 개발되는 '재개발' 때문이다. 소유한 빌라가 재개발 구역에 속하게 되면, 그때부터는 그곳에 지어질 주택을 분양받을 자격이 주어지는데, 땅 가격을 기준으로 감정이 된다. 이때 분양 자격이라는 것에 프리미엄이 붙으면서 갑자기 가격이 폭등하는 경우가 발생하는 것이다.

문제는, 이런 투자법이 이제는 너무 많이 알려졌다는 것이다. 그래서 아무리 낡은 빌라라고 해도 매매가격이 그리 저렴하지 않고 너무 낡고 오래된 탓에 전세가격이 낮아서, 투자로 접근하자니 투자금이 많이 든다. 심지어는 수시로 수리할 일도 발생해 이익을 보기도 전에 지치는 경우가 허다하다.

조금 낙후된 지역의 빌라 같은 경우, 재개발 추진위원회가 만들어진다는 말만 나와도 가격이 급등하는 현상이 벌어진다. 그렇게 가격이 급등한 후 꾸준히 가격이 상승하기만 한다면야, 소액으로 투자할 수 있는 좋은 기회가 되므로 문제가 없다. 하지만 대부분은 그렇게 가격이 급등한 후에는 지지부진한 흐름을 이어가기 일쑤고, 무엇보다 그런 상황에서 부동산 경기가 나빠지기 시작하면 가장 큰 타격을 입는 대상이 된다는 게 문제다. 결국 파티는 끝나고, 그때서야 현실을 깨닫게 되는 순간이 오는 것이다.

재개발이란 본래 매우 순조롭게 진행된다고 해도 10년 이상이 소요된다. 그런데 이제 겨우 추진위원회가 만들어졌다고 가격이 상승한다면, 그 이후로 어떻게 되어야 한다는 말인가? 10년, 20년을 기다려도 괜찮다는 말인가? 게다가 추진위가 결성되었다고 해서 모두 재개발이 되는 것도 아니다. 그렇다면 그 리스크는 어떻게 감당할 것인가? 빌라는 낡아 세입자를 구하기는 힘들고, 세입자를 구해도 수시로 수리해 줘야 해서 비용이 발생한다. 한마디로, 리스크에 매우 취약한 상태가 된다. 그러니 지금 시점에서는 낡은 빌라에 투자할 때 매우 신중을 기해야 한다.

그렇다면, 낡은 빌라 투자는 리스크가 크니 투자하지 말라는 건가? 아니다. 다음 사례를 보자.

‖ 대중이 외면했던 양재동 빌라 ‖

2006년 당시 서울 양재동의 한 빌라를 보자. 2006년에는 이미 재개발 열풍이 불어서, 조금 낡았다 싶은 지역이라고 하면 모조리 가격이 급등하는 기현상이 벌어졌다. 그럴 수밖에 없었던 것이 서울의 웬만한 지역은 모조리 뉴타운으로 지정되었다고 해도 과언이 아닐 정도로, 개발 공약이 남발되던 시기였기 때문이다. 이에 따라 설령 뉴타운으로 지정되지 않았다고 해도 '곧 뉴타운으로 지정된다' 또는 '재개발될 수 있다' 같은 기대감이 넘쳤다. 어느 지역에 재개발 추진 소식만 들려도 바로 부동산 가격이 오르다 보니, 이때는 정말 사람들이 낡은 빌라만 찾았고, 급기야 신축 빌라보다도 더 많은 투자금이 들어간다고 해도 낡은 빌라를 매수하는 일까지 벌어졌다.

이때부터는 나는 오히려 빌라 매도를 권하기 시작했다. 내가 처음에 서울권의 빌라를 투자 대상으로 추천했던 것은 가치에 비해 가격이 상당히 저렴했고, 서울에는 신규로 개발할 택지가 없기에 결국 재개발로 개발의 포인트가 옮겨갈 것이라는 예상 때문이었다. 그런데 그 가격이 이렇게 빠르게 급등해 버린다면, 추격 매수는 절대 하지 말아야 하고 당장의 이득을 취한 후 다음 기회를 노리는 것이 맞다.

그런데 이런 와중에도 사람들의 관심을 그다지 끌지 못하는 지역이 있었는데, 그중 하나가 양재동이었다. 물론 양재동 전체가 그랬다는 건 아니다. 양재동 중에서도 대중의 관심을 끈 곳의 가격은 많이 올랐다. 하지만 양재동 안에서 유독 청정 지역(?)으로 남아있는 곳이 있었다. 다음의 지도에 표시한 지역이다.

이 지역은 한눈에 봐도 노후도가 충족되지 않아 재개발이 될 것처럼 보이지 않았고, 또 전철역과의 거리도 꽤 멀어서 '역세권 투자'의 개념으로 매수하기에도 적당해 보이지 않았다. 그런데 나는 이 지역을 추천했다. 당시 나는 이렇게 말했다.

"이 지역은 노후도로 봐서는 재개발될 가능성이 커 보이지 않지만, 지역을 분리해서 부분 개발할 가능성이 있어 보입니다. 전철역에서 아주 가까운 위치는 아니어도 강남권의 수요가 충분히

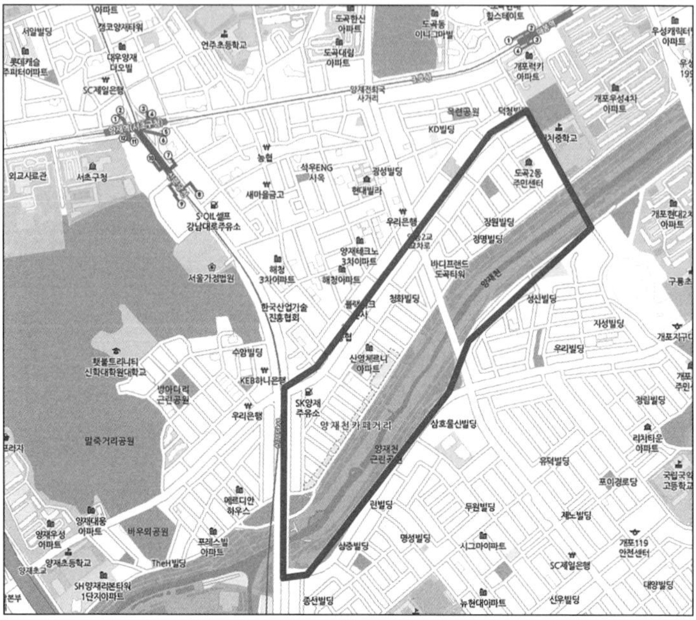

2006년은 신분당선 개통 전이었기에, 역세권이라고 하기에도 애매한 지역이었다.

몰릴 수 있는 지역인데다, 양재천을 끼고 있어 향후 조망권까지 확보할 수 있어서 주목받게 될 가능성이 있어요. 무엇보다 가격이 쌉니다. 다른 지역의 부동산 가격은 다 올랐는데 이곳만 오르지 않았어요. 그러니 소액으로 매수한 뒤 기다리다 보면, 시간이 흐르면서 노후도가 올라가거나 다른 개발이 먼저 시작돼 가치가 향상되든지 하지 않을까요? 그러니 손해 볼 것이 없어요. 투자해 볼만 합니다."

하지만 이 지역은 아무리 좋게 보려고 해도 재개발 가능성이 크지 않으니, 많은 사람이 매수를 꺼렸다. 그렇다면 결과가 어떨까? 역시 우려했던 대로, 10년이 지난 지금까지 이 지역에는 아무런 개발도 없다. 그렇다면 내 말을 믿고 빌라를 매수한 사람들은 다 망한 것일까?

개발은 없었으나 이 지역이 매우 발전했다는 것만큼은 모르는 사람이 없을 것이다. 2006년도 당시에는 대지 29㎡(8.7평)의 매매가가 1억 2,500만 원이라 평당 1,420만 원이었다. 그 시점 강남권 토지 가격이 2,000만~2,500만 원이었으니 대지 가격만 생각하면, 상대적으로 매우 싼 편이었다. 게다가 그 지역 빌라의 전세가격을 고려하면 투자금도 훨씬 적게 들어갔다. 그렇다면 그 지역의 빌라를 사례로 가격이 어떻게 변화되었는지 보자.

2007년 P 빌라 (전용면적 14㎡)

매수가격	1억 2,500만 원
전세가격	1억 원
실제 투자금	2,500만 원

2018년 P 빌라 (전용면적 14㎡)

매매가격	3억 5,000만 원	
전세가격	2억 3,000만 원	
11년간 전세금 상승분	1억 3,000만 원	
(2년 평균 상승분)	2,167만 원	전세금 상승분÷6
(1년 평균 상승분)	1,182만 원	전세금 상승분÷11

이것이 얼마나 대단한 가격 상승인지 보자. 매수한 지 4년 만에 원금을 회수하고 나머지 7년 동안 매년 1,182만 원의 현금이 생긴 것이다. 약 8,000만 원의 현금이 만들어졌다. 그동안 부동산 경기가 좋지 않았다는 점을 고려하면, 더욱 획기적인 성과다.

그런데 이 같은 계산으로 성과를 보여주면, 많은 사람이 항상 이런 질문을 한다. "그렇지만 전세금은 결국 내 돈이 아니잖아요. 이렇게 받는 게 무슨 의미가 있죠?' 이와 같은 의문을 잠재우기 위해 이렇게 계산해 보자. 즉, 회수된 전세금의 일부를 수익금으로 보는 것이다.

P 빌라 투자 2년 후 결과

실제 투자금	2,500만 원	
기대 수익률	20%	
기대 수익금	500만 원	실제 투자금×기대 수익률
연수	2년	
기대 수익금(2년분)	1,000만 원	기대 수익금×2
전세금 상승분(2년분)	2,167만 원	
원금 회수	1,167만 원	전세금 상승분−기대 수익금

표의 기대 수익률 20%는 임의로 넣어본 것이다. 즉, 연 20%의 수익이라면 투자로서 매우 의미 있는 결과이므로 그 정도의 기대 수익률로 계산했다. 빌라 매매가격과 전세가격의 차이가 2,500만 원이니 만약 이 정도의 투자금으로 20%의 수익이 난다면 500만 원이 수익금이며 이를 2년에 걸쳐 거뒀다면 1,000만 원이다. 그

런데 2년 후에는 전세금이 상승해 손에 2,167만 원이 쥐여진다. 이때 이 2,167만 원 전체를 세입자의 돈이니 채무라고 생각해야 하는 걸까? 어차피 전세가격이 상승하는 만큼 매매가격도 상승하고 있는 셈이므로 일부는 수익금으로 봐도 괜찮다. 쉽게 말해, 미래에 빌라를 매도해 발생할 수익의 일부를 미리 수익으로 인식하는 것이다. 전세가격이 상승하는 만큼 매매가격이 상승하지 않을 수 없기 때문이다. 그렇게 전세금 상승분인 2,167만 원 중 1,000만 원을 수익금으로 인식하면, 나머지 금액은 1,167만 원이 된다. 즉, 원금 중 1,167만 원은 회수한 것이고, 2년 만에 1,000만 원의 수익을 올렸다. 놀라운 수익이다. 1,167만 원을 회수했으니 아직 회수하지 못하는 투자금은 2,500만 원에서 1,167만 원을 뺀 1,333만 원이다. 또다시 20%의 수익을 기대해 보자.

P 빌라 투자 4년 후 결과

원금 회수 잔액	1,333만 원	
기대 수익률	20%	
기대 수익금	267만 원	원금 회수 잔액×기대 수익률
연수	2년	
기대 수익금(2년분)	534만 원	기대 수익금×2
전세금 상승분(2년분)	2,167만 원	
원금 회수	−300만 원	원금 회수 잔액−(전세금 상승분−기대 수익금 2년분)
추가 수익금	300만 원	전세금 상승분−기대 수익금−원금 회수 잔액

이번에도 투자금액 대비 20% 수익을 냈다. 2년간 534만 원의 수익금을 벌었으니 전세금 상승분 2,167만 원에서 수익금을 뺀 나머지로 투자 원금을 갚아도 오히려 300만 원이 남는다. 이제는 원금까지 모조리 회수했으니 4년 만에 원금만 회수한 게 아니라, 수익금까지 챙기면서 원금을 회수한 것이다. 이제 나머지 기간은 투자한 빌라가 무자본 수익을 창출해 내는 마법의 기계가 된 상황이다.

20%라는 수익률은 4년 동안 회수되는 금액의 양을 살펴서 역산해 만들어 놓은 숫자다. 따라서 원금 회수와 수익금의 구조로 만들려면, 회수되는 금액을 수익과 원금으로 적당하게 분리한 후 수익률을 역산하면 된다. 그렇다면 4년 후 수익이 얼마나 되는지 계산해 보자.

그동안 해당 아파트의 전세가격은 2년마다 2,167만 원씩 올랐다. 이를 2년으로 나눈 금액은 1,083만 원이지만, 좀 더 현실적인 계산을 위해 2018년에 실제 형성되어 있던 전세가격 2억 3,000만 원을 기준으로 나머지 기간(2011년부터 2018년까지인 7년)을 나누어 보니, 매년 오른 전세금 상승분이 1,182만 원이었다. 즉, 2011년부터 무자본으로 매년 1,182만 원의 수익을 7년간 얻은 셈이다.

P 빌라 투자 5년 차 결과

1년간 전세금 상승분	1,182만 원	
남은 연수	7년	
총 수익금	8,274만 원	1년간 전세금 상승분×7년

이러한 결과가 극단적이라는 생각이 든다면, 보다 평범한 사례로 살펴보자. 예를 들어, 3,000만 원의 투자금으로 빌라를 매수한 후 4년 만에 전세 상승분으로 3,000만 원을 회수했다면, 이를 4년 만에 원금을 회수한 것으로 간단하게 계산할 수 있다. 그렇게 되면 이후로는 이 빌라가 무자본 수익을 올리는 무적의 돈벌이 기계가 된 것이지만, 안정적인 수익 구조를 만들고 싶다면 다음과 같이 계산할 수 있다.

P 빌라 투자 결과 (4년 동안)

실제 투자금	3,000만 원	
기대 수익률	15%	
기대 수익금	450만 원	실제 투자금×기대 수익률
연수	4년	
총 기대 수익금	1,800만 원	기대 수익금×4년
수입	3,000만 원	전세 상승분
원금 회수	1,200만 원	전세 상승분–총 기대 수익금
투자금 잔액	1,800만 원	실제 투자금–원금 회수

4년 만에 투자금을 모두 회수한 상황이지만, 그렇게 계산하지 않고 매년 원금의 일부와 수익금을 얻은 것으로 계산하는 것이다. 즉, 4년 만에 얻은 3,000만 원은 투자 원금 3,000만 원이 아니라, 투자 원금의 일부와 수익금으로 구성된 것으로 계산한다. 여기서는 그 기대 수익률을 임의로 15%로 잡았다(이는 원금이 얼마나 회수되느냐에 따라, 자신의 기대 수준에 따라 바꿀 수 있다).

어찌 됐든, 이렇게 하면 투자금을 일부 회수했으므로 투자금액 자체가 줄어든다.

P 빌라 투자 6년 차 결과 (4년 후 2년 동안)

투자금 잔액	1,800만 원	
기대 수익률	15%	
기대 수익금	270만 원	투자금 잔액×기대 수익률
연수	2년	
총 기대 수익금(2년분)	540만 원	기대 수익금×2년
수입(2년분)	1,500만 원	2년간의 전세 상승분
원금 회수	960만 원	수입-총 기대 수익금
투자금 잔액	840만 원	투자금 잔액-원금 회수

4년 만에 전세금 상승분으로 얻은 수입이 3,000만 원이라고 해서, 딱 2년에 1,500만 원씩 벌었다고 볼 수는 없을 것이다. 하지만 쉬운 이해를 위해 대략적으로 그렇게 계산한다면, 역시 이를 통해 투자금액 일부를 회수하고, 투자금액 대비 15%의 수익

을 올린 셈이다.

P 빌라 투자 8년 차 결과 (그 후 2년 동안)

투자금 잔액	840만 원	
기대 수익률	15%	
기대 수익금	126만 원	투자금 잔액×기대 수익률
연수	2년	
총 기대 수익금(2년분)	252만 원	기대 수익금×2년
수입(2년분)	1,500만 원	2년간의 전세 상승분
원금 회수	1,248만 원	수입–총 기대 수익금
투자금 잔액	–408만 원	투자금 잔액–원금 회수

결국, 8년이 되면 투자 원금 전액을 회수하게 된다. 8년이라는 세월이 너무 길게 느껴지는가? 생각해 보자. 매년 15%의 수익을 내면서 원금까지 모두 회수하는 데 걸린 기간이 8년이다. 주변에 매년 15%의 이익을 가져다주는 투자처가 있는가? 대단히 놀라운 수익이라 볼 수 있다.

단, 여기서 결정적인 의문이 제기될 수 있다. "그런데 결국 수익금이 아닌 부채로 잔치를 한 것이 아닌가?" 전세 보증금이 수익이 되려면 해당 부동산을 매도한 후 양도세를 내고도 남는 돈이 전세 보증금 이상이 되어야 한다. 따라서 전세 보증금이 부채가 되지 않으려면 양도세를 아예 내지 않거나 양도세를 아주 적게 내는 상황이 되어야 한다. 방법도 없지 않다. 현시점에서 2018년

9월 13일 이전에 매입한 부동산이 있다면, 준공공임대사업자로 등록해서 해당 부동산을 8년간 보유하고 양도세 혜택을 받거나 비조정지역의 부동산을 사서 임대사업자 물건으로 등록하는 것이다.

다시 처음의 사례로 돌아가 보자. 양재동 빌라는 낡은 구옥인데다 재개발 같은 호재가 없었음에도 왜 이렇게 높은 수익을 내게 된 것일까? 그건 그 빌라가 위치한 양재동이 '뜨는 지역'이었기 때문이다. 거기에 더해 이를 매수하는 데 투자금이 적게 들었다는 것이 결정적이었다. 소액으로 투자할 수 있었던 건 '개발에 대한 기대감'이 없었기 때문이다. 다시 말해, 지역 특성상 앞으로 계속 주목받을 곳인데 주변 환경 등을 고려할 때는 재개발 같은 호재를 기대하기 힘든 지역, 그래서 대중의 시각에서 벗어난 지역의 빌라를 공략해야 하는 것이다.

그럴 경우, 해당 빌라가 설령 재개발 등으로 묶이지 않는다고 해도 충분히 가치에 맞는 역할을 해낼 수 있고, 그에 더해 소액으로 매수했다면 레버리지 효과로 상당한 수익을 올릴 수 있다. 이것이 핵심이다. 재개발 등의 개발 호재도 발생할 수 있다. 이는 막연한 기대가 아니다. 어떤 지역이 재건축 대상이 되는 가장 큰 이유가 무엇인가? 그저 그 지역 건물이 많이 낡았기 때문이 아니다. 가장 핵심적인 이유는 그 지역이 '일반 분양을 비싸게 할 수 있는 곳'이기 때문이다. 그 정도의 개발 이익이 예상되면 무엇이든 되게 마련이다. 그렇다면 어떤 지역이 개발 이익이 있겠는가? 건물이 낡은 곳인가, 뜨는 곳인가?

뜨는 지역은 설령 재개발, 재건축 호재가 없더라도, 여러 다른 개발 이슈가 발생할 가능성이 크다. 관련 법규도 계속 바뀐다. 지금의 법이 영원히 지속되지 않는다는 말이다. 세월이 지나고 정권이 바뀌면 부동산 관련 법규가 완화될 수도 있고, 새로운 법이 나오면서 개발이 가능한 상황으로 바뀔 수도 있다. 최근에도 '미니 재건축'이라고 불리는 가로주택정비사업의 면적 요건이 기존 1만㎡에서 2만㎡로 완화된다는 기사가 나왔다. 교통 분담금 등으로 난항을 겪고 있긴 하지만, 도시 개발의 방향을 볼 수 있다는 데 의미가 있다. 즉, 정부가 기존의 대규모 재개발만이 아니라, 소규모 개발 등에 정부가 힘을 실어줄 가능성이 매우 커진 것이다. 중요한 건, 이 같은 법적 요건이 마련되었을 때 개발이 진행되려면 '이익이 발생할 지역'이어야 한다는 것이다. 그러니 이러한 지역에 현재 대중이 큰 관심이 가지지 않고 있어서 소액으로 투자할 수 있다면, 과감하게 도전해 볼 필요가 있다.

‖ 투자 전략 포인트 ‖

그럼 지금부터라도 강남의 낡은 빌라를 찾아다녀야 할까? 언젠가는 그래야 할 날이 올 수 있다. 때가 되면 과감하게 같은 전략을 구사해도 좋다. 다만 지금은 가격이 매우 오른 시점인데다,

정부의 규제가 심해서 앞의 사례와 동일한 결과가 나오기는 힘들다. 유사한 결과가 나올 수 있는 때를 기다려야 한다. 강남의 빌라가 아니라면, 어떤 지역의 물건을 봐야 할까? 이번 장에서 소개한 투자 전략의 포인트는 '뜨는 지역+적은 투자금'의 조건을 갖춘 대상에 투자하는 것이다. 강남을 제외한 '뜨는 지역'을 한 곳 알려준다면, 한강 변이다. 이 말에 실망할 사람도 있을 것이다. 한강 변 부동산이 좋은지 모르는 사람이 어디 있는가.

하지만 한강 변에는 지금도 저렴한 빌라들이 꽤 있다. 아니 정확하게 말하면, 저렴한 빌라라기보다 투자금이 적게 들어가는 빌라들이다. 그런 빌라는 향후 개발될 여지가 상당하다. 혹여 개발되지 않는다고 해도, 주변이 계속 개발되면서 덩달아 그 가치가 올라갈 가능성이 크다. 그러니 한강 변 빌라들은 오래되고 낡았더라도 적극적으로 관심을 가져보자.

무엇보다 이것에도 마찬가지의 논리가 적용되고 있다. 한강 변이면서 무언가 개발될 여지가 있다고 대중의 기대를 받게 된 곳은 이미 부동산 가격이 매우 높다. 이런 곳은 쳐다볼 필요도 없다. 투자 전략의 핵심 포인트를 기억하라. 한강 변에 속하긴 하는데 개발될 여지가 딱히 보이지 않아 대중의 기대감이 없고, 그래서 가격이 낮아 소액으로 투자할 수 있는 빌라를 찾으라는 것이다. 이 조건에 맞는 빌라를 찾아서 적은 투자금으로 매수해 몇 년의 세월을 버틴다면, 반드시 보상받을 것이다.

여기서 핵심 포인트를 한 가지 더 이야기하겠다. 한강 변의 빌

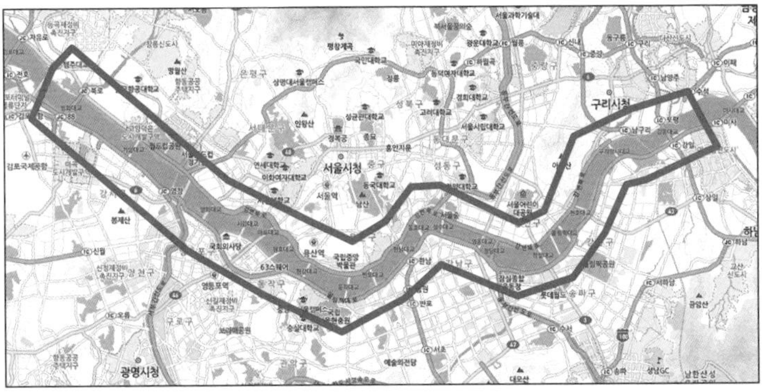

한강 변은 앞으로도 지속적으로 그 가치가 올라갈 가능성이 크다. 그에 따라 지속적으로 개발도 이뤄질 것이다. 서울 강남에는 더 이상 개발될 곳이 없다고 여겨지지만 지금까지도 끊임없이 개발되는 것처럼, 한강 변도 그렇게 될 것이다.

라라고 하면 대부분의 투자자들이 한강에 아주 가까이 붙어 있는 빌라만 찾는다. 그러나 범위를 조금 더 넓게 잡아도 괜찮다. 쉬운 예로, 2000년대 초반 한때 돌풍을 일으킨 목동의 하이페리온을 한번 보자. 하이페리온은 당시 타워팰리스가 불붙인 신개념 주상복합 아파트라는 이슈를 타고, 어머어마한 가격 상승을 보였다. 하루가 다르게 프리미엄이 붙어 가격이 올랐는데, 막상 완공되면서 이미 오를 대로 가격이 오른 하이페리온에서도 더 대박이 난 사람이 있었다. 바로 한강이 내다보이는 라인을 소유한 사람들이었다. 목동 하이페리온의 인기는 당시 타워팰리스나 아이파크에 이은 고급 주상복합의 열풍이라 여겨졌을 뿐, 설마 목동에서 한강의 조망권을 기대할 수 있을 거라고는 생각도 못한 것이다. 보인다고 해도 그냥 '저기 한강이 있구나' 정도일 줄 알았는데, 완공된 후 보니, 한강 쪽 라인의 고층은 시야가 확 트인 전망에 더해 한강이 아주 훤하게 내다보였다. 이로 인해 한강 쪽 라인은 오를 대로 오른 가격에다 몇억의 프리미엄이 더 붙었다.

그때부터 한강이 보인다는 것은, 단지 한강 바로 앞만을 의미하는 게 아니라는 인식이 생겼다. 그럼에도 여전히 사람들은 그런 '상상력'을 가지기 힘들다. 그와 같은 조망이 나오려면 높이도 높아야 하거니와 그 앞에도 가리는 것이 없어야 한다는 계산을 해야 하는데, 그건 쉽지 않은 일이기 때문이다. 하지만 쉽지 않을 뿐이지, 불가능한 것은 아니다. 충분히 요모조모 따져보면 한강 조망이 가능한 지역을 찾아낼 수 있다. 그리고 아직까지는 대중들이 이런 세세한 부분까지 광범위하게 생각하지 못한다. 그러니 기회가 있다. 상상력을 가지고 한강 주변의 낡은 빌라를 찾아보되, 조금 범위를 넓혀 찾아보라. 그렇게 하면 소액으로 도전해 볼 수 있는 알짜 투자처를 만날 기회가 올 것이다.

여기서 또 알아야 할 중요한 것이 하나 더 있다. 투자는 나만 아는 어떤 고급 정보나 나만 아는 어떤 특정한 정보로 수익을 내는 것이 아니다. 남들이 다 알 수 있는 정보라도 그것의 가치를 분명히 아는 것에서 성과의 차이가 벌어진다. 강남 부동산이 좋은지 모르는 사람이 어디 있는가? 그런데 왜 누구는 강남의 부동산을 사고 누구는 강남을 사지 않는가? 단지 돈이 있고 없고의 문제가 아니다. 강남 부동산을 택하지 않은 이들은 왜 다른 지역에 투자했을까? 그건 강남이 가장 좋다는 건 알지만, '더 좋아질 것'을 몰랐거나 '너무 비싸다'고 판단했기 때문일 것이다. 그 가치의 크기를 아느냐 모르느냐의 차이가 미래 자산의 차이를 만들어 낸다.

사실, 부동산 공부를 조금만 해도 '투자처로서 어디어디가 좋다' 정도는 금방 알 수 있다. 호재라는 것이 특별할 것이 없는 세상에 살고 있기 때문이다. 거의 모든 호재가 오픈된다. 따라서 '어디어디가 좋은지'를 아는 것은 하나도 중요하지 않다. 중요한 건, '어디가 좋은데, 그곳의 성장성이 예상보다 훨씬 크다' 혹은 '그곳의 성장성이 예상보다 훨씬 오래갈 것이다' 같은 가치의 크기를 아는 것이다.

이러한 개념을 가지고 낡은 빌라를 찾으면 된다. 앞으로 더욱 더 뜰 지역, 앞으로 더욱 수요가 몰릴 지역의 빌라라면, 여전히 과거와 같은 성공 신화를 만들어 낼 수 있다.

03 대지지분이 넓은 빌라

일단 재개발 열풍이 불면, 토지 1평당 가격이 수천만 원을 넘어간다. 다만 신기한 것은, 대지지분(공동주택 전체 대지면적을 소유자 수로 나눠서 등기부에 표시한 면적으로, 공동주택의 전체 대지 중 가구 하나에 주어지는 지분)이 적을수록 토지의 평당 가격이 비싸진다는 것이다. 왜 그럴까? 대지지분이 많든 적든 재개발 입주권을 주는 건 같다 보니, 대중이 이왕이면 투자금이 적게 들어가는 물건이 좋다고 여기기 때문이다. 그런데, 개발에 재개발만 있는 것은 아니다. 다음 사례를 보자.

2006년 부동산 열기가 한창 뜨겁던 시절, 나는 새롭게 뜰 지역으로 합정동을 추천했다. 빌라가 괜찮은 투자 대상이 된다는 것을 처음으로 대중들에게 알린 나로서도, 빌라가 이렇게 빨리 대중에게 호응을 받을 줄은 예상치 못했다. 사실 이러한 열기는 정부의 뉴타운 정책과 맞물리면서 시대의 흐름을 잘 탔기 때문이었다.

그렇다 보니 오히려 투자하기에는 대단히 힘든 상황이 되어버렸다는 게 문제였다. 빌라의 가격이 너무 빨리 급등해 버리니, 내 수업을 듣고 그 지역에 가 보면 벌써 가격이 오른 경우가 비일비재하게 된 것이다. 상황이 이렇다 보면 고민이 깊어질 수밖에 없었다. '가격이 이미 오른 건 사실인데, 이 가격에라도 얼른 매수하는 게 맞을까, 아니면 다른 지역을 공략해야 하나?' 늘 이 같은 고민으로 신경이 곤두서 있던 시절이었다.

그러던 중 회원 한 분이 합정동을 뒤지다가 다음과 같은 조건의 물건을 발견했다고 알려왔다. 대지지분 17평에 매매가격 2억 원인 빌라였다. 평당 가격이 1,176만 원이었다. 사실 나는 2005년부터 부동산 투자처로서 합정동을 많이 언급해 왔는데, 그때 당시 가격이 평당 1,000만 원이었다. 그런데 1년 만에 평당 2,000만 원 선이 되었으니 매매가격만 보면 이미 2배 이상 오른 상황이었다. 그 와중에 평당 1,176만 원은 말도 안 되는 조건이었다. 그래서 나는 회원분에게, 뭘 잘못 봤거나 잘못 들은 게 아니냐고 물었다. 하지만 자신이 확실히 본 거라며 확신하기에, 등기부등본을 봤다.

합정동 W 빌라 등기부등본

【 표 제 부 】(전유부분의 건물의 표시)				
표시번호	접수	건물 번호	건물 내역	등기원인 및 기타사항
1 (전 1)	1981년 9월 16일	제3층 제4호	철근콘크리트조 58.37㎡ 지하실 18.83㎡(내역 1.88㎡은 옥탑임)	도면편철장 5책 170장 부동산등기법 제 177조의 6 제1항의 규정에 의하여 1999년 04월 29일 전산이기

(대지권의 표시)			
표시번호	대지권 종류	대지권 비율	등기원인 및 기타사항
1 (전 1)	1 소유권대지권	411.3분의 17.1375	1985년 11월 15일 대지권 1985년 11월 15일 부동산등기법 제 177조의 6 제1항의 규정에 의하여 1999년 04월 29일 전산이기

그럼 그렇지. 17.1375. 즉, 이건 평이 아니라, 'm^2'가 아닌가? 해당 건물의 전용면적을 표기한 부분에도 보이듯, 등기부등본에는 평을 쓰지 않고 m^2로 표시한다. 이를 모르고 그냥 '17'이라고 표시되어 있으니, 그것이 평인 줄 알고, 2억 원을 17로 나눠서 평당 1,176만 원이라는 계산이 나온 것이다. 나는 회원분에게 이를 잘 설명해 주고 돌려보냈다. 그런데 그 분이 얼마 지나지 않아 다시 나를 찾아왔다. 본인이 다시 알아보니, 진짜로 17평이 맞다는 것이다. 그래서 등기부등본 다음 장을 펼쳐보니까 이렇게 되어 있었다.

합정동 W 빌라 등기부등본 다음 장

【 표 제 부 】(1동의 건물의 표시)				
표시번호	접수	소재지번, 건물명칭 및 번호	건물 내역	등기원인 및 기타사항
				 부동산등기법 제 177조의 6 제1항의 규정에 의하여 1999년 04월 29일 전산이기
2			철근콘크리트조 슬래브위기와 3층 연립주택 1층 451.92㎡ 2층 451.92㎡ 3층 451.92㎡ 옥탑 45.24㎡ 지하실 451.92㎡	도로명주소 2012년 5월 16일 등기
(대지권의 목적인 토지의 표시)				
표시번호	소재지번	지목	면적	등기원인 및 기타사항
1 (전 2)	1. 서울특별시 XXX XXX	대	1359.7㎡	
				부동산등기법 제 177조의 6 제1항의 규정에 의하여 1999년 04월 29일 전산이기

아니, 이게 무슨 일인가? 빌라 전체의 면적을 표시하는 단위도 역시 ㎡였지만, 그 수치가 달랐다. 전체 면적은 1359.7㎡인데, 빌라의 대지지분을 표시하는 부분에서는 이 수치가 나오지 않고 다른 수치가 나와 있었던 것이다. 즉 일반적이라면, '1359.7㎡분의 ○○'라고 표시되어 있어야 한다. 그런데 이 등기부등본에는 '411.3분의 ○○'라고 표기되어 있었다. 희한하게도, 대지지분을 표시한 부분만 '평'으로 바뀌어 있었던 것이다. 하긴 '□□분의 ○○' 같은 표기는 비율을 나타내는 것이니, 꼭 ㎡ 단위를 써야 한다는 법도 없다. 다만 그때까지 이런 식으로 표기한 등기부등본

을 본 적이 없었던 것이다.

결론만 말하면, 이 빌라의 대지지분은 17평이 맞았다. 가격도 2억 원이 맞았다. 대단히 흥분되는 상황이었다. 시세가 2,000만 원씩 하는 상황에서 그 절반 가격인 빌라를 만났으니 말이다. 그런데 현장에 나가본 나는 또다시 '아, 그럴 수밖에 없겠구나' 생각했다. 집이 너무 낡았기 때문이었다. 게다가 공터가 넓긴 해도 주차를 하지 못하게 지어져 있었다. 이런 여러 가지 이유로 대지지분이 많아도 막상 매수하려는 사람이 없었고, 17평의 가치를 모두 인정해 값을 치르기에는 투자금이 너무 많이 들다 보니 꺼리는 물건이 된 것이다. 그럼, 어떻게 해야 할까?

당시 회원분은, 내게 이렇게 말했다. "나는 실제 들어가서 살 집을 찾고 있었으니, 낡았다고 해도 투자 가치가 있다고 하면 그냥 들어가서 살고 싶어요." 그의 의견을 들은 나도 그렇다면 투자해 봐도 좋겠다고 했다. 결국 그는 해당 빌라를 과감하게 매수했다. 결과가 어땠을까?

꽃길이 펼쳐졌다면 얼마나 좋았을까마는, 그렇지 않았다. 회원분이 해당 빌라를 매수한 이후 부동산 경기가 하락했고, '한강 르네상스'라던 프로젝트도 사라졌다. 그러면서 천덕꾸러기 신세로 전락한 이 빌라는 최고가 기준으로 평당 3,500만 원까지 올랐던 가격이 평당 2,000만 원가량으로 떨어졌다. 무엇보다 거래가 되지 않는 혹한의 세월이 찾아왔다.

그러는 동안 그 회원분도 빌라를 매도하려고 무던히 노력했다.

하지만 낡을 대로 낡은 데다 재개발 기대도 없는, 대지지분 넓은 빌라를 매수하려는 사람은 전혀 없었다. 신기한 건 그 낡을 대로 낡은 빌라가 세월이 지나도 그 모습 그대로였다는 것이다. 하여간 그렇게 낡은 빌라에 살며, 거래되지 않는 시련을 겪으면서 보낸 10년 사이 상황은 어떻게 흘러갔을까? 한강 프로젝트는 사라진 지 오래되었고, 부활의 기미도 없었다. 그러는 사이, 주변에 신규 빌라들이 계속 생기다 보니 '통합 재개발' 같은 이야기도 물 건너갔다. 사실 재개발이 되려면 노후도가 높아야 하는데, 자꾸 신규 빌라가 생기면 노후도가 떨어지기 때문이다.

그런데 새로운 희망이 생기기 시작했다. 그건 바로, 업자들이 빌라를 지을 땅을 구하기 위해 부단히 애쓰고 있다는 사실이었다. 2013~2015년까지 서울에는 주택 공급이 제대로 되지 않았기에 주택의 전세가격이 천정부지로 뛴 상황이었고. 정부가 이를 해결하겠다면서 빌라를 쉽게 지을 수 있도록 법까지 완화해 준 것이다. 이에 따라 우후죽순 빌라들이 들어섰는데, 그렇게 많은 공급에도 넘치는 수요 덕분에 분양 즉시 소진되었다. 한강 변에, 교통망까지 갖춘 합정동 같은 경우는 더욱 그랬다.

주변 시세를 알아보니, 대지 1평당 5,000만 원을 호가했다. 단순하게 계산해도, 무려 8억 5,000만 원(17평×5,000만 원)이 되는 상황이 벌어진 것이다! 하지만 이는 그저 수치상의 계산일 뿐, 막상 개인이 이 가격에 이렇게 낡은 빌라를 매입할 리 없고, 빌라 업자가 제 가격을 다 주고 매입할 가능성도 작아 보였다. 무엇보다 빌라치고는 세대가 많아서 주민들과 합의를 거치는 데도 꽤 많은 시간이 소요될 것이었다.

그럼에도 불구하고, 결국 기대했던 일이 벌어졌다. 빌라 업자가 매수를 제안했고, 회원분이 이를 받아들여 거래가 성사된 것이다. 최종적으로 거래된 금액은 7억 3,000만 원! 평당 약 4,290만 원이었다. 결국 그는 12년의 세월을 낡은 빌라에서 버틴(?) 대가로 보상을 받게 된 셈이다. 무엇보다 12년을 직접 거주하고 1가구 1주택자였던 터라, 양도세를 낼 필요도 없었다. 그의 수익이 어느 정도일지 계산해 보자.

합정동 W 빌라 투자 결과

매수가격	2억 원	
매도가격	7억 3,000만 원	
매도 차익	5억 3,000만 원	매도가격-매수가격
대출금액	1억 원	
대출이자	3.8%	
1년 대출금액	380만 원	대출금액×대출이자
12년 총 이자금액	4,560만 원	대출금액×대출이자×12
총 투자금	1억 4,560만 원	대출금액+12년 총 이자금액
회수금	6억 3,000만 원	매도가격-대출금액
최종 수익	4억 8,440만 원	회수금-총 투자금
수익률	333%	최종 수익÷총 투자금×100%
연 복리 수익률	약 13%	총 투자금×$(1+수익률)^{12}$=회수금

회원분은 해당 빌라를 매입할 때, 은행에서 1억 원을 대출받았는데 이자가 오르락내리락하긴 했으나, 평균 3.8%를 적용했다. 총 12년간 이자만으로 4,560만 원이 지출된 셈이었다. 이를 투자 원금으로 넣으면 총 투자금이 1억 4,560만 원이다(단, 취득비용은 크지 않아서 생략했다). 그리고 12년 후 해당 빌라를 7억 3,000만 원에 매도하면서 대출을 갚으면 회수금이 6억 3,000만 원이 된다. 최종 수익이 4억 8,440만 원이다. 수익률은 무려 333%에 다다른다. 이를 다시 복리 연 수익률로 환산하면, 연 13%다. 즉, 1억 4,560만 원의 원금을 매년 연 13%의 복리로 12년간 불린 금액이라는 뜻이다. 게다가 그 빌라에서 본인이 직접 거주했으므로 거주 비용까지 계산한다면 수익률은 더 올라간다.

그런데 만약, 본인이 직접 거주하지 않고 이 빌라에 전세를 놓았다면 어떻게 되었을까? 수익률을 계산해 보자.

합정동 낡은 W 빌라 매수 후 전세 임대 시 결과

매수가격	2억 원	
전세가격	1억 2,000만 원	
투자금	8,000만 원	매수가격–전세가격
매도가격	7억 3,000만 원	
회수금	6억 1,000만 원	매도가격–전세가격
수익금(양도차익)	5억 3,000만 원	매도가격–매수가격
수익률	663%	수익금÷투자금×100%
투자 연수	12년	
연 복리 수익률	약 18%	투자금×(1+수익률)^{12}=회수금

나의 회원이 1주택자라 양도세 비과세라고 가정했을 때, 12년간 복리 수익률은 무려 18%이다. 여기서는 낡은 빌라라 그동안 전세가격이 전혀 오르지 않았다고 가정했다(물론 실제는 그렇지 않았다. 가격이 오르긴 했으나 아주 많이 오르지 않았고, 계산을 간단하게 하기 위해 상승분은 생략했다).

어떻게 이런 놀라운 수익률이 만들어진 걸까? 당연히 소유자의 끈기가 한몫했으나, 핵심 포인트는 역시 넓은 대지지분을 싸게 샀다는 것이다. 결국 대지지분이 넓은 주택은 세월이 지나도 반드시 그 가치를 한다. 당연히 싼 가격에 매수해야 한다. 이미 개발로 들썩이고 있는 지역의 넓은 대지지분의 빌라를 제 가격에 사는 것은 큰 의미가 없다. 약간 싸게 사는 것도 의미가 없다. 약간 싸게 사는 그 가격이 시세다. 개발이 된다고 해도 상당한 시간이 걸리는 일인데, 대지지분이 넓으면 그만큼 투자금이 많이 들어가므로, 오랜 세월을 버티기에는 적당하지 않다. 따라서 개발지역에서 대지지분이 넓은 빌라는 할인을 받을 수밖에 없다. 실제로, 대지지분당 평가 금액보다는 입주권의 프리미엄이 더 높기 때문이다.

이러한 이유로, 대지지분이 넓은 빌라를 그저 싸게 산 것으로 만족하면 안 된다. 그건 그냥 시세대로 산 것이다. 대지지분이 넓은 빌라를 싸게 사려면 앞의 사례처럼, 한 절반 정도 가격 또는 최소한 30% 이상은 할인된 금액에 사야 의미가 있다. 그렇게 싼 가격의 넓은 대지지분을 가진 빌라를 가지고 있으면 반드시 빛을 보게 되는데, 혹여 개발 지역에 선정되지 않더라도 빌라 업자들이 매도를 제안해 오기 때문이다.

여기서, 눈치가 빠른 사람이라면 또 하나의 전제가 따라와야 한다는 걸 알아챘을 것이다. 빌라 업자들이 아무 지역, 아무 빌라에 매도 제안을 하겠는가? 그럴 리는 없다. 그들이 제안할 가능성이 큰 지역은 쉽게 말해, 빌라가 잘 팔릴 지역이다. 그런 지역이 어디겠는가? 교통이 편리하고, 수요가 많고, 직장이 몰려 있는 지역과 연계가 잘 되는 곳, 이런 지역이 될 것이다. 글을 쓰는 2019년 시점으로 말하자면, 마포구와 영등포구, 동작구, 성동구, 광진구 정도다.

그렇다면, 이처럼 대지지분이 넓은 빌라는 어떻게 찾아야 할까? 여기엔 특별한 요령 같은 건 없다. 앞의 사례에서처럼 그냥 찾다 보면 나온다. 입지가 좋은 곳의 가격이 싼 빌라를 찾을 목적으로 그런 지역들을 돌아다니다 보면, 그런 빌라들이 툭툭 튀어나온다. 그때 망설임 없이 매입하면 된다.

단, 이때 가장 주의해야할 것은 '시간 계산'이다. 대지지분이 넓은 빌라가 아주 싼 가격에 나왔다면, 그 지역에 대한 대중의 기대감이 없기 때문으로 봐야 한다. 따라서 1~2년이 아니라 5~6년 후에는 어떻게 될까 하는 시각을 가지고, 그런 빌라를 봐야 한다. 주의해야 할 것이 또 하나 있다. 긴 시간을 두고 보라고 해서, 지나치게 길게 보면 안 된다. 즉, '언젠가는 되겠지' 하는 시각으로 접근하는 건 금물이다. 최소한 5년 안에는 뭔가 큰 희망이 발견될 것으로 예상돼야 한다. 그래야 10년 후 빛을 보게 돼도 보상받는 것에 의미가 있다. 앞선 사례는 12년 만에 빛을 본 경우이지만, 사실 숨겨진 이야기가 하나 있다. 그 회원분이 해당 빌라를 매수한 지 2년 후, 빌라의 매매가격은 5억 5,000만 원까지 올랐다. 나는 그에게 매도하길 권했다. 하지만 더 오를 것으로 기대하던 그가 매도 타이밍을 놓치면서 12년이 흐른 것이다. 물론, 결론적으로 더 높은 가격에 매도하게 되었지만, 그동안의 세월과 마음 고생 몸 고생을 감안하면, 결코 바람직한 투자로 보이진 않는다.

따라서 '오래 갖고 있으면 좋아진다'라는 마음가짐으로 접근하더라도, 최대한 5년 이내에 반드시 매도할 수 있을 정도의 가격 상승이 기대되는 물건을 골라야 한다. 막연히 '대지지분이 넓으니깐 언젠간 좋아질 거야'라는 마음가짐으로 접근하면, 그 이야기가 유언이 될 수도 있다.

그렇다면, 이쯤에서 대지지분이 넓은 빌라 중에서, 최소 몇 년 내에 승산이 있을 만한 지역과 빌라는 어떤 것들인지 한번 정리해 보자.

‖ 잘못 지어진 빌라 ‖

일반적으로 대지지분은 건축면적(전용)의 40~50% 수준이다. 대지지분이 건축면적의 50%라는 건 용적률(건축 연면적÷대지면적

×100)이 200%라는 뜻이고, 40%라는 것은 용적률이 250%라는 뜻이다. 빌라 업자 입장에서는 용적률이 허락하는 한 최대한 넓은 빌라를 짓는 것이 유리하다. 그래야 판매를 통해 최대의 수익을 창출할 수 있기 때문이다.

대지지분과 용적률

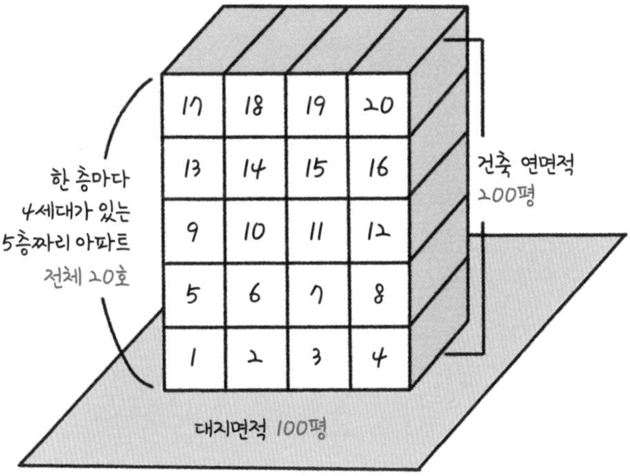

▶ 용적률 $= \frac{\text{건축 연면적}}{\text{대지면적}} \times 100 = \frac{200}{100} \times 100 = 200\%$

▶ 가구 1호당

- 건축면적 $= \frac{\text{건축 연면적}}{\text{세대수}} = \frac{200}{20} = 10$평
- 대지지분 $= \frac{\text{대지면적}}{\text{세대수}} = \frac{100}{20} = 5$평

그런데 대지지분이 많다는 건, 그렇게 짓지 않았다는 의미로 볼 수 있다. 예를 들어, 대지가 50평이고 그 땅의 용적률이 200%라고 하면, 그 땅 위에는 전체 건축물 연면적(대지에 들어선 하나의 건축물 바닥면적의 합계) 100평의 빌라를 지을 수 있다. 전용면적이 20평인 빌라를 지어서 판매할 목적이라면, 빌라 5개를 지을 수 있다는 뜻이다. 이때 각 세대의 대지지분은 10평이다(대지면적÷세대수). 그런데 같은 땅에 20평짜리 빌라를 3개만 지었다면, 각 빌라당 지분이 약 17평으로 늘어난다. 대지지분이 보통에 비해 상당히 많아지는 것이다.

그런데 왜 이렇게 지은 것일까? 그건 그렇게 지을 수밖에 없었기 때문이다. 다시 말해서, 당시의 법규가 용적률뿐 아니라 다른 사항들도 적용해야 했던 상황이었거나 이웃집과의 분쟁 문제가 있었거나, 아니면 토지의 모양이 용적률을 모두 적용해서 지을 수 없는 상태였을 수 있다. 또는 당시 빌라에 대한 수요가 많지 않고 땅 가격이 워낙 저렴해서, 용적률을 모두 활용해 짓는 것보다 그렇지 않은 경우가 타산에 맞았을 수도 있다. 이와 같은 여러 가지 이유로 대지지분이 많은 빌라, 다시 말해 땅을 충분히 활용하지 못한 빌라가 된 것이다.

그런데 세월이 흐르면서 이런 상황에 변화가 생겼다. 이를테면, 과거에는 특정 법규로 인해 용적률을 활용하지 못했는데 이제는 그 법이 사라졌다거나 이웃집과 분쟁할 일이 없어졌을 수 있고, 주변 땅과 합쳐 토지의 모양을 좋게 만들게 됐을 수 있다.

또는 해당 지역이 급격하게 주목받게 되면서 수요가 급증했을 수도 있다. 이 같은 다양한 이유로 상황이 바뀌면, 바로 해당 토지를 시세대로 매수하겠다는 빌라 업자들이 몰려들게 되는 것이다.

실제 홍대입구역 근처의 한 빌라는 주변이 거의 빌라로 이뤄져 있는데, 유독 빈 땅을 넓게 가지고 있었다. 과거에는 굳이 용적률에 정확히 맞춰 지을 필요가 없었기 때문이었다. 현재 한 회사가 사옥을 지으려고 해당 빌라의 소유주들과 협의 중인데, 협의가 시작되자마자 가격이 2배로 급등했다.

정리해 보자. 대지지분이 많은 빌라란 이 같은 사연을 가진 빌라, 다시 말해서 어떠한 이유로든지 잘못 지어진 빌라가 되는 셈이다. 그렇게 지어진 빌라여도 세월이 지나면서 그 이유가 사라질 수 있는데, 처음 정해진 대지지분은 바뀌지 않으므로 그 가치가 급격하게 올라갈 수 있는 것이다. 따라서 이 같은 빌라를 잘 찾아보고, 지금 문제가 되는 어떤 '이유'가 4~5년 내에 사라질 것 같다면 매수하자.

골목 상권이 뜨는 지역

몇 년 전부터, 서울 상권에는 새로운 개념들이 생겨나기 시작했다. 이른바 골목 상권의 부활이었다. 과거 대표적인 상권이라고 하면, 신촌, 이대, 건대, 명동 상권을 꼽을 수 있었다. 이 같은 상권은 그야말로 온갖 상업 시설이 집결한 곳이라고 보면 된다. 대규모 빌딩들이 들어서 있는데, 또 그 빌딩 전체를 소매 또는 유흥 상가가 채우고 있다.

그런데 약 10여 년 전부터 이런 상권에 새로운 바람이 불기 시작했다. 소비자들이 이 같은 상권에 싫증을 느꼈기 때문이다. 그러면서 자연스럽게 골목 상권이 만들어졌다. 거리를 걷다가 개성 있는 인테리어로 발길을 사로잡는 음식점이나 카페에 들어가 시간을 보내는 것이 하나의 유행처럼 된 것이다. 이런 문화가 홍대에서부터 시작돼 급속도로 확산되어 북촌, 서촌, 가로수길, 경리단길, 성수동, 망리단길, 샤로수길에도 생기면서 상권도 급격하게 커졌다.

이 같은 상권은 교통 편의로 접근이 용이하고 평지에 위치한

몇 년 전부터 뜨겁게 떠오른 성수동의 빈티지풍 인테리어는 향후에도 지속적인 트렌드로 자리 잡을 것이다. 그렇다면 다음으로 주목받게 될 곳이 어디일지 생각해 볼 필요가 있다.

다는 공통점이 있다. 대규모 개발보다 기존 건물을 그대로 살리고 최소한의 리모델링으로 개성 있는 가게로 변신한다는 것도 특징이다. 그렇다 보니, 어느 한 곳으로 집중되기보다 넓게 퍼져나간다. 앞으로도 이런 골목 상권은 더 많이 생겨날 것이다.

그렇다면 생각해 보자. 한산했던 골목에 가게들이 생겨나고 많은 사람이 찾아오기 시작한다. 그리고 이런 가게들이 자꾸 늘어난다. 그렇다면 해당 지역은 당연히 대중에게 더 많이 노출되고 개발되어 여러 가지 편의 시설이 자리 잡은 지역으로 변신할 것이다. 그럼 어떻게 될까? 당연히 빌라 업자들에게 매력적인 지역이 될 것이며, 이때가 되면 허름한 빌라도 비로소 그 가치를 제대로 인정받게 된다. 따라서 이 같은 골목 상권이 형성되고 있는 지역 주변과 또 새로운 골목 상권으로 주목받을 가능성이 있는 지역의 빌라들을 주의 깊게 살펴보자.

‖ 대규모 개발 주변 ‖

서울에 뉴타운이 지정된 지 10년이 넘었다. 드디어 그저 상상 속에만 존재했던 뉴타운이 모습을 드러내기 시작했다. 그 원년이 2018년이다. 기본적으로는 재개발과 같은 것이지만, 그 지역을 하나로 묶어 개발함으로써 그 규모를 상당히 키운 것이 뉴타운이다. 한 군데가 아닌 여러 군데의 재개발을 묶은 만큼, 당연히 기반 시설도 좋아지고 더욱 살기 좋은 지역이 될 것이다. 무엇보다 이 같은 개발이 쉽지 않다 보니 희소성까지 갖출 것으로 기대를 받고 있다.

그렇게 모습을 드러낸 것이 신길뉴타운, 아현뉴타운, 수색증산뉴타운, 신정뉴타운, 이문뉴타운, 장위뉴타운, 길음뉴타운 등이다. 단 일부 아파트가 들어서긴 했으나 아직까지는 다양한 형태의 개발 단계에 놓여 있다. 그런데 뉴타운 관련 시장의 분위기가 사뭇 달라졌다. 과거에는 뉴타운이 발표되던 시점에 가격이 급등했다. 불과 몇 년 안에 금방 뉴타운이 완성될 거란 기대감 때문이었다. 그런데 막상 개발을 진행하는 것이 쉽지 않았다. 거기에 경기까지 하강하면서 뉴타운의 부동산 가격은 끝도 없는 하락 행진을 이어갔다. 결국 가격의 거품이 모조리 빠지고 나자 저평가되는 지역까지 나타났다. 그러다 다시 사업이 재개되면서 철거와 이주가 시작되고 아파트가 건설되면서 다시금 관심을 받게 된 것이다.

물론, 그 관심이 주변까지 확산된 건 아니다. 하지만 이런 대규모의 뉴타운이 완성되었다고 상상해 보라. 이제는 어느 정도 아파트들이 들어섰으니 이 같은 상상이 어렵지 않을 것이다. 아파트 단지 하나만 들어서도 동네가 훤해지는데, 3~4개가 넘는 단지들이 들어서는 지역이라면 그 동네는 훤한 정도가 아니라, 완전히 다른 곳으로 변신할 것이다. 이는 결국 그 지역의 주거 수준을 끌어올릴 거란 이야기다.

2017년에 가장 주목받았던 곳 중 하나였던 신길뉴타운. 아직 입주한 단지는 3개뿐이지만, 곧 입주를 시작할 단지만 4개다. 이어서 2개의 단지가 더 분양한 후에 추가적인 개발이 이어질 곳도 몇 군데가 있다. 신길뉴타운으로 인해 영등포의 낡은 이미지가 완전히 사라지면서 그 가치를 몰라본 이들이 땅을 치고 후회하는 일이 벌어졌다.

이제는 뉴타운 지역뿐 아니라, 그 주변 지역까지도 뉴타운의 혜택을 입게 될 것이다. 새롭게 지어진 아파트 시설을 이용하게 되는 정도가 아니다. 하다못해 도로 사정도 확 달라져 과거엔 도로로 접근하기까지 전철역에서부터 20분이 소요됐다면, 새로 건설된 도로를 통해 그 시간이 10분 정도 단축될 수도 있다. 당연히 부동산의 가치가 올라가는 것이다.

빌라 업자 입장에서도, 그쯤 돼야 빌라를 지어서 판매해야겠다는 생각을 하게 된다. 이처럼 미래에 땅의 가치가 올라갈 거라는 사실을 알게 되었다고 해도 미리 땅을 사놓을 수는 없다. 사업가들에겐 돈의 회전이 가장 중요하기 때문이다. 빌라 업자들은 지금 당장 판매가 될 수 있는 때 토지를 매수한다. 이러한 이유로 투자자들에게 기회가 있는 것이다.

그러니 아직 늦지 않았다. 서울의 뉴타운들은 지금 완성을 향해 달려가고 있지만, 그 주변의 땅 가격에 모든 가치가 반영된 것은 아니라는 말이다. 따라서 뉴타운 주변의 빌라들을 샅샅이 뒤져볼 필요가 있다. 거기서 의외의 보석을 발견할 가능성이 매우 크다.

"자녀, 재테크 최대의 적"

얼마 전 갑작스럽게 지인이 쓰러졌다. 급히 병원으로 이송됐으나 '뇌경색' 판정을 받았다. 생명은 구했지만 이후로 말이 어눌해지고 제대로 걷지 못하게 되었다. 당연히 일도 하지 못하게 됐다. 그때만 해도 그를 아는 주변인들은 사정이 안타깝긴 하지만, 경제적 문제는 걱정할 필요가 없으니 다행으로 여겼다. 몇 년 전부터 사업이 어려워져 정리하고 은퇴하긴 했어도, 그가 전에 꽤 큰 규모의 사업을 운영하던 사장이었기 때문이다. '부자가 망해도 3년은 간다'고 그동안 벌어둔 돈이 있을 거라 생각한 것이다.

그에겐 자녀가 둘 있었는데 모두 국제학교를 보냈다. 1년 학비만 4,000만 원에 달하는데 그 외 학원비까지 감안하면 두 아이의 학비에만 1년에 1억 5,000만 원가량이 소요된다. 이 정도를 감당하려면 웬만한 벌이로는 불가능하기에 많은 사람이 그를 대단한 재력가라고 생각했다.

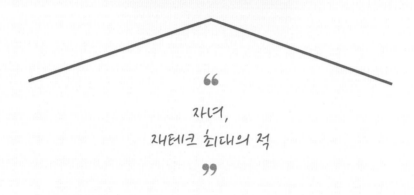

그렇다, 그는 틀림없이 대단한 재력가였다. 문제는 사업이 잘

되지 않고서부터다. 사업이 어려워지면서 아이들의 학비를 대는 게 버거웠지만, 그는 그렇다고 아이들에게 일반 학교로 옮기라는 말을 할 수 없었다. 교육 시스템도 그렇지만, 가장 예민한 나이의 아이들에게 겨우 만들어 놓은 친분 관계를 털어내고 새로운 환경에 적응하라고 밀어붙이긴 힘들었던 것이다. 결국 그는 그 많던 재산을 조금씩 갉아먹으며 자녀들의 학비를 대서 아이들을 대학에 진학시켰다. 하지만 그들의 대학교 등록금을 내지 못할 정도로 재산이 줄어버렸다.

그로 인한 스트레스가 그를 쓰러지게 만든 것이다. 자녀들은 학교를 휴학하고 아르바이트를 통해 학비를 벌어 대학을 다니고 있었고, 겨우 목숨은 구했으나 망가진 몸으로 더 일할 능력도 사라진 그에게는 남은 재산이 없었다. 그럼 이제 어떻게 해야 하는 것일까?

또 다른 사람의 이야기도 있다. 이 사람은 평범한 월급쟁이다. 종종 보너스가 나오긴 했지만 일반 월급쟁이에게 나오는 보너스란 그냥 한 달 치 월급 정도다. 다시 말해, 특별히 기대할 만한 자금원이 없다는 뜻이다.

그런데 그의 딸이 바이올린에 특별한 재능을 보였다. 아이 역시 바이올리니스트가 되고 싶어 했다. 그래서 그는 결심했다. '내

몸이 가루가 되는 한이 있어도 내 딸이 원하는 길을 가도록 밑거름이 되어주리라!' 그래서 딸이 초등학생일 때부터 고등학생이 된 지금까지 비싼 바이올린 레슨비를 대어주었다. 그의 삶이 어땠겠는가? 매우 궁색한 삶의 연속이었다.

더 큰 문제는 그의 근심 걱정이 끝날 날이 안 보인다는 것이다. 딸애가 중학교로 올라갈 때 성인용 바이올린을 바꿔줬는데, 그게 1,000만 원이다. 이제 아이가 대학에 들어가면 전문가용으로 바꿔줘야 하는데, 그 가격이 최소 1억 원이란다. 그 정도의 돈을 어떻게 구해야 하나 막막하기만 하다.

그런 상황에서 재테크? 꿈도 꿀 수 없을 것이다. 대신 그는 로또를 매주 구입하고 있다.

한 부동산 투자서에 다음과 같은 유명한 말이 나온다.

"우리나라는 맹모에게 상을 주는 사회인 것 같아요."

말인즉슨, 남들이 좋은 브랜드 아파트나 쾌적한 환경 같은 걸 고려하면서 집을 구할 때도 자신은 오직 자녀의 교육을 위해 3번이나 이사했던 맹자의 어머니처럼, 낡고 불편한 아파트도 감수하고 무조건 학군 좋은 곳으로 이사했더니, 나중에 그 집값이 엄청나게 올라 어마어마한 보상을 안겨주었다는 것이다. 맹모가 되면 보너스까지 주는 사회, 그것이 우리나라라는 것이다.

틀린 말은 아니다. 하지만 나는 이렇게 생각한다. 맹모가 상을 받는 경우는 딱 1가지밖에 없다. 즉, 좋은 학군 지역의 아파트를 '사서' 그곳으로 이사한 경우. 그 경우에만 보상을 받는다. 그 외 맹모에게 돌아오는 건 경제적 고난의 악순환이다.

물론, 경제적 여력이 충분한 사람들을 제외하고 말이다. 아이 둘을 모두 국제학교에 보내고 나서도 경제적으로 여유로운 사람이라면, 자녀에게 어떤 악기를 가르쳐도 상관없을 만큼의 재력을 갖춘 집안이라면 괜찮다. 문제는 그렇지 않은 사람이 대부분이라는 것이다.

특히, 국제학교처럼 큰돈이 들어가는 학교라면, 대단히 신중하게 결정해야 한다. '큰돈이 들어갈 구조는 이미 만들어져 있는데, 큰돈이 들어올 구조는 취약한 상태'라면 유의하라는 것이다.

지금 당장은 돈을 잘 벌고 있다 해도 그것이 영원히 변하지 않는 구조는 아니다. 현재 잘 벌고 있는 것일 뿐, 미래에도 돈을 잘 벌 거라고 누가 보장할 수 있는가? 안정적으로 큰돈이 들어올 구조를 만들었다면 몰라도, 그렇지 않다면 돈이 크게 소비될 구조를 만드는 일만큼은 꼭 자제해야 한다.

자녀의 꿈을 무시하라는 건 아니다. 다만, 자본주의사회를 살아가는 이상 경제적인 현실까지 간과해서는 안 된다. 배가 아무리 고파도 꿈만 이루면 행복하다는 말은 동화 속에서만 가능하다. 해봐라. 정말 그런가? 꿈도 이루고, 적당히 배도 불러야 한다. 그래야 꿈도 가치가 있고, 꿈도 꿈같이 꿀 수 있다. 배가 고프면 잠조차 오지 않는다.

우리 딸애도 어렸을 적, 성악에 소질을 보였다. 동요 대회에 나가서 입상도 했다. 당연히 선생님도 딸아이에게 성악 전공을 권했다. 며칠 고민해 본 우리 부부는 선생님의 권유를 단호히 거절했다. 물론, 아이도 잘 설득시켰다. 일단 아이가 성악을 전공하려면, 대학교에 들어갈 때까지 소요되는 레슨비만 하더라도 어마어마하다. 그런데 부모가 돈이 저절로 벌리는 구조도 만들지 못한 상태에서, 아이에게 돈이 저절로 나가는 구조부터 만든다는 건 바보 같은 짓임에 틀림없었기 때문이다.

부모라면, 특히 아이들이 어렸을 때는 무슨 짓을 해서라도 사랑하는 자녀의 꿈을 이뤄주고 싶다. 그게 나쁘다고 말하는 건 아니다. 하지만 다른 한편으로 우리가 발 딛고 살아가는 이 땅의 경제적 상황을 철저히 인식할 필요가 있다. 이것이 현실이다. 모든 재산을 바쳐 남부러울 것 없이 키운 자녀가 나중에 "엄마 아빠는 왜 이렇게 돈이 없어?" 하면서 부모에게 짜증을 내더라는 이야기도 놀라울 게 없다.

내가 멘토로 여기고 있는 몇 분이 있는데, 그중 한 분이 이런 말씀을 하셨다.

"자식을 내 것으로 생각하면 안 됩니다. 나를 호텔의 주인이라고 생각하고, 자식은 내 호텔에 가장 오래 머물다 가는 손님이라고 생각해야 하는 거예요. 손님에게 잘 해주면 그 손님은 내 호텔에 자주 오고 싶겠죠? 그리고 잘 못해주면 오고 싶어 하지 않겠죠? 그냥 그런 겁니다."

자식을 위해 모든 것을 희생해 결국 노후를 자식에게 기대야 하는 부모라면, 과연 자녀들이 어떻게 생각할까? 자신들을 위해 희생했으니 마땅히 부양해야 한다고 생각할까? 자녀는 그저 손님 같은 존재다. 고마움은 가질지 몰라도 머물던 호텔이 망하기 일보직전이라면, 당장 달려오려고 하지는 않을 것이다.

바로 이러한 이유로, 재테크 최고의 적은 자녀라는 것이다. 아니, 그 말을 조금 고쳐 정확하게 말하면, 재테크 최고의 적은 자녀를 위해서라면 나 하나쯤은 희생하고 경제적 준비는 뒤로 미뤄도 된다고 생각하는 부모의 무모함이다.

지금도 아주 오래전 지인을 만나면, 딸애가 성악을 하고 있는지 묻는다. 성악 공부를 시키지 않았으니, 우리 아이는 당연히 성악과 무관한 공부를 하고 있다. 하지만 최근 보컬 트레이닝을 받기 시작했다. 내가 제안했다. 소질이 있으니, 트레이닝을 받으면 실력도 향상되고 본인의 인생에 큰 즐거움이 생길 것 같았다. 역시 예상했던 대로, 아이에게 놀라운 실력 향상이 엿보인다. 나는 아이에게 K-pop 경연대회 같은 데에 나가봤으면 좋겠다고도 했다. 가수가 되길 원하는 것도, 되라는 것도 아니다. 다만 아이가 좋아하고 잘하는 것을 마음껏 즐기며 살았으면 좋겠다. 버스킹 같은 것도 괜찮지 않을까?

꿈을 이루는 데 꼭 어마어마한 돈을 들여야 하는 건 아니다. 조금만 지혜롭게 생각해 보면, 자신이 원하는 일을 하고 꿈도 이루면서 경제적인 부담도 겪지 않을 수 있다. 국제학교도 마찬가지다. 국제학교에 들어가지 않아도 국제적인 인물이 될 수 있는 방법은 많다.

교육보다 돈을 버는 게 더 중요하다는 이야기는 아니다. 다만, 이 땅에 살아가는 이상 경제적인 현실을 무시하지는 말자. 저절로 큰돈이 들어오는 구조가 마련되지 않은 상태에서, 국제학교나 바이올린뿐 아니라 아이의 고액 과외와 해외 연수, 학원은 모두 저절로 큰돈이 빠져나가는 구조로 작용해 당신의 경제적 안정을 위협할 수 있다.

당장의 교육도 중요하지만 그보다는 언젠가 손님같이 떠날 아이들이 다시 돌아오고 싶은 집을 만드는 것이 더 중요하지 않을까? 자식들을 떠나보내면서, 서비스 좋고 쾌적한 호텔 같은 집을 갖춰놨으니 언제든 와서 쉬었다 가라고 이야기할 수 있으면 더 좋지 않을까?

5장

소액 투자처를 보는 눈

01 택지개발지구의 오피스텔

02 지방이라면 학군이 핵심

01 택지개발지구의 오피스텔

여기, 매매가격 2억 원짜리 오피스텔이 하나 있다. 월세 수준은 보증금 1,000만 원에 월세 70만 원이다.

오피스텔에 투자했을 경우

매매가격	2억 원	
월세 보증금	1,000만 원	
월세	70만 원	
연 수입	840만 원	월세×12
실제 투자금	1억 9,000만 원	매매가격-월세 보증금
수익률	4.4%	연 수입÷투자금×100

투자 수익률이 4.4%라면 어떤가? 해볼 만한가? 해볼 만하다. 그러나 만족스러운 수준은 아닐 것이다. 그럼 이건 어떤가?

대출 60%를 받아 오피스텔에 투자했을 경우

매매가격	2억 원	
대출비율	60%	
대출금액	1억 2,000만 원	매매가격×대출비율
대출이자율	3.8%	
연 대출 이자금액	456만 원	대출금액×대출이자율
월세 보증금	1,000만 원	
월세	70만 원	
연 수입	840만 원	월세×12
실제 수입	384만 원	연 수입–대출 이자금액
실제 투자금	7,000만 원	매매가격–대출금액–월세 보증금
수익률	5.5%	실제 수입÷실제 투자금×100

수익률이 5.5%로 올라간다. 이 정도는 괜찮은 것일까? 그럼 이건 어떤가?

대출 80%를 받아 오피스텔에 투자했을 경우

매매가격	2억 원	
대출비율	80%	
대출금액	1억 6,000만 원	매매가격×대출비율
대출이자율	3.8%	
연 대출 이자금액	608만 원	대출금액×대출이자율

월세 보증금	1,000만 원	
월세	70만 원	
연 수입	840만 원	월세×12
실제 수입	232만 원	연 수입-대출 이자금액
실제 투자금	3,000만 원	매매가격-대출금액-월세 보증금
수익률	7.7%	실제 수입÷실제 투자금×100

수익률이 7.7%로 올라간다. 이 정도면 비교적 만족할 만한 수익으로 볼 수 있다.

80% 대출 가능할까? 대출 가능 금액은 늘 정부의 정책에 따라 바뀌게 마련이다. 그러니 대출을 얼마나 받을 수 있을지는 상황에 따라 달라진다. 무엇보다 개인 신용등급의 영향을 받으므로 일률적으로 어느 정도의 금액이 가능할 거라고 단언할 수는 없다. 다만 거주용 오피스텔의 경우, '집단대출'을 받는 경우가 일반적이라 한도가 매우 높게 책정될 수 있다. 따라서 집단대출을 통해 충분한 금액을 대출받아 월세를 놓는다면, 괜찮은 수익이 발생할 수 있다.

2019년 현재, 시중은행의 경우 오피스텔 집단대출에 관한 규제 지역 관련 제한은 없으며, 매매가격의 80%까지 대출해 주는 은행들이 많다. 이때, 방공제(최우선 변제금 공제, 은행 대출보다 후순위로 들어온 세입자라고 하더라도 순위에 상관없이 무조건적으로 먼저 보상해주는 금액)를 하고 나서 80%인 경우도 있고, 일부 방공제를 하지 않는 경우도 있다. 다만, 매매가격의 80%까지 대출받은 경우 개인 신용등급까지 감안해 받은 것이므로 신용이 좋아야 하며, 대출금 중 일부를 10년(또는 5년) 동안 매년 10%씩 상환하는 형태일 수 있다.

쉬운 이해를 위해 예를 들어보자. 2억 원짜리 오피스텔을 매수하는데 80% 대출을 받는다면, 1억 6,000만 원(방공제를 하지 않은 경우)을 빌릴 수 있다. 이런 경우, 1억 2,000만 원까지는 담보대출, 나머지 4,000만 원은 신용대출인 경우가 많다. 이때 매달 이자만 내는 대출 형태(거치식)가 가능하지만, 1년마다 신용대출 4,000만 원의 10%, 즉 400만 원의 원금을 매년 갚아나가는 형태일 수 있다.

현시점 아파트 담보대출의 경우, 이자만 내는 거치식이 없고 원금과 이자를 함께 갚아나갈 수밖에 없다는 걸 감안하면, 매력적인 조건이다. 대출도 충분히 받을 수 있고, 매달 원금을 갚는 것이 아니라, 1년에 한 번씩 원금의 일부를 갚는 형태라 부담이 줄어들기 때문이다.

이게 끝이 아니다. 설령 대출을 60% 정도밖에 못 받는다고 하더라도, 매입한 오피스텔이 2~3년을 두고, 가격이 상승한다면, 담보 비율이 올라가게 된다. 쉽게 말해 대출을 더 많이 받을 여력이 생긴다는 말이다. 그래서 처음 매입한 금액 대비 80%가 넘는 대출을 받을 수 있는 상황이 벌어진다. 즉, 매입 당시의 대출 비율만 볼 것이 아니라 향후 더 많은 대출을 받을 수 있는 가능성이 있다는 것도 알아둘 필요가 있다.

이러한 형태로 대출을 받고 보증금 1,000만 원, 월세 70만 원에 임대를 놓는다면, 앞선 사례와 같은 괜찮은 수익이 발생한다. 2019년 현재 부동산 투자 규제 지역에서 이런 대출 방식을 활용할 수 있는 대상은 오피스텔밖에 없으므로 관심을 가져보자. 특히 2019년뿐 아니라, 과거의 사례를 봐도 오피스텔까지 규제했던 적은 거의 없다. 따라서 오피스텔은 부동산 규제가 강화될 때 더욱 관심을 가져볼 만한 투자 대상이다.

오피스텔의 투자성 오피스텔 투자에 관해, 대출을 얼마나 받을 수 있는지보다 더욱 중요한 문제가 있다. 해당 오피스텔이 투자성이 있느냐 하는 것이다. 투자성이 없다면 아무 의미가 없다. 나를 찾아와 상담을 요청하는 사람들의 고민 가운데 많은 것 중 하나가 오피스텔 투자다. 그들은 늘 이렇게 묻는다. "오피스텔을 사려고 하는데, 괜찮은가요?"

이런 질문이 많은 이유는 몇 가지 때문이다. 우선, 분양하는 사람들이 열심히 홍보하기 때문이다. 오피스텔은 아파트처럼 잘 팔리는 대상이 아니다 보니, 분양 상담사의 역할이 지대하다. 이들에게 이런저런 좋은 이야기를 듣다 보면 마음이 가게 되어 있다.

또한 이러한 오피스텔들은 대개 초역세권이나 어떤 확실한 호재가 있는 지역처럼 아주 좋은 위치에 있다. 그러니 부동산에 관해 잘 모르는 사람이라도 입지가 매우 좋다는 것쯤은 알게 된다.

게다가 이렇게 좋은 입지의 부동산을 소유하지 못한 경우 괜히 더 탐난다. '이것을 사서 나도 강남 입성의 꿈을 이룰까?' '이 오피스텔을 매수해 나도 한강이 내다보이는 지역의 부동산을 하나 가질까?' 하는 생각이 드는 것이다.

그런데 신문광고가 큰 효과를 발휘하지 않는 요즘 같은 시대에도 거의 매일같이 각종 신문에 오피스텔 분양 광고가 뜨는 것만 봐도 한 가지 알 수 있다. 오피스텔은 공급이 쉬우면서도 그만큼 판매가 쉽지 않은 대상이라는 것이다. 결국 투자성이 있는 오피스텔은 매우 희귀할 수밖에 없다.

결론적으로 말하자면, 오피스텔은 대개의 경우 투자성이 없다. 좋은 곳에 위치하고 있어도 마찬가지다. 2가지 이유 때문에 그렇다. 하나는 희소성이고, 또 하나는 노후화다.

첫 번째, 희소성부터 살펴보자. 대단히 좋은 입지에 위치하고 있는 오피스텔이라고 하더라도, 그 주변에 새로운 오피스텔이 생기지 말라는 법이 없다. 오피스텔은 아파트에 비해 건축 허가를 받기도 쉽고, 개발하기도 쉽다. 단순하게 생각해 보자. 아파트는 500세대 정도의 단지를 지으려고 해도, 아주 넓은 땅이 필요하다. 개발업자 입장에서는 이렇게 넓은 땅을 구하기가 대단히 어려우므로 여러 지주들의 합의를 이끌어내야 한다. 그게 쉬운 일일까?

하지만 오피스텔은 다르다. 이미 건물을 가지고 있는 사람이 오래된 기존 건물을 부순 후 오피스텔을 지어서 분양할 수도 있고, 개발업자가 건물 하나만 매입해도 지을 수 있다. 건설과 분양이 상대적으로 대단히 쉽다는 말이다.

역세권의 오피스텔 역시 크게 다르지 않다. 대부분 역세권에 속하기만 하면 대단히 가치가 있을 것으로 생각하는데, 역세권도 사실 대단히 넓은 범위다. 게다가 요즘은 전철의 출구도 여러 개로 만드는 추세라, 출구를 기준으로 본다면 역세권의 범위가 상당히 넓어진다. 그 넓은 범위 안에서 얼마나 많은 오피스텔들이 새로 들어서게 될지 누가 알겠는가.

반면 역세권 아파트의 가치는 다르다. 역세권의 범위가 아무리 넓다 해도 그 넓은 범위 내 각 출구마다 아파트 단지를 지을 수는 없기 때문이다. 아파트를 개발하는 것 자체도 힘든데 거기에 역세권이라고 하면 그 가치가 높을 수밖에 없는 것이다.

투자 가치를 논할 때는 희소성이 필수인데, 그런 면에서 오피스텔은 희소성이 전혀 없다고 봐도 된다. 이러한 사실을 모르는 사람은 '강남에 집 한 채 없으니, 오피스텔이라도 사자!' 하는 심정으로 덜컥 강남 오피스텔을 매수하는 우를 범한다. 문제는 강남이 나빠서가 아니다. 여전히 서울 강남은 입지도 좋고 앞으로도 가격이 올라갈 지역이다. 그럼에도 유독 오피스텔만큼은 가격이 오르지 않는다는 걸 경험하게 될 수 있다.

다음의 표를 보자.

서울 오피스텔 시세 변화와 임대수익률

시기	매매가격	전세가격	전세가율	임대수익률
2012.12	22,406만 원	14,094만 원	65.6%	5.63%
2013.12	22,004만 원	14,713만 원	68.8%	5.62%
2014.12	21,861만 원	15,761만 원	73.5%	5.31%
2015.12	21,952만 원	16,658만 원	76.5%	5.42%
2016.12	22,602만 원	17,433만 원	77.3%	5.14%
2017.12	23,235만 원	18,130만 원	78.1%	4.87%

자료원 : KB국민은행

2012년부터 2017년까지 5년간의 변화를 봐도 오피스텔의 매매가격에는 큰 변동이 없다는 걸 알 수 있다.

두 번째, 노후화가 더 큰 문제다. 신축 오피스텔이 역세권에 있다고 하면, 적어도 공실 걱정은 하지 않아도 될 것이다. 그런데 10년 후에도 그럴까? 어떤 부동산이든 노후화가 진행된다. 감가상각이 되는 것이다. 물론 지은 지 10년이 되었다고 건물을 사용하지 못하게 되는 건 아니다. 물이 안 나오고 전기가 끊기며 바퀴벌레가 나오는 식의 문제가 발생하는 것도 아니다. 각종 시설을 사용하고 거주하는 데에는 큰 문제가 없다. 그러나 10년이 지나면 소비자들의 눈높이가 올라가 '구식' 오피스텔을 꺼린다는 게 문제다.

또 대개는 10년을 기준으로, 커다란 패러다임의 변화가 일어난다. 과거의 사례를 예로 들면, 중앙난방에서 개별난방으로 변화

했다. 과거에는 오피스텔은 모조리 중앙난방 시스템이었다. 하지만 2014년부터 개별난방 시스템을 갖춘 오피스텔이 등장하더니, 그게 대세가 되었다. 이제는 더 이상 중앙난방 시스템을 갖춘 오피스텔이 지어지지 않는다. 개별난방 시스템을 갖춘 오피스텔이 처음 나왔을 때는 그저 '새 것이니 좋다'는 정도로 생각한 소비자들도 시간이 지나면서 '중앙난방은 도저히 불편해서 못 살겠다'는 식으로 마음이 바뀌었다. 이처럼 자연스럽게 소비자의 눈높이가 올라가는 것이다. 특히 중앙난방의 경우, 관리비도 문제지만 여름과 겨울엔 오후 6시만 되면 냉·난방이 없어지니, 그 이후의 업무나 생활에 상당한 불편을 감수해야 한다. 여기서 재미있는 건, 이 같은 불편은 모두가 같이 겪을 때는 크게 문제가 되지 않는데, 이런 불편을 겪지 않아도 되는 사람이 늘어나면, 그때부터는 상당한 불편으로 인식된다는 것이다. 그렇다면 이런 오피스텔은 어떻게 되겠는가? 당연히 소비자들로부터 외면받게 되고, 이로 인해 임대료를 인상할 수 없게 되니 매매가격 역시 상승하지 않게 된다. 이는 결국 해당 오피스텔을 매도하기도 어렵게 된다는 뜻이다. 투자 가치가 전혀 없게 되는 것이다. 실제 강남역 한복판에 위치한 구식 오피스텔의 경우 다행히 상권이 좋은 자리에 있어 상가로서의 가치는 유지하고 있으나, 중앙난방 시스템에 수리가 전혀 되지 않아 오피스텔의 임대료는 거의 제자리걸음이다.

10년 사이 일어난 패러다임 변화 중 또 하나는 기계식 주차였다. 과거 오피스텔은 모두 기계식 주차를 했다. 그런데 2004년경부터 자가 주차 형태의 오피스텔이 나오기 시작했다. 아파트처럼 된 것이다. 처음에는 이 같은 오피스텔이 나왔을 때 모두 깜짝 놀랐다. 이는 아파트처럼 대규모 단지에서나 가능할 것으로 여겼기 때문이다. 자가 추자 형태가 가능해진 건 그만큼 건축 공법이 발전했기 때문이었다. 과거에는 지하 주차장을 하나 파는 데 들어가는 비용이 어마어마했는데, 이 비용을 줄일 수 있게 되면서 지하 주차장을 건설할 수 있게 되었고 기계식 주차가 자취를 감추게 된 것이다. 이때도 사람들의 반응은 크게 다르지 않았다. 기계식 주차면 어떠냐고 하던 사람들도 세월이 지나 오피스텔의 자주식 주차 형태가 보편화되자 기계식 주차 형태의 오피스텔을 꺼리게 되었다.

2015년에도 오피스텔에 또 다른 변화가 일어났다. 빌트인built-in 시스템이다. 거실이나 주방 등 건축 단계에서부터 붙박이 가구나 전자 제품이 설치되어 있는 것을 말한다. 물론 과거에도 냉장고가 설치된 오피스텔은 있었다. 하지만 요즘에는 냉장고와 세탁기, 에어컨 같은 전자 제품과 식탁과 침대, 책상까지 처음부터 설치된 '풀퍼니시드full-furnished' 시스템을 갖춘 오피스텔도 인기다. 그냥 몸만 들어와서 머무르다 나가면 될 수 있을 정도다! 처음에는 이러한 혜택에 크게 반응하지 않던 소비자들도 시간이 흐르면서 빌트인 시스템을 갖추지 못한 오피스텔을 불편하다고 외면하기 시작했다. 구식 오피스텔에 들어갈 경우 가전제품이나 가구 등을 사야 하는데, 나중에 다시 빌트인 오피스텔로 이사하게 되면 그

2015년부터 등장해 대세로 자리 잡은 풀퍼니시드 오피스텔

런 것들을 모두 버릴 수밖에 없기 때문이다.

이렇게 오피스텔은 세월의 흐름에 따라 구식이 되면서 경쟁력을 상실하게 된다. 자연스럽게 매매가격이나 전세가격 상승도 일어나지 않는다. 그렇다면 여기서 의문이 생긴다. 아파트는 그렇지 않은가? 아파트는 감가상각이 되거나 구식이 되지 않는다는 것인

가? 물론 아파트 역시 세월이 흐르면서 똑같이 구식이 된다. 그런데 왜 아파트 가격은 오르는 걸까?

아파트 vs. 오피스텔 이것이 바로 아파트와 오피스텔을 가르는 중요한 기준이 된다. 아파트 역시 구식이 된다. 새로 지어진 아파트를 보면 구식 아파트에 살고 싶지 않아지는 건 모든 사람이 똑같다. 하지만 아파트와 오피스텔에는 차이가 있는데, 크게 2가지 면에서 다르다. 첫째는, 아파트는 어느 정도 수리가 가능하다는 것이다. 중앙난방도 개별난방 시스템으로 고치고 리모델링을 통해 내부를 완전히 수리하면, 새 아파트 못지않은 효과를 낼 수 있다. 심지어 지하 주차장을 새로 만들 수도 있다. 소유주들끼리 합의가 되면 무엇이든 가능하다. 따라서 아파트는 연식이 오래돼도 가치를 보존할 수 있다. 물론 감가상각이 일어나지만, 그보다 물가상승률이나 토지 가격이 더 많이 오르기도 한다.

둘째, 오피스텔은 임시로 거주하는 곳이란 인식이 강한 데 비해, 아파트는 생활의 터전이라는 인식이 강하다는 점이다. 생활의 터전인 아파트에서 가정을 꾸려 생활하다 보면 공간에 익숙해지고 살림살이도 상당히 늘어난다. 그렇다 보니 패러다임 변화로 각종 편의 시설을 갖춘 신축 아파트가 등장해 좋아 보여도, 익숙해진 기존 집을 쉽게 떠나기 힘들다. 그러니 새 아파트가 나왔다고 구형 아파트를 버리고 모조리 새 아파트로 쏠리는 현상은 벌어지지 않는 것이다.

이처럼 오피스텔과 아파트엔 차이가 있다. 그 핵심은 역시 '희소성'에 근거한다. 쉽게 지어질 수 없다는 특징상 아파트에 거주하는 이들은 약간의 불편함도 그냥 감수하려고 하는 경향이 있지만 오피스텔의 거주자들은 그렇지 않다. 만약 아파트도 오피스텔처럼 쉽게 지어진다면, 투자를 위해서라도 몇 년에 한 번씩은 꼭 이사를 해야 하는 재테크가 필요할 수도 있다. 하지만 오피스텔과 다른 아파트의 특징 덕분에 투자 가치 있는 아파트를 고르면 장기 투자가 가능해지는 것이다.

‖ 투자 가치 있는 오피스텔 ‖

오피스텔 이야기로 돌아가 보자. 여러 이유로, 오피스텔은 일반적으로 투자성이 없다고 봐야 한다. 좋은 지역에 지어지는 것이라고 해서, 역세권에 위치한다고 해서 현혹되어서는 안 된다. 투자 가치가 없다는 것을 전제로 하고, '혹시' 그러한 단점을 뛰어넘을 수 있는 오피스텔은 없을지 살피는 자세가 필요하다.

택지개발지구의 오피스텔 그럼 대출까지 받아 투자해 볼 만한 오피스텔은 없는 걸까? 전작 《부동산 투자의 정석》에서도 이야기했듯, 택지개발지구의 오피스텔이라면 시도해 볼 만하다. 오피스텔 투자는 특별한 경우가 아니라면, 택지개발지구 내 오피스텔로 한정해야 한다. 앞서 언급한 문제점이 없는 대상이기 때문이다. 아무리 좋은 지역과 위치에 지어진 오피스텔이라고 해도, 주변에 더 좋은 오피스텔이 들어오지 말라는 법이 없으므로, 나는 오피스텔엔 투자성이 없다고 했다. 하지만 택지개발지구 내의 오피스텔은 그럴 가능성이 없다. '택지개발지구'가 무엇인가? 모든 건물의 용도가 미리 정해진 곳이 바로 택지개발지구다. 따라서 어느 날 갑자기 상가였던 건물이 오피스텔이 되고, 주차장 부지가 오피스텔이 되는 일은 일어나지 않는다. 그것이 택지개발지구의 매력이다. 그러니 이곳에 위치한 오피스텔은 희소성 때문에 가치가 꾸준히 상승할 수 있다.

노후화 문제는 어떤가? 이 문제도 희소성 때문에 상당 부분 해결된다. 택지개발지구 내에 있는 오피스텔이 별로 없다 보니, 소비자들이 노후화 문제를 감수하게 된다. 그럼 택지개발지구 밖에 있는 오피스텔들이 경쟁 상대가 되지 않을까 싶을 수 있는데, 물론 경쟁이 전혀 안 되는 건 아니지만 택지개발지구 안의 기반 시설과 택지개발지구 밖의 기반 시설엔 많은 차이가 있다. 우선 택지개발지구는 모든 것을 계획적으로 만들다 보니, 충분한 기반 시설을 갖춘 덕분에 쾌적하고 안전하고 편리하다. 하지만 택지개발지구 밖 오피스텔의 경우, 오피스텔 자체는 맘에 들어도 주변 환경과 기반 시설만큼은 택지개발지구 내 오피스텔과 비교할 때 부족할 수밖에 없다. 따라서 소비자 입장에서는 조금 낡아 보여도 택지개발지구 내 오피스텔을 선택할 가능성이 크다.

무엇보다 택지개발지구 내 오피스텔을 대출을 받아 매수할 경우, 투자금도 적게 든다. 대출을 받아서 오피스텔을 매입한 후, 일정 기간 월세 수입을 받으며 10년 동안 보유했는데, 10년 후 매매가격이 2배가 되었다고 해 보자. 수익률은 얼마나 될까?

80% 대출을 받아 오피스텔에 투자했을 경우

매매가격	2억 원	
대출 가능 비율	80%	
대출금액	1억 6,000만 원	매매가격×대출 가능 비율
대출이자율	3.8%	
연 대출 이자금액	608만 원	대출금액×대출이자율
월세 보증금	1,000만 원	
월세	70만 원	
1년 월세 수입	840만 원	월세×12개월
실제 수입	232만 원	1년 월세 수입–연 대출 이자금액
실제 투자금	3,000만 원	매매가격–대출금액–월세 보증금
투자 수익률	7.7%	실제 수입÷실제 투자금×100

10년 후 해당 오피스텔의 매매가격이 2배 상승했을 경우

처음 매매가격	2억 원	
10년 후 매도가격	4억 원	매매가격×2
실제 투자금	3,000만 원	처음 매매가격–대출금액–월세 보증금
회수금	2억 3,000만 원	매도가격–대출금액–월세 보증금
수익금(매도차익)	2억 원	회수금–실제 투자금
수익률	667%	수익금÷실제 투자금×100
연 복리 수익률	약 23%	투자금×(1+수익률)^{10}=회수금

표에서 보듯 이 오피스텔의 가격은 실제 투자금 대비 무려 6.6배나 성장했다. 이를 복리 수익률로 계산할 경우 10년 동안 지속적으로 매년 22%의 수익을 낸 것과 같다. 대단한 결과가 아닐 수가 없다.

물론 이 계산에는 양도세가 빠졌다. 대부분의 주거용 오피스텔의 경우 임대사업자 물건으로 등록되는데, 현시점 8년 준공공임대주택에 등록 시 장기보유특별공제를 70%까지 받으므로 실제로 세금 부담은 10% 이내다.

이뿐만이 아니다. 여기서는 매년 벌어들이는 수익 7.7%를 계산에 넣지도 않았다. 대출받은 돈의 이자를 내고도 남는 수익이 7.7%이므로 대출에 대한 부담 없이 세월을 보낸 후 적지 않은 월세 수입까지 얻은 것이다.

이 수익까지 합칠 경우, 단순히 계산해도 10년 동안 매년 거의 30%에 이르는 수익을 낸 셈이다. 대단하지 않은가?

수익을 너무 긍정적으로 계산했다고 생각할 수도 있으니, 조금 보수적으로 보아 해당 오피스텔의 매매가격이 50%만 상승한 것으로 가정하고 이때 대출을 각각 60%, 80% 받아서 투자했을 때 어떤 결과가 나오는지도 비교해 보자.

다음 표를 보자.

60% 대출을 받아 오피스텔에 투자해 매매가격이 50% 상승했을 경우

처음 매매가격	2억 원	
대출 가능 비율	60%	
대출금액	1억 2,000만 원	매매가격×대출 가능 비율
10년 후 매매가격	3억 원	매매가격×1.5
월세 보증금	1,000만 원	
실제 투자금	7,000만 원	매매가격–대출금액–월세 보증금
회수금	1억 7,000만 원	10년 후 매매가격–대출금액–월세 보증금
수익금(매도차익)	1억 원	회수금–실제 투자금
수익률	143%	수익금÷실제 투자금×100
연 복리 수익률	약 9%	투자금×$(1+수익률)^{10}$=회수금

80% 대출을 받아 오피스텔에 투자해 매매가격이 50% 상승했을 경우

처음 매매가격	2억 원	
대출 가능 비율	80%	
대출금액	1억 6,000만 원	매매가격×대출 가능 비율
10년 후 매매가격	3억 원	매매가격×1.5
월세 보증금	1,000만 원	
실제 투자금	3,000만 원	매매가격–대출금액–월세 보증금
회수금	1억 3,000만 원	10년 후 매매가격–대출금액–월세 보증금
수익금(매도차익)	1억 원	회수금–실제 투자금
수익률	333%	수익금÷실제 투자금×100
연 복리 수익률	약 16%	투자금×$(1+수익률)^{10}$=회수금

10년 동안 60% 대출을 받아 매수한 해당 오피스텔의 매매가가 50%만 상승해도, 연 복리 9%의 수익이 가능하다. 여기에, 매달 받는 월세까지 합친다면(이를 4%로 계산해도) 13%의 수익을 낸 것이나 다름없다. 매년 13%의 수익을 복리로 냈다는 건 대단한 일이다. 그리고 80%의 대출을 받아 매수한 오피스텔의 매매가가 50% 상승했다면, 연 복리 20% 정도의 수익을 낸 셈이다.

사실 10년간 부동산의 매매가격이 50% 정도 상승한다는 건 매우 보잘것없는 수익이다. 그런데도 어떻게 이처럼 놀라운 수익률이 가능한 걸까? 2가지 이유에서 가능하다. 하나는 오피스텔의 경우 대출을 많이 받을 수 있어서 큰 '레버리지 효과'를 기대할 수 있다는 점이고, 다른 하나는 레버리지를 활용한다 해도 대출에 관한 이자를 세입자에게서 들어오는 월세로 충당할 수 있기 때문이다. 따라서 오피스텔의 매매가격이 조금만 올라도, 투자금 대비 수익률이 상당히 높아질 수 있다.

특히 2019년 현시점 부동산 규정상, 오피스텔은 가장 제재가 없어서 대출도 가장 잘 나온다. 이러한 이유로 오피스텔은 조금은 보잘 것 없어 보여도 알고 보면 놀라운 수익을 만들어 내는 대상이 될 수 있다.

단, 나는 오직 택지개발지구 내의 오피스텔 투자에서만 이런 결과가 나올 가능성이 크다고 강조했다. 그렇다고 다른 지역의 오피스텔에서는 이 같은 수익이 '절대' 나올 수 없다는 말은 아니다. 다만, 확신할 수 없다는 것이다. 10년간 아무 일도 벌어지지 않고 수익이 꾸준히 나올 수 있을지 말지는 누구도 예측할 수 없다. 그러한 사례에 대한 자료도 거의 없거니와 설령 자료가 있다 해도 그것이 미래에도 그렇게 될 거라는 걸 보장할 수 없다. 따라서 보다 분명히 예측되는 대상이 있는 상황에서, 불안감을 안고 굳이 예측할 수 없는 불확실한 대상을 매수해야 할 이유가 없다는 말이다. 그렇다면, 정말 택지개발지구 내의 오피스텔들은 투자 가치가 있는 것일까? 최소한 어느 정도 상승을 기대할 수 있을까? 과거의 사례를 한번 보자.

일산 장항동 중앙하이츠빌 오피스텔 (2004년 건축)

	2006년 3분기	2016년 3분기
전용면적	거래금액	거래금액
35.96㎡	6,800만 원	1억 2,500만 원
36.75㎡	1억 1,826만 원	1억 7,000만 원

자료원 : 국토부실거래가 공개시스템

전용면적 35.96㎡ 기준으로 매매가격 7,000만 원 정도 하던 오피스텔이 10년 후 1억 2,500~1억 3,500만 원이 되었다. 이 오피스텔의 경우, 같은 면적인데도 상당한 가격 차이를 보이는 경우가 있는데 이는 조망권 때문이다. 호수공원 쪽 호수의 경우, 2006년 당시 9,500만 원 정도였으나 10년 후 1억 6,000만~1억 7,000만 원이 되었다. 거의 100% 상승한 셈이다.

안양 평촌아크로타워 오피스텔 (2007년 건축)

	2008년 2분기	2018년 2분기
전용면적	거래금액	거래금액
34.39㎡	1억 4,900만 원	2억 3,700만 원
66.57㎡	2억 3,900만 원	3억 2,500만 원

자료원 : 국토부실거래가 공개시스템

평촌 아크로타워는 2007년에 완공이 되었는데, 그사이 거래가 없어서 2008년 2분기 자료로 보면, 전용면적 34.39㎡ 기준으로 1억 4,000만 원대였던 오피스텔이 10년 후인 2018년에는 2억 4,000만 원까지 상승했음을 알 수 있다. 약 60% 정도 상승한 것이다.

부천 중동 트리플타워 오피스텔 (2004년 건축)

	2008년 1분기	2018년 1분기
전용면적	거래금액	거래금액
31.8㎡	8,000만 원	1억 3,200만 원
80.42㎡	1억 5,000만 원	2억 2.900만 원

자료원 : 국토부실거래가 공개시스템

트리플타워 역시 2004년에 지어졌으나 그사이 거래가 많지 않아서, 2008년과 2018년 1분기 자료로 비교했다. 보다시피 전용면적 31.8㎡ 기준 매매가격 8,000만 원이던 오피스텔이 10년 후 1억 3,200만 원이 되었다. 약 65% 상승이다.

산본 대우디오플러스 (2002년 건축)

	2002년 분양 당시	2012년 1분기
전용면적	거래금액	거래금액
34.73㎡	6,500만 원	1억 1,500만 원

자료원 : 국토부실거래가 공개시스템

대우디오플러스는 2002년에 지어졌다. 다만 2002년에는 실거래가 공개 이전이라 관련 자료가 없다. 분양 당시 프리미엄이 붙지 않았다는 걸 감안해 분양가를 기준으로 살펴보자면, 전용면적 34㎡ 기준 6,500만 원이던 매매가격이 10년 후 1억 1,500만 원이 되었다. 거의 80% 정도 상승한 것이다.

분당 풍림아이원 오피스텔 (2004년 건축)

	2006년 3분기	2016년 3분기
전용면적	거래금액	거래금액
35㎡	9,300만 원	1억 5,500만 원
80㎡	2억 4,000만 원	3억 5,500만 원

자료원 : 국토부실거래가 공개시스템

2006년 전용면적 35㎡ 기준 9,300만 원이던 오피스텔은 2016년에는 1억 5,500만 원까지 올라 67% 상승을 보였다.

이와 같은 사례에서 어떤 결론을 내릴 수 있는가? 택지개발지구 내 오피스텔은 대개 10년 만에 최소 60%에서 최대 100% 정도의 가격 상승이 가능하다는 것이다. 따라서 이렇게 희소성이 보장된 지역의 오피스텔은 못해도 50% 이상 가격이 상승하므로 앞서 계산한 수익률이 충분히 가능하다는 것을 알 수 있다. 다만, 여기서 몇 가지 보다 세부적인 사항들도 알아둘 필요가 있다.

‖ 택지개발지구 오피스텔 투자 시 유의점 ‖

첫째, 분양은 받지 말 것 택지개발지구의 오피스텔의 경우 투자해 볼 가치가 있다고 해놓고선 분양은 받지 말라니 의아하게 느껴질 것이다. 결론부터 말하자면, 택지개발지구 내의 오피스텔이라고 해도, 아주 특별한 경우를 제외하고는 분양받지 말자. 쉽게 말해, 그사이에 프리미엄이 붙을 가능성은 없기 때문이다. 프리미엄이 붙지 않는다면 굳이 오피스텔을 먼저 사두면서까지 비용을 낭비할 필요가 없다는 말이다.

프리미엄이 붙는 오피스텔들이 없는 건 아니다. 다음 3가지에 해당하는 경우인데, 첫째는 주변 오피스텔의 분양가보다 현저하게 낮은 가격에 분양하는 경우, 둘째는 택지개발지구에서도 핵심적인 위치에 분양하는 경우, 셋째는 부동산 과열 분위기에 휩쓸린 경우다. 첫 번째의 경우에 해당한다면 당연히 분양받아도 괜찮다. 분양가가 현저하게 저렴한 오피스텔일 경우 높은 임대수익률을 기대할 수 있다는 말이다. 임대료 수준은 크게 변동되지 않

2014년에 분양한 마곡나루역의 일성트루엘 오피스텔. 마곡지구에 오피스텔이 넘친다는 소문이 무성한 상황이었음에도 주변 시세보다 약 2,000만 원 정도 싸게 분양되었다. 곧바로 분양이 완료되면서 프리미엄이 500만~2,000만 원가량 붙었다.

으므로 분양가가 낮으면 당연히 임대수익률이 올라간다.

다만 이때도 시세를 잘 알아봐야 한다. 오피스텔은 아파트와는 다르게, 다양한 평면으로 구성된다. 그래서 일부 평면 호수만 저가 분양가로 내세우고 나머지 평면은 모조리 시세보다도 비싸게 분양하는 경우도 있다. 따라서 평면을 잘 비교한 후 확실하게 분양가가 낮은지 체크해 보라.

둘째, 택지개발지구 내 핵심적인 위치의 오피스텔이라면 분양받을 필요가 있다. 같은 택지개발지구라고 해도, 위치에 따른 위상은 다르다. 단, 일단 택지개발지구 내에서 분양하는 오피스텔이라면 당연히 관심 대상인데 그중에서도 핵심적인 위치에 있다면 더욱 뜨거운 관심을 받아 분양가가 높게 책정되는 경우가 많다. 이러한 이유로 분양을 받아놓고도 정작 수익으로 연결되는 경우가 드물다. 따라서 택지개발지구의 핵심적인 위치의 오피스텔이라고 해도, 가격을 면밀히 분석할 자신이 없다면 차라리 분양을 받지 않는 편이 낫다. 처음부터 분양을 받을 게 아니라, 나중에 프리미엄이 붙는 상황을 지켜보면서 그때 결정하는 게 나을 수 있다. 굳이 분양받을 필요가 없는 경우가 많기 때문이다.

실제로 개통 예정인 미사역 바로 앞에 위치한 L 오피스텔의 경우, 택지개발지구 내에 있고 브랜드도 있는데다 초역세권이란 특장점으로 분양 당시 꽤 인기를 끌면서 프리미엄까지 붙었다. 하지만 해당 오피스텔 주변에 입주 물량이 너무 많고 전철역 개통도 연기되자, 막상 입주 때가 되어서는 마이너스 프리미엄 물건들이 쏟아져 나왔다.

관심 있는 오피스텔에 수익성이 있는지 없는지는 어떻게 알 수 있을까? 일단 주변 오피스텔의 임대 가격 수준과 분양가를 비교해 보면 된다. 오피스텔은 아파트와 달라서, 그저 좋은 입지에 있다고 가격이 무조건 오르지 않는다. 기본적으로 임대 수익률이 높아야 가치가 있다. 따라서 임대가 수준을 볼 때 기본적인 수익률이 가능한 분양가라면 도전해 볼 필요가 있고, 그렇지 않다면 차라리 다른 투자처를 살펴보는 게 낫다.

2018년에 분양한 힐스테이트판교역 오피스텔. 택지개발지구 내에 속하고, 초역세권이라서 많은 주목을 받았다. 하지만 일부 평형을 제외하고는 굳이 분양받아서 미리 매수해야 할 상황은 아니었다. 경쟁이 치열했던 일부 평형도 수익률로 보자면 단기 매도하는 전략이 나았다.

또 이런 방법도 있다. 관심 오피스텔이 분양 시 많은 사람이 몰리는 상황이라면, 대중의 심리를 역으로 이용하는 것이다. 분양에는 참여하지만 분양에 당첨되면, 즉시 매각하는 것이다. 이러한 방식을 투기가 아니냐고 무조건 비난할 수는 없다. 불법도 아니고 시세를 교란하는 행위도 아니다. 사회적으로 볼 때 누군가에게 그 어떤 경제적인 위해를 가하는 것도 없다. 투자의 측면에서 볼 때, 고평가된 것을 발견해 고평가된 상태로 매도하는 행위다.

부동산 과열 분위기에 휩쓸린 세 번째 경우도 두 번째 경우와 유사하다. 부동산 시장이 광기에 휩싸이면 오피스텔 투기 판이 벌어진다. 조금만 생각해도 말이 안 되는 가격이라는 걸 알게 되는데, 대중의 광기로 인해 평범한 오피스텔이 높은 가격에 분양되고 게다가 높은 경쟁률로 마감되는 일이 발생한다. 이러한 경쟁 판에 절대로 동참해서는 안 된다.

2008년 송도의 한 오피스텔의 경우 경쟁률 4,855대 1이라는 역사적인 기록을 세울 정도로 인기였다. 이에 분양 후 1억 원가량의 프리미엄이 붙으며 기대를 모았지만, 막상 입주 시점이 되자 마이너스 거래까지 되는 상황이 벌어졌다. 판교에서도 비슷한 일이 벌어졌다.

판교의 D 오피스텔도 분양 당시 매우 높은 경쟁률을 기록했다. 판교역에서 가깝고 가장 핵심적인 위치에 있는 데다, 판교의 경우 아주 한정적인 지역에만 오피스텔을 분양했다. 매우 넓은 공간에 수백 개의 오피스빌딩을 짓게 했으면서도, 오피스텔은 달랑 한 지역에만 짓게 허용한 것이다. 이는 따로 분석이 필요 없을 정도로, 무조건 분양받아야 하는 상황이었다. 다만 시장이 과열된 데다 희소성까지 확보된 상황이다 보니, 분양에 자신감이 붙은 건설사들이 처음부터 이 오피스텔을 매우 높은 가격에 분양했다. 결과가 어떻게 되었겠는가? 분양 당시에 엄청난 경쟁률을 기록하며 한때 프리미엄이 1억 원까지 붙었지만, 입주 시점에 프리미엄이 '0'까지 내려왔다.

왜 이런 일이 벌어지는 걸까? 시장의 자동적인 기능 때문이다.

과도하게 높은 금액으로는 도저히 수익률이 나오지 않으니, 자연스럽게 가격이 내려가는 것이다. 따라서 아무리 택지개발지구 안에 있는 오피스텔이라고 해도, 분양받는 것은 매우 신중해야 한다. 해당 오피스텔의 분양가가 기본적인 수익률이 나오는 금액대인지 반드시 파악해 보라.

둘째, 입주 시 마이너스 물건을 공략할 것 그럼 오피스텔은 도대체 언제 매수해야 한다는 건가? 최적의 매수 타이밍은 상황에 따라 다르다. 예를 들어, 충분한 수익률이 나오는 가격에 분양된 오피스텔이라면 프리미엄을 주고서라도 매수해야 한다. 이때 기억해야 할 건 그 기준이 '수익률'이라는 것이다. 아파트를 고를 때처럼 괜찮은 조망권이나 남향, 고층 같은 요소를 기준으로 삼아서는 안 된다는 말이다. 이런 요소에 프리미엄을 지급해서는 안 된다. 오직 수익률을 기준으로 삼아라. 2019년 현시점 은행이자율이 약 2.5%임을 감안할 때 약 5% 이상의 수익률이 가능하다면 매입해 볼 만하다. 기본 수익률이 이 정도가 된다면, 대출을 받으면 더 높은 수익률을 기대할 수 있고, 특히 지속적으로 상승하는 택지개발지구의 가치 상승 효과를 충분히 누릴 수 있기 때문이다. 하지만 여기에도 위험은 있다. 분양 물량이 너무 많아서, 택지개발지구임에도 불구하고, 막상 입주 시점이 됐을 때 전·월세 세입자를 구하기가 힘들어서 마이너스 물량이 쏟아지는 경우다. 그런데 이때가 바로 기회다. 이 타이밍을 노려야 한다.

5호선 미사역이 예정된 지역 주변의 오피스텔들도 분양 당시 인기였지만, 막상 입주 시점이 되자 과도한 물량으로 인해 마이너스 프리미엄이 속출했다. 결국 계약금까지 포기하고 내놓은 물건들이 쏟아져 나왔다. 하지만 불과 몇 개월이 지나자 가격은 이내 정상으로 돌아왔다.

그런데 사람들은 참 신기하다. 그렇게 분양받으려고 애를 썼음에도 막상 마이너스 프리미엄이 속출하는 상황이 되면, 금세 마음이 돌아선다. 부동산의 '가치'는 생각하지 않고, '분위기'만 보고 눈치를 보기 때문이다. 입주 물량이 많으면 당연히 전·월세를 맞추기 힘들다. 입주 후 대기 1개월 반 안에 잔금을 치러야 하는데, 그때까지 맞추려고 하면 금액을 아주 낮게 잡을 수밖에 없고, 버티려고 하니 어마어마한 연체료가 겁나는 데다 '향후에도 이렇게 임대를 맞추지 못하면 어쩌지?' 하는 두려움이 엄습한다. 그렇게 되면 '이런 물건을 갖고 있어봐야 뭐 해, 잘 오르지도 않는데! 골치만 아프고'라는 생각이 들기 시작하고 곧, '더 손해 보기 전에 팔아버리자'라는 생각에 손실을 보면서까지 내던지는 사람이 나오는 것이다.

하지만 앞선 사례에서 살펴보았듯, 택지개발지구 내의 오피스텔의 경우 10년을 놓고 볼 때 매매가격이 상승하지 않은 건 없었다. 상승 폭이 아파트에 비하면 작아 보이지만, 꾸준히 월세를 받는 것을 고려하면 큰 부담이 없고, 아파트에 비해 레버리지가 높다는 것을 고려하면 실제 상승률 또한 결코 낮지 않다. 그러니 택지개발지구 내 수량이 제한적인 오피스텔이라면, 일시적으로 물량이 넘쳐 벌어진 문제는 얼마 지나지 않아 해결된다고 봐야 한다. 따라서 기회가 되는 것이다.

특히 앞선 사례들이 증명하듯, 택지개발지구의 오피스텔은 10년 동안 최소 60~100% 정도의 수익을 낼 수 있다. 그러니 만약 당신이 분양가보다 500만~4,000만 원 정도 싼 가격에 오피스텔을 매수한다면 다음과 같은 수익률이 가능하다.

처음 매매가격	2억 원	
대출 가능 비율	80%	
대출금액	1억 6,000만 원	매매가격×대출 가능 비율
월세 보증금	1,000만 원	
10년 후 매매가격	4억 원	
실제 투자금	3,000만 원	처음 매매가격–대출금액–월세 보증금
회수금	2억 3,000만 원	10년 후 매매가격–대출금액–월세 보증금
투자 수익률	767%	회수금÷실제 투자금×100
연 복리 수익률	약 23%	투자금×$(1+수익률)^{10}$=회수금

1,000만 원 저렴하게 오피스텔을 매수했을 경우

처음 매매가격	1억 9,000만 원	보통 시세–1,000만 원
10년 후 매매가격	4억 원	
실제 투자금	2,000만 원	매매가격–대출금액–월세 보증금
회수금	2억 3,000만 원	10년 후 매매가격–대출금액–월세 보증금
투자 수익률	1,150%	회수금÷실제 투자금×100
연 복리 수익률	약 28%	투자금×$(1+수익률)^{10}$=회수금

겨우(?) 1,000만 원 정도 싸게 샀을 뿐인데, 10년 후 수익률이 1.5배 정도 차이가 난다. 연 복리 수익률로 계산해도 매년 5% 이상의 수익을 10년간 더 올린 셈이다. 대단한 차이다. 이처럼 마이너스 물건을 잡으면 이 같은 놀라운 효과를 거둘 수 있다. 금액에서는 큰 차이가 없는 것 같아도 원래 레버리지가 높은 상태에서 투자금이 더 줄어들므로, 투자 수익률이 극대화된다.

사실, 택지개발지구 내의 오피스텔이라고 하면, 다른 건 신경 쓸 것이 별로 없다. 우리가 예상치 못했던 다른 큰 하자가 있을 리 없다. 택지개발지구 오피스텔이 마이너스가 났다면, 이유는 딱 2가지 중 하나다. 가격이 비싸거나 물량이 많거나. 만약 가격이 비싸다면 더 이상 그 가격이 비싸지 않게 느껴질 때까지 기다렸다가 사면 된다. 또 과도한 물량으로 물건이 저렴하게 나온다면, 과감하게 매입해 볼 필요가 있다.

셋째, 아파텔의 찬스 근래 새롭게 등장한 주거용 건물이 있다. 바로 '아파텔'이다. 처음에는 그저 좀 더 넓은 면적의 오피스텔에 불과했다. 많은 사람의 인식 속에 오피스텔은 '원룸'이라는 개념이 강한데, 투룸, 쓰리룸의 오피스텔이 나온 것이다. 이처럼 한 가족이 거주할 수 있게 만든 오피스텔이 아파텔이 되었다. 아파텔의 평면을 보면 마치 아파트를 확장한 것 같이 구성되었으나, 문제는 판상형이 아니라 통풍이 잘 안 되고, 사생활 침해 등의 문제로 쾌적성의 면에서 아파트와 비교가 안 됐다. 또 월세를 주

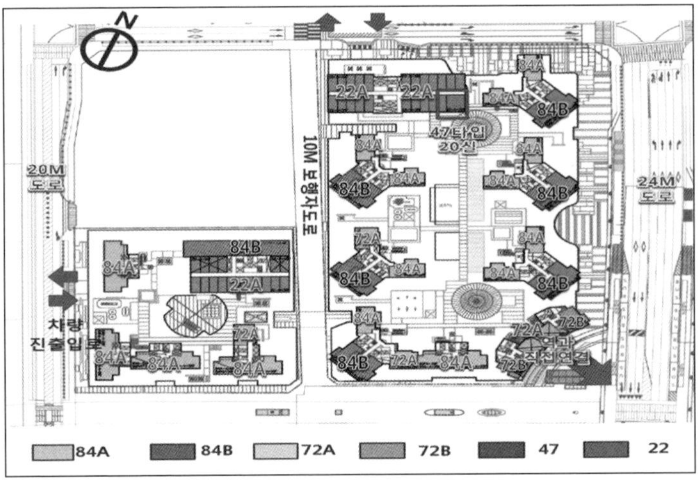

개통 예정인 미사역 근처에 힐스테이트미사역 같은 경우, 오피스텔로 분양되었지만 단지 배치도까지 아파트와 똑같이 구성되었다.

자니 면적이 넓어 꽤 많은 금액을 받아야 하는데, 그 정도의 월세를 내며 아파텔에 들어오려는 세입자가 별로 없었다. 월세가 낮아지면서 자연스럽게 수익률도 떨어졌다. 이런저런 이유로 아파텔의 투자 가치는 거의 없어 보였다.

그런데 이제 달라졌다. 여러 부분에서 아파트에 뒤지지 않는 아파텔이 나오기 시작한 것이다.

평면도 역시 아파트와 완벽하게 닮았다. 아파트와 다른 점을 아예 찾을 수 없을 정도다. 단지도 대단지인 데다, 통풍이나 사생활 보호, 쾌적성, 노출도, 주변 기반 시설 등 전혀 모자랄 것이 없다.

그럼 이러한 아파텔은 투자 가치가 있을까? 있다. 다만 딱 3가지 조건을 계산에 넣고 따져봐야 한다. 취득세와 확장 면적, 관리비가 그것이다. 아파텔은 어찌 됐든 오피스텔이다 보니, 취득세가 4.6%다. 일반 아파트의 경우 매매가격이 6억 원 이하일 때 취득세가 1.1%인 것에 비하면 상당히 높다. 따라서 취득세 부분만큼은 가격에서 할인되어야 한다. 즉, 아파트의 매매가격이 6억 원일 때 그와 똑같은 입지와 면적 등 같은 조건의 아파텔이 있다면, 취득세가 높은 만큼 5억 7,240만 원 정도여야 한다는 말이다.

아파텔 매입 시

매매가격	6억 원	
취득세율	4.6%	
취득세	2,760만 원	매매가격×0.046
할인된 금액	5억 7,240만 원	매매가격–취득세

사실 시장에서는 이보다 더 많이 할인이 된다. 아파트와 아파텔이 같은 금액대라면 당연히 사람들이 아파트를 고를 것이기 때문이다. 다른 점도 없고 가격까지 같다면, 굳이 오피스텔을 고를 이유가 없다. 특히 매수 후 매도까지 생각한다면 대중이 선호하는 물건이 좋은데, 오피스텔이라고 하면 일단 설명해야 할 것이 많아지기 때문이다. 따라서 아파텔을 매수할 경우, 이 정도의 할인율을 염두에 두고 그보다 낮은 가격이어야 투자해 볼 만하다고 판단해야 한다.

다음은 면적이다. 오피스텔에는 '서비스 면적'이라는 것이 없다. 발코니를 둘 수 없기 때문이다. 반면 아파트는 발코니를 설치할 수 있고, 이를 없애고 거실을 확장하는 것까지 가능하다. 확장을 하면 확장을 하지 않은 호수에 비해 약 25㎡ 정도 크다. 즉, 전용면적 59㎡의 아파트는 전용면적 84㎡의 아파텔과 똑같다고 보면 된다. 그러니 가격을 비교하기는 쉬운 편이다. 전용면적 84㎡ 아파텔과 전용면적 59㎡ 아파트의 가격을 비교해 아파텔 가격이 아파트의 가격보다 많이 저렴한지 아닌지 따져보는 것이다.

마지막으로 체크해야 할 것은 관리비다. 오피스텔은 아무래도 전용률이 아파트보다 떨어지는 경우가 많은데, 관리비는 전용면적 대비가 아닌 분양면적 대비로 부과된다. 아파텔도 대단지일 경우에는 관리비가 그렇게 많이 나오지 않겠지만, 전용률이 얼마나 되는지는 꼭 확인해 봐야 한다. 이때 아파트와 비교한다면 분양면적이 같은 아파트를 찾아서 그 면적에 맞는 관리비와 비교해야 한다.

결국, 이런 여러 가지 이유로 아파텔은 아무리 아파트와 유사하게 지어졌다 해도 어느 정도의 가격 할인은 필수다. 그렇다면 투자 가치 있는 아파텔은 어떤 것일까? 이를테면, 주변 신축 아파트의 전용면적 59㎡의 매매가격이 6억 원일 때, 아파텔 전용면적 84㎡의 매매가격이 4억 8,000만 원이라면 어떻게 해야 할까? 승산이 있다고 봐야 한다. 5억 2,000만 원 정도까지는 가격 상승의 여지가 있다고 볼 수 있다. 그 기준이 무엇일까? 일반적으로, 적절해 보이는 아파텔 가격은 취득세를 감안해 할인한 가격에서 약 10% 정도 추가 할인된 가격이다. 이처럼 아파텔 가격의 적정선을 계산할 줄 알면, 투자 가치가 있는 아파텔을 찾아낼 수 있다.

넷째, 신규 평면 40㎡ 오피스텔 일부 아파텔을 제외하고는 오피스텔의 경우 소규모가 주력 상품이다. 다만 전작《부동산 투자의 정석》에서도 언급했듯, 갈수록 1.5룸 구조의 원룸이 주목받고 있다. 1인 가구가 늘어나면서 잠시 잠깐 거쳐 가는 공간이 아닌, 장기간 거주할 공간으로서 오피스텔을 찾는 사람이 많아졌기 때문이다. 장기적으로 거주하기에 원룸은 너무 작고 투룸은 가격적으로 부담이 되다 보니, 1.5룸에 대한 선호도가 증가한 것이다.

특히나 요즘은 아파트도 평면도가 상당히 다양하고 좋게 나오는 데다 소형 평수를 더욱 잘 짓다 보니, 오피스텔 투룸은 아파트와 경쟁해야 하는 상황에 놓이게 된다. 물론, 아직 투룸까지는 오피스텔이 강세이긴 하나, 막상 투룸을 원하는 사람들에겐 아파트와 오피스텔 그리고 빌라가 같은 고민 대상이 되기 쉽다. 이러한

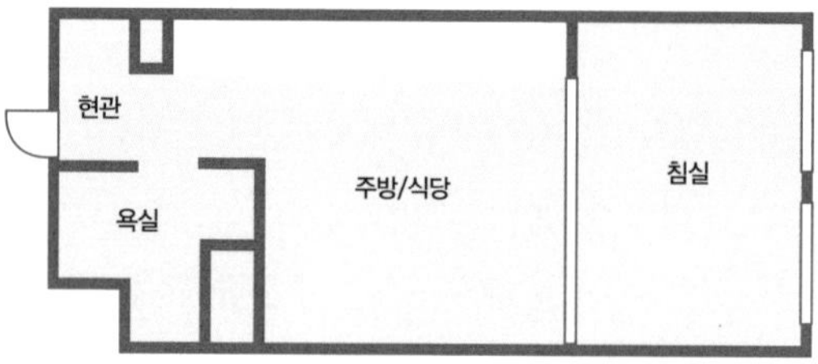

시장에서는 이러한 형태를 1.5룸이라고 부르기도 하지만, 큰 의미가 없다.

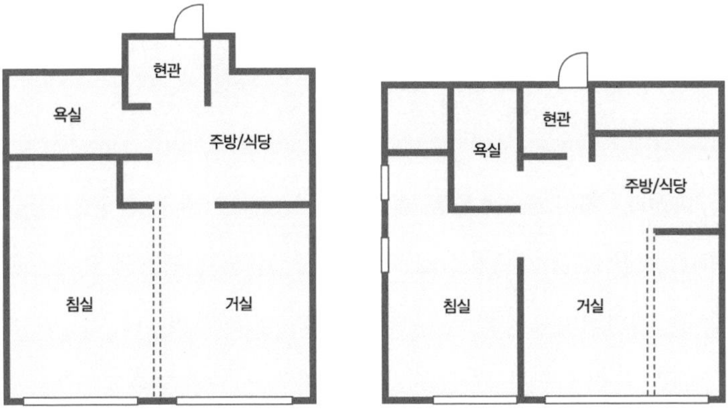

방과 거실이 완전히 분리된 형태를 1.5룸이라고 한다. 1.5룸이면, 대개 전용면적 30~40㎡ 사이인데, 이는 아파트와 확연하게 구별되는 면적이므로 경쟁력이 있다.

이유로 오피스텔의 투자성으로 볼 때 가장 적합한 평면 구성은 1.5룸라고 할 수 있다.

무엇보다 1.5룸은 면적당 가격 기준으로 볼 때 원룸보다 저렴하다는 장점이 있다. 아무래도 원룸보다 매매가격이 높은데 찾는 사람이 적다 보니, 평당 가격은 낮을 수밖에 없다. 하지만 장기적으로 본다면 평당 가격 수준도 원룸과 거의 비슷한 수준이 될 것이다. 그렇게 된다면 투자 측면에서도 아주 매력적인 대상이 될 수 있다.

2000년 222만 가구에 이르렀던 1인 가구 수는 꾸준히 증가해 2017년 562만 가구가 되었다. 통계청에 따르면, 2025년에는 656만, 2035년엔 762만 가구로 앞으로도 계속 증가할 것이다.

그렇다면 이처럼 늘어나는 1인 가구가 어떤 주거 형태를 선호하게 될지 생각해 봐야 하지 않을까?

다섯째, 복층 오피스텔은 피할 것 오피스텔에 관심을 갖고 찾다 보면 자주 마주치는 게 복층 구조다. 복층 구조의 오피스텔은 참 매력적이다. 가장 큰 매력은 면적 대비 가격이다. 복층으로 구성된 덕분에 사용 면적은 넓은데, 가격은 사용 면적에 비해 매우 저렴한 편이다. 그래서 투자자와 소비자 들의 눈길을 끌게 되었고, 이에 따라 상당히 많은 건설사들이 너도 나도 복층 오피스텔을 건설하고 있다. 하지만 결론부터 말하자면, 이러한 매력은 순전히 건설사의 관점에 불과하다. 그곳에 실제 거주하는 사람의

복층 오피스텔의 일반적인 형태.

입장에서 보면, 상황이 전혀 달라진다. 실제 오피스텔의 면적이 넓다고 전혀 느끼지 못하는 것이다. 물론, 처음에는 거주자도 면적이 넓은데 그에 비해 월세가 싸다고 생각한다. 하지만 계약하고 막상 살다 보면 상당히 불편한 게 복층 오피스텔이다.

한번 생각해 보자. 오피스텔에 혼자 거주하는데, 침실에 가려면 매일같이 좁디좁은 계단을 통해 기어 올라가야 한다. 하루 이틀은 재미있고 낭만도 있는 것 같고, 일단 침실이 구별된 느낌이 있어서 좋을 수 있다. 하지만 이렇게 매일 기어 올라가 잠을 청해야 한다면, 힘들다는 생각이 든다. 또 일단 잠자리에 들었다고 해도 화장실에 가거나 하는 문제로 내려올 일도 생기는데, 그렇게 오르락내리락 반복하다 보면 짜증이 난다. 청소도 문제다. 대개 오피스텔 복층 구조에서 2층은 성인이 허리를 펴고 온전하게 일어설 수 없는 높이다. 결국 허리를 구부린 채로 청소해야 한다. 청소가 제대로 될까? 귀찮고 힘들어 청소를 미루다 보면 쌓이는 먼지로 인한 건강 악화와 냄새가 스트레스가 된다. 냉·난방은 또 어떤가. 우리나라는 여름이 덥고 겨울이 추운데, 오피스텔은 대개 도심 한가운데 있어 여름엔 문을 열어도 시원한 바람을 기대할 수 없고, 추운 겨울엔 오랜 시간 난방을 해야 한다. 이때 층고가 높으면 당연히 실내를 시원하게 혹은 따뜻하게 만드는 데, 비용과 시간이 많이 소요된다. 효율성 면에서도 매우 떨어지는 것이다. 여러모로 불편할 수밖에.

이러한 이유로 복층 오피스텔에 거주해 본 사람은 웬만해서는 그다음에 복층을 선택하지 않는다. 복층 오피스텔을 선택하는 사람은 1인 거주 초짜일 가능성이 크다. 결국 어떻게 되겠는가? 복층 오피스텔은 투자 가치가 없게 된다.

복층 오피스텔은 건설사들의 판매 꼼수다. 매수자로 하여금 저렴해 보이게 해서 판매를 촉진하는 상품인 셈이다. 투자자라면 당연히 넘어가선 안 된다. 물론, 모든 복층 오피스텔이 투자 가치가 없다는 건 아니다. 선릉역 초역세권에 있는 한 복층 오피스텔의 경우는 오래된 데다 복층임에도 강남권의 넘치는 직장인 수요와 핵심적인 위치 덕분에 오랜 세월 꾸준히 가격이 올랐다. 희소성이 있는 지역, 탁월한 입지를 가진 곳은 10년이 넘어도 그 지위를 유지한다는 말이다. 하지만 그런 오피스텔을 찾는 건 생각보다 쉽지 않다. 그러니 예상되는 위험이 도사리고 있는 복층 오피스텔을 '굳이' 선택할 필요는 없다.

여섯째, 오피스텔은 10년 차에 매도할 것 전세 레버리지 투자 전략을 처음으로 알린 뒤, 투자자들에게 상당히 많이 받은 질문 중 하나는 "그럼 매수한 부동산은 언제 팔라는 건가요? 영원히 가지고 있으란 말인가요?"였다. 이런 질문에 나는 이렇게 대답했다. "영원히 가지고 있어야 하는 건 아니지만, 굳이 언제 매도해야 할지 미리 생각하지 않아도 됩니다." 그 이유가 무엇일까? 일단 전세 레버리지 전략 자체가 현금흐름을 만들어 주므로 매도할 필요가 없다. 또 아파트라는 대상은 설령 장기적으로 가지고 있다고 해도 재건축이나 리모델링 등의 호재를 업고 다시 가격이 상승하는 경우가 많으므로 꼭 매도할 필요가 없다고 말한 것이다. 그러나 앞서 뉴 전세 레버리지 전략에서도 이야기했듯, 상황에 따라서는 매도 전략을 세울 필요가 있다.

그 상황이라는 게 무엇일까? 정부가 주택을 보유하는 것에 대해 다양한 정책으로 압박을 가한다거나, 주택 가격이 갑자기 급등해서 몇 년 치의 이익을 한꺼번에 거둘 수 있을 만큼 거품이 낀 상황이라면 주저 없이 매도하는 게 좋다. 그런데 오피스텔의 경우에는 이런 특별한 경우가 아니더라도, 건축된 지 10년이 되면 매도를 고려하는 것이 좋다.

오피스텔은 10년쯤 되면 각종 시설이 노후화되면서 경쟁력을 상실하게 될 가능성이 크기 때문이다. 오피스텔이 재개발 또는 재건축된 사례가 전혀 없는 것은 아니지만, 내가 알기로는 최소한 자체적으로 재건축된 적이 없다. 일부 재개발 지역에 포함돼 재개발된 사례는 있어도 오피스텔 한 동만 재건축된 사례는 없다는 말이다. 각 소유자들의 동의를 얻기가 대단히 힘들고, 또 누가 나서기도 힘든 것이 오피스텔이다. 따라서 재건축 호재는 기대하지 않는 것이 좋다. 또한 오피스텔 역시 장기수선충당금 등을 징수해서 오피스텔을 전체적으로 관리하긴 하지만, 그 힘이 아파트의 입주민 협의회처럼 강력하진 못한 탓에 관리가 허술한 편이다. 그렇다 보니, 세월이 지나면서 낡아지고 관리를 했다고 해도 구식이 되는 것을 막을 수가 없다. 물론, 그렇게 된다고 해도 핵심지역에 있는 오피스텔들은 경쟁력을 유지하지만, 문제는 시간이 지날수록 매도하기는 힘들어진다는 것이다.

따라서 10년이 지나면 매도 계획을 세우자. 그래야 내 물건을 매수하는 사람도 안정적인 수익을 기대하면서 사지 않겠는가? 따라서 오피스텔 투자 기간은 최대 15년으로 보라. 즉, 건축된 지 5년 정도가 된 오피스텔까지는 매수해도 괜찮다. 그렇게 매수한 오피스텔을 약 10년 정도 임대하면서 매매가격은 2배, 수익은 투자금 대비 6~7배 내는 것을 목표로 한다면, 매우 현명한 투자가 될 것이다.

일곱째, 전세와 월세는 시장의 흐름에 맞출 것 오피스텔에 투자하다 보면 이런 고민에 빠질 때가 있다. 전세가 나을까, 월세가 나을까? 전세는 전세 나름대로 장점이 있고, 월세는 월세의 장점이 있다. 투자 공부를 제대로 하지 않은 사람은 오피스텔은 무조건 월세 창출용으로 생각한다. 하지만 그렇지 않다. 오피스텔을 전세로 굴릴 수도 있다. 오피스텔에 전세 세입자를 구하려고 하면 많은 이가 그렇게 해서 무슨 이익이 있느냐고, 괜히 큰돈만 썩히는 게 아니냐고 의아해한다.

하지만 이는 오피스텔도 전세가격이 상승한다는 것을 모르니 하는 말이다. 좋은 택지개발지구 내에 있는 오피스텔의 경우, 전세 물건이 없어서 난리고 부르는 게 값일 때도 많다. 세입자 입장에서는 당연히 월세보다는 전세가 낫기 때문이다. 따라서 전세 물건이 있기만 하면 전세로 거주하고 싶어 한다. 다만 소유자 대부분이 오피스텔을 월세 창출용으로 생각해 월세로 내놓기에 전세 물건이 드물 수밖에 없다.

이와 같은 상황을 역으로 이용하면, 상당한 이익을 볼 수 있다. 전세 물건이 희귀하다는 점, 또한 전세가격 상승은 세입자에게 큰 저항을 불러일으키지 않는다는 점을 생각해 보자. 실제 월세는 5만 원만 올라도, 매달 사라지는 돈이 늘어나는 것이기에 세입자들이 매우 민감해지지만, 전세 보증금 2,000만 원은 나갈 때 받을 돈이라고 생각해서인지 크게 거부감을 가지지 않는다. 또한 앞서 전세 레버리지 전략에서 소개했듯, 이렇게 세입자에게서 올려 받은 돈은 재투자용으로 사용한다면, 상당한 이익을 볼 수 있다. 대중이 잘 모르고 놓치고 있는 부분을 공략하면, 특별한 경쟁 없이 큰 이익을 거둘 수 있는 것이다.

그렇다면 오피스텔은 언제나 전세로 임대 놓는 것이 유리할까? 그렇지는 않다. 정석대로라면 월세가 유용하다. 무엇보다 확실한 현금흐름을 만들 수 있다는 장점이 있다. 돈을 벌고 싶다면 절대 잊지 말아야 할 2가지가 있는데, 그건 '레버리지'와 '현금흐름'이다. 가진 돈이 없는 상태에서 빨리 돈을 벌고 싶다면 당연히 레버리지를 쓸 줄 알아야 하는데, 문제는 이때 현금흐름이 없다면 위기가 닥칠 때 어마어마한 독이 될 수 있다. 따라서 레버리지를 쓰되, 반드시 현금흐름을 함께 만들어 가면서 써야 한다. 그런 의미에서 매달 착착 월세가 발생하는 오피스텔을 하나씩 늘려가는 건 대단히 유용한 전략이다.

다만 이 오피스텔의 투자를 전세 전략으로 가져갈지 월세 전략으로 가져갈지 둘 중 하나를 결정하기보다 현명한 건, 융통성을 가지고 스위치 전략을 쓰는 것이다. 스위치 전략이란 시장 상황상 월세가 유리하면 월세로, 전세가 유리하면 전세로 바꾸는 것이다.

월세가 유리한 상황이란 어떤 상황인가? 시장에 전체적으로 오피스텔 공급이 많아서 전세가격이 좀처럼 오르지 않는 때나, 그동안 자산 가격이 많이 올라서 곧 조정의 시기가 다가올 것 같은 때다. 그럴 땐 전세 전략보다 월세 전략이 유리하다. 전세 전략에 비해 투자금이 더 들어가기는 하지만, 확실한 현금흐름을 만들 수 있다는 점에서 내가 쌓고 있는 재테크의 성을 더욱 단단하게 하는 역할을 할 수 있으며, 또 언제든 올 수 있는 위기를 대비한다는 점에서 대단히 매력적이다. 사실 주변에 공급 물량이 많아서 전세가격이 잘 오르지 않는 상황에서는 전세 레버리지 전략 자체가 큰 의미가 없다. 이 전략은 부동산의 전세가격이 꾸준히 올라야만 의미가 있는데, 전세가격이 오르지 않는다면 그냥 투자금만 묶여놓은 상황이 되므로 상대적으로 손해를 보는 셈이다. 심지어 전세금이 오르기는커녕 내리는 '역전세난'이 벌어질 경우 자금을 더 투입해야 하는 것도 문제지만, 세입자의 보증금을 제때 줄 수 없어서 받게 되는 스트레스도 상당하다. 따라서 이런 상황에서 전세보다는 월세 전략을 취하는 게 좋다.

반면, 주변에 물량이 없어서 오피스텔의 전세가격이 계속 상승하는 시기이거나, 은행 금리가 낮아서 소유주들이 적은 월세라도 받으려고 하는 시장 상황이라면, 과감하게 전세 전략을 취하는 것이 더 좋다. 당장은 별다른 이익이 없는 것 같겠지만, 그런 때는 대개 시장이 전체적으로 자산의 가격이 매우 낮은 상태일 가능성이 크다. 따라서 투자금만 있다면 아주 싼 가격에 핵심적인 자산을 매입해 자산을 크게 늘릴 수 있는 기회가 된다. 이러한 이유로 이런 시기에는 오히려 대중이 선택하는 것과 반대로 전세 전략을 쓸 필요가 있다.

이것이 바로, 오피스텔의 장점이다. 한번 전세 전략을 썼다고 계속 그래야 하는 것도 아니고, 월세 전략을 썼다고 계속 월세로 세입자를 구해야 하는 것도 아니다. 시장 상황에 따라 취사선택할 수 있다. 즉, 전세를 월세로 돌리고, 월세를 전세로 돌리면서 그 시점에 맞는 최적의 전략을 구사할 수 있다는 것이다.

하지만 아파트의 경우 그렇게 하기가 대단히 힘들다. 우선 아파트는 전세를 월세로 돌리면 오히려 손해인 경우가 많다. 수익률이 너무 낮기 때문이다. 대출을 받아 매수해 임대를 놓았는데, 대출이자보다 낮은 수익률이 나와 대출을 받으면 받을수록 손해인 상황이 될 수 있기 때문이다.

부동산 시장이 과열되면, 언제나 그렇듯 정부가 대출 규제 카드를 꺼낸다는 것도 문제다. 대출 규제를 위해 가장 먼저 칼을 빼드는 대상은 뭐니 뭐니 해도 아파트다. 따라서 전세로 굴리던 아파트를 월세로 돌리려고 하면 기존 전세 보증금을 내줘야 하므로 대출이 필요한데, 대출 자체가 안 되는 경우가 많다. 결국, 전세에서 월세로 바꾸고 싶어도 바꿀 수 없고, 상황에 따라 적합한 전략을 스위치 켜듯 구사하고 싶어도 하지 못하게 되는 것이다.

또한, 월세로 굴리던 아파트를 전세로 바꾸는 것도 그렇다. 오피스텔의 경우 월세에서 전세로 전략을 바꿔 굴리면, 당장의 현금흐름은 끊어져도 일단 목돈이 추가로 생긴다. 그사이에 전세가격과 매매가격까지 상승했다면, 생각보다 훨씬 많은 자금이 생기는 것이다. 만약 그 시기가 전체적으로 시장 자산의 가격이 오랫동안 정체되거나 하락한 시점이라면, 그렇게 생긴 자금으로 핵심자산을 쇼핑할 수 있는 절호의 찬스를 잡을 수 있는 것이다.

보증금 1,000만 원에 월세 60만 원 정도인 오피스텔을 전세로 바꿔봐야 3,000만 원 정도가 들어올 텐데, 어떻게 이를 가지고 핵심 자산을 매입하느냐고 묻고 싶은가? 저런! 왜 그런 오피스텔을 한 채만 가지고 있다고 가정하는가? 이 같은 오피스텔이 5채 있다고 생각해 보자. 그렇게 되면 그 오피스텔 전부를 월세에서 전세로 바꾸기만 해도, 1억 5,000만 원이 생긴다. 이와 같은 방식으로 '규모의 경제'를 만들어 가는 것이다. 하나하나는 작아 보이지만, 하나씩 하나씩 쌓아가다 보면, 어느 순간 막강한 힘이 되는 것이다.

그런데 이와 같은 전략도 역시 아파트를 통해서는 쉽게 구사하기 힘들다. 우선 아파트는 규모가 커서 월세 세입자를 구하는 것조차 쉽지 않다. 또 이미 고액의 월세를 받고 있을 경우 이를 전세로 바꾸려면 큰돈이 필요하다. 따라서 월세로 운용 중인 아파트를 전세로 바꾸려고 할 경우, 기존의 세입자는 대개 응해줄 리가 없으니 새로운 세입자를 구해야 한다. 그런데 아파트는 통상 2년 단위로 계약을 하므로 시기가 좋다는 확신이 서도 2년을 기다려야만 한다. 반면 오피스텔은 통상적으로 1년 단위로 계약한다. 물론 법적으로는 오피스텔 역시 주택임대차보호법의 영향을 받으므로 전입신고를 한 경우 세입자가 2년을 거주할 수 있다. 하지만 대부분의 경우 세입자 입장에서도 당장 1년 후를 보장할 수 없으니 1년 단위로 계약하는 게 일반적이다. 따라서 투자하기 좋은 시기가 왔을 때 오피스텔은 좀 더 용이하게 전세 전환이 가능해진다는 뜻이다.

정리해 보자. 오피스텔은 스위치 전략을 활용하는 것이 가능하므로 이를 염두에 두고 투자하자. 역사가 증명하듯, 결정적으로 자산을 늘어나는 건 위기 시 얼마나 잘 버티고 기회를 잡았느냐에 달렸다. 대부분의 사람은 위기 때 함께 위기를 겪기 때문에, 위기가 기회라는 걸 알아도 기회를 잡을 돈이 없다. 그러나 이렇게 오피스텔의 스위치 전략을 구사할 수 있음을 미리 알고 현명하게 자산을 분배하고 있다면, 위기가 왔을 때 유용한 무기로 활용할 수 있을 것이다.

02 지방이라면 학군이 핵심

부동산 투자는 대개 서울과 경기 지역에 몰린다. 그러나 요 몇 년 사이에 그랬듯, 지방 부동산에서 훨씬 좋은 수익을 낼 수도 있다. 무엇보다 지방 투자에 관심을 가져야 하는 건, 투자금이 적게 들어 소액으로 투자할 기회가 많기 때문이다. 중요한 것은 지방 부동산에 투자할 때는 반드시 몇 가지 원칙을 따라야 한다는 것이다. 이 원칙만 지킨다면, 소액으로 매우 놀라운 투자 수익을 기대할 수 있다!

‖ 지방 투자는 광역시부터 ‖

2019년 현시점 대한민국에서도 지방으로 눈을 돌리면 정말 저렴한 아파트들이 많다. 원체 가진 돈이 적다 보면 그런 아파트들을 관심 대상에 올려두고 연구하게 되는데, 대부분 좋은 결과로 돌아오지 않는다. 그야말로, 가격이 싼 데는 그럴 만한 이유가 있기 때문이다. 그런 아파트 중 대부분은 저렴한 이유가 있는 것이다.

소액으로 투자할 수 있을 뿐 소득이 없다면 무슨 의미가 있겠는가? 수년이 지나도 가격이 전혀 오르지 않을 뿐만 아니라, 만기가 도래할 때마다 세입자의 눈치를 봐야 한다면 이는 투자 대상이 아니라 애물단지가 될 것이다.

괜찮은 월세 수익이 나오는 지방 부동산도 있다. '이런 부동산 몇 채만 있으면 일하지 않아도 되겠다' 싶을 만큼 매력적이라 눈에 띈다. 그런데 이런 부동산 역시 신중하지 못하게 접근했다가 큰 함정에 빠질 수 있다. 당장은 월세 수익이 잘 나오고 있어도 공실이 나면 그 기간이 길어지고, 나중에는 노후화되어 월세가 떨어지면서 결국 매매가격까지 떨어지는 일이 생길 수 있다. 결국, '앞으로 남고 뒤로 까이는' 상황이 되는 것이다.

게다가 매도도 생각해야 한다. 그런 지방의 부동산을 매도하는 게 쉬울까? 지방에 있는 부동산이라고 해도 저렴한 것은 대개 오래된 아파트다. 그런 아파트를 매수한 뒤 세월이 지나면 더욱 오래된 아파트가 되는데, 그 시점에 그렇게 오래된 아파트를 사려고 할 사람이 있을까? 서울과 수도권에 있는 부동산이라면 재건축을 기대해 볼 수 있지만, 지방 아파트라면 포기하는 게 낫다. 재건축을 위해 고생(?)하는 것보다 나대지를 사서 아파트를 짓는 것이 훨씬 타산이 맞는다. 결국 매수자를 찾기가 상당히 힘들어지는 것이다. 이러한 여러 가지 문제로, 지방 부동산은 그저 '싸다'는 이유로 함부로 접근해선 안 된다.

그렇다면, 지방의 부동산은 투자 가치가 없는 걸까? 그렇지는 않다. 지방에도 핵심적인 지역이 있다. 우선은 광역시, 그다음은 시청이 있는 지역이다. 이러한 지역엔 충분히 수요가 있다. 지방이라고 해도 그 지방의 핵심적인 산업이 있고, 그런 산업 시설에서 근무하는 이들도 상당하다. 따라서 지방이라면, 광역시부터 봐야 하는 것이다.

현재 우리나라에는 인천, 부산, 대전, 대구, 울산, 광주까지 6개의 광역시가 있다. 일단, 이곳부터 먼저 살펴보자. 이 지역에는 서울과 수도권 못지않은 부동산 가격 상승이 종종 일어난다. '강남'이 서울에 거주하는 사람들의 로망이듯이, 광역시도 그 주변 도시 거주자들의 로망이다. 따라서 각종 산업 시설이 밀집되어 있는 광역시로 이주하려는 수요는 지속적으로 발생한다. 그러니 지방에 투자하려면 광역시부터 살펴보며 기회를 잡는 게 좋다.

‖ 장기간 가격이 정체된 지역 ‖

광역시의 부동산은 언제 투자하는 게 좋을까? 투자 타이밍은 2가지로 나눠서 생각할 필요가 있다. 하나는 최적의 타이밍이고, 다른 하나는 적당한 타이밍이다. 매수에 있어 최적의 타이밍이라는 것은, 7년 이상 가격이 침체된 때라고 할 수 있다. 왜 '7년'이냐면, 지방의 부동산 상승 사이클은 서울과 수도권에 비해 조금 길기 때문이다. 인구 증가나 산업 발전 속도도 지방이 서울과 수도권에 비해서는 조금 늦기 때문이다. 이를 감안할 때, 7년 정도 가격이 침체되어 있었다면 매수세가 폭발적으로 상승할 힘이 응축된 상태로 볼 수 있다. 따라서 이때는 과감하게 광역시 소재 부동산 투자를 고려해 볼 필요가 있다.

특히, 이처럼 장기간 가격이 정체되어 있었다면 전세가격과 매매가격의 차이가 매우 적을 것이다. 매수 세력은 잠잠하고 매매가격은 오르지 않았기에 매수할 힘이 쌓인 것이다. 따라서 적은 자금으로 괜찮은 투자 대상에 투자할 수 있는 타이밍이 온다.

신축 아파트도 마찬가지다. 일반적으로는 신축 아파트의 가격은 구형 아파트(20년 차 정도)에 비해 약 20% 정도 높게 형성된다. 그런데 이처럼 오랫동안 가격이 침체되어 있을 경우 신축 아파트의 분양을 장담할 수 없기에 건설사들이 신축 아파트라도 구형 아파트와 비슷하거나 살짝 높게 가격을 책정하곤 한다. 그러니 이러한 시점에서 신축 아파트를 매수한다면 시장 상황이 바뀔 때 상당히 높은 상승을 기대할 수 있다.

대전 용문역 근처의 e편한세상둔산 같은 경우 2018년에 분양했는데, 대전광역시에 수년간 신규 아파트 공급이 없었던 데다 핵심지역과 가까운 곳이라 분양 당시 최고 경쟁률이 700대 1이었다. 이후 프리미엄만 2억 원 이상 상승했다. 물론 일반적인 신규 아파트의 정상적인 가격대, 즉 주변 구형 아파트보다 20%가량 높은 가격에 분양된 아파트도 있었다. 재미있는 것은 시장이 장기적으로 침체를 겪고 있는 상황일 때 이 정도 가격으로 분양하면, 결국 미분양이 난다는 것이다. 그런데 생각해 보자. 정상적인 가격에 분양됐는데 미분양이 된다는 건 어떤 의미가 있는가? 바로 매우 좋은 투자 타이밍이 된다는 것이다. 그러니 광역시 중에서 만약 7년 정도 가격이 침체되어 있는 아파트를 발견한다면 서두를 필요가 있다. 당신에게 상당히 좋은 찬스를 선사해 줄 대상이기 때문이다.

여기서 한 가지 더. 광역시의 부동산을 매수할 때 반드시 이런 최적의 타이밍만 기다릴 필요는 없다. 광역시의 부동산도 서울이나 수도권과 비슷한 가격 움직임을 보인다. 즉, 한번 오르기 시작하면 그 기간이 꽤 오래 지속된다는 것이다. 하지만 투자 초보자나 부동산에 관해 어설프게 알고 있는 사람은 일단 부동산 가격이 조금만 오르기 시작하면 "어휴, 그 아파트가 예전에 얼마였는데…' 하면서, 너무 비싸다고 매수하지 않는다.

침체되어 있던 부동산의 가격이 오르기 시작하면 과거에 비해

2013년부터 2018년까지의 전국 집값 상승률 순위

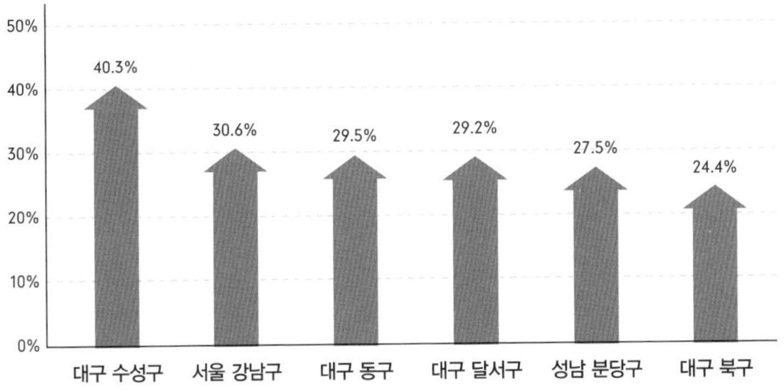

(자료원 : 국민은행)

대구가 강남과 분당을 제치고 집값 상승률에서 전국 1위를 차지했다. 이는 대구에서도 가장 긴 기간의 상승이었다. 2013년에 보인 급상승에 놀라 대구는 더 이상 오르지 않을 거라 예상한 사람은 매우 한탄스러운 상황이 되었다.

당연히 가격이 오른 것이지만, 이를 너무 비싸다고 보면 안 된다. 이제 막 가격 상승이 시작된 것이기 때문이다. 이때는 과감하게 매입해야 한다. 한번 생각해 보자. 싸게 사는 것만이 이익은 아니다. 싸게 샀지만 가격이 오를 때까지 5년을 기다려야 한다면? 또 약간 비싸게 샀지만 사자마자 가격이 계속 올라서 1년 만에 많은 상승을 보였다면? 둘 중 어느 쪽이 더 이익일까? 투자를 할 때 반드시 고려해야 할 것 중 하나는 '시간 가치'다. 이러한 시간 가치의 개념 없이, 그저 '가격이 올랐다, 내렸다'만 생각하면 오히려 많은 것을 잃게 될 수 있다.

바로 이런 때가 앞서 말한 매수의 '적당한 타이밍'이다. 가장 낮은 금액에 매수한 뒤 오랜 시간 기다릴 필요 없이 가격이 오른다면, 그야말로 베스트일 것이다. 하지만 자칫 '너무 오래 기다릴 수 있다'는 리스크가 있다. 반면, 가격이 오르기 시작했다는 신호를 읽고 과감히 매수한다면 시간을 절약하면서 투자 성과를 누릴 수 있다. 바로 이때가 투자에 적당한 때다. 이러한 이유로 가격이 올랐을 때 놀라서 물러서면 안 되고, 적당한 대상을 조금 높은 금액에라도 매수하겠다는 과감한 결단이 필요하다.

‖ 가격 상승 시점의 핵심지역 주변 ‖

본격적으로 상승이 시작된 시점에 "가격이 올랐다고 물러서지 말고, 과감하게 따라가야 한다"라고 말하면, 아주 엉뚱하게도 핵심지역과 뚝 떨어져 있는 곳의 희한한 부동산을 매수하는 사람이 있다. 나중에는 '왜 이런 걸 샀을까?' 싶어질 물건을 당시엔 조급한 마음이 들어 손대기 쉬운 것이다. '부동산이 상승하는 시기이니, 대중이 관심을 가지지 않은 걸 사두면 더 많이 오르겠지?'라고 생각했거나 '더 좋은 걸 사고 싶은데 자금이 부족하니까 일단 있는 돈으로 매수할 수 있는 걸 사자'라고 생각했을 수도 있다. 그것도 아니면 '원래 지켜보고 있던 대상이 있었지만 매물이 나오지 않으니 매수하기 쉬운 걸 사자'라고 생각할 수도. 그런데 투자 대상을 이런 식으로 고르면 절대 안 된다. 물론, 부동산 시장이 본격 상승기로 접어들면 그동안 대중의 관심 밖이었던 대상까지 가격이 오른다. 하지만 오르기만 하면 끝인가? 위험은 고려하지 않을 작정인가? 그러한 대상은 가격이 오를 확률도 낮은 데다 그 사이 시장의 분위기가 바뀌면, 거기까지 상승 분위기가 옮겨가지 않을 수도 있다. 무엇보다도 가격이 올랐다고 해도, 향후 매도로 수익을 내기는 대단히 힘들다. 다시 그와 같은 큰 장이 와야만 매도할 수 있기 때문이다. 이 같은 리스크 외에도 그런 물건에 손대지 말아야 할 이유가 또 있다. 그런 대상보다 더 많이 오르고, 더 빨리 오를 수 있는 대상이 있기 때문이다. 그런 물건이 널렸는데 이를 제쳐두고 위험이 큰 물건에 손댈 필요가 있을까?

가격 상승의 순서 부동산 가격도 오르는 데 순서가 있다. 가장 처음은 핵심지역의 부동산이다. 그리고 '그다음' 핵심지역의 부동산이 오른다. 그럼 그다음은? '그다음 다음' 핵심지역의 부동산이다. 이런 식이다. 어디가 핵심지역인지, 어떤 지역을 사람들이 가장 선호하는지는 사실 그 지역에 대해 잘 몰라도 어렵지 않게 찾을 수 있다. 요즘이 어떤 시대인가. 다양하고 유용한 정보가 실시간으로 공유되는 사회이므로, 조금만 노력해도 어떤 지역이 핵심지역이고 그다음은 어디인지, 어떤 아파트가 가장 인기가 있고 그다음은 어떤 아파트를 선호하는지 등을 다 알 수 있다. 그렇게 찾은 순서가 부동산 가격이 상승할 순서라고 보면 된다. 핵심지역 그리고 그다음 핵심지역은? 이런 순서에 따라 투자하고 기다려 보는 것이다.

지방에서는 핵심지역 부동산 가격이 올랐다고 하면, 그 핵심지역보다 그 주변 지역의 부동산에 투자하는 것이 좋다. 물론, 모든 부동산 투자에 대해 그렇게 하는 게 좋다고 할 순 없다. 핵심지역의 부동산 가격이 더 오를 수도 있기 때문이다. 다만 일반적으로는 핵심지역이 올랐다면 이를 따라가는 것보다 그다음 핵심지역을 공략하는 게 더 낫다. 광역시 투자에서는 그렇다는 것이다. 서울이나 수도권의 경우, 핵심지역의 부동산 가격이 이미 올랐다고 해도 핵심지역에 투자하는 것이 더 좋은 성적을 내는 경우가 많다. 그래서 소위 말하는 '있는 자'들의 장이 되는 것이다. 하지만 광역시만 돼도 수도권에 비해 매수 세력들이 많지 않아서 핵심지역의 부동산 가격이 올라가면, 그 지역 부동산 가격이 더 빨리 많이 치고 올라간다기보다 그다음 핵심으로 옮겨가는 경우가 더 많다. 이러한 상황이 벌어지는 또 다른 이유가 있다. 광역시의 경우, 해당 핵심지역의 부동산 꽤 낡은 경우가 많다. 아파트도 신규 공급되는 일이 드물다 보니 가격이 오르는 건, 기존 기반 시설에 대한 선호도와 그동안 가격이 오르지 않아 응집된 매수 세력의 힘일 수 있다. 그렇다 보니 추가적으로 가격이 상승하는 데는 한계가 있는 것이다.

대부분의 지방 도시가 그렇듯, 아파트의 신규 공급은 대개 기존 핵심지역보다 새롭게 개발된 지역에 이뤄진다. 서울이나 일부 수도권처럼 토지가 부족한 상황이 아니기 때문이다. 물론 그렇게 새롭게 개발된 지역에 새 아파트들을 공급한다고 해도, 기존 기반 시설들을 모조리 옮겨갈 수 없으므로 지방의 핵심지역이 쉽게 변하지는 않는다. 다만, 거주 문제는 좀 다를 수 있다. 핵심지역에서 조금 멀리 떨어져 있더라도 많은 사람이 새 아파트에 살고 싶다는 욕구를 가지고 있다. 그래서 핵심지역의 부동산이 계속 오르기보다는 어느 정도 한계를 갖게 되는 것이다. 실제 대구광역시의 부동산 가격이 본격 상승하기 시작한 2013년에는 대구의 핵심지역인 범어동이 큰 상승을 보였지만, 시간이 지나면서 범어동 부동산이 지속적으로 상승하지 않고, 범어동에서 꽤 떨어진 봉무동에 위치한 신규 아파트 단지의 가격이 본격 상승했다. 또 범어동은 한참 후 다시 상승했다.

지방 광역시에서 투자 대상을 찾는다면, 핵심지역의 부동산을 일찍 사두었다면 가장 좋겠지만 본격 상승 시장에 접어들어 이미 핵심지역 부동산의 가격이 올랐다면, 그 주변을 공략하는 것이 보다 좋은 투자 성과를 거둘 가능성이 크다.

앞에서 '핵심, 그다음 핵심' 이런 식으로 투자 대상을 찾아보라고 했는데, 이는 도대체 어디까지 적용해야 할까? 다시 말해, 몇 번째 핵심지역까지 그 상승 여파가 간다는 말일까?

여기에도 정답은 없다. 그러나 우리나라의 광역시의 규모나 지금까지의 성장 정도를 비춰봤을 때, 대세 상승장이 되면 보통 3번째 핵심지역까지는 무난히 이어질 것이다. 4번째 핵심지역부터는 좀 애매하다. 상황에 따라 가격 상승 여파가 갈 수도 있고, 가지 않을 수도 있다. 이는 당시의 시장 상황 보면서 판단해야 한다. 그러니 '벌써 가격이 다 올랐어!' 하면서 닭 쫓던 개 지붕 쳐다보듯 망연자실할 게 아니라, 빨리 2번째, 3번째 핵심지역을 찾아 그곳에서 진을 치고 있자. 그럼 소액으로도 얼마든지 좋은 성적을 거둘 수 있는 기회가 올 테니.

‖ 지방은 역세권보다 학군 ‖

수도권 부동산 투자에서 역세권이 가격에 미치는 영향은 대단히 크다. 전철이 개통될 거라는 이야기만 나와도, 비록 실제 개통까지 10년, 20년이 걸리더라도 해당 지역의 부동산 가격이 최소 10~20%는 오른다. 그만큼 역세권의 힘은 대단하다.

서울과 수도권에서 투자하던 사람은 지방 광역시에 가서도 전철역 인근의 부동산부터 찾는다. 그러다 전철역 주변의 아파트가 생각보다 프리미엄이 붙지 않았다는 사실에 놀라, 서둘러 매수한다. 수도권 고수 투자자(?)의 눈에는 아직도 지방은 투자의 세계에 눈을 뜨지 못한 것처럼 보이는 것이다.

안타깝게도, 그건 오해다. 지방 광역시는 전철의 효용성이 서울과 수도권만큼 강력하지 않다. 전철이 나쁘다는 건 아니다. 광역시에서도 많은 사람이 전철을 많이 이용하고 있다. 그런데 부동산 가격이 형성될 때 전철역과 가깝다는 것이 대단한 프리미엄을 형성하지 않는다. 지방에서는 전철을 이용하나 버스를 이용하나, 또는 자가용을 이용하나 그다지 큰 차이가 없기 때문이다. 수도권에 비해서 교통이 혼잡하지 않아 막힐 일이 없기 때문이다. 결국 역세권 프리미엄이 전혀 없는 건 아니지만, 그렇게 높이 인정해 줄 만큼은 되지 않는다.

따라서 지방 부동산에 투자할 경우 역세권에 현혹되어서는 안 된다. 그보다 우리가 눈여겨봐야 할 것이 있는데, 그건 바로 '학군'이다. 사실 학군은 어느 지역에서나 중요한 요소지만, 광역시에서 가지는 학군의 중요성은 특히 크다. 학군이 가장 좋은 곳이 핵심지역이고, 그다음으로 학군이 좋은 곳이 그다음 핵심지역인 셈이다. 이러한 순서로 부동산 가치 서열이 정해지는 것이다.

어째서 지방 광역시에서는 학군이 이렇게 중요한 것일까? 생각해 보자. 서울이나 수도권은 아니라도, 광역시에 살면서 높은 교육 수준을 갖추고 번듯한 직장에 다니며 부를 갖춘 이들에게 남은 관심이 무엇이겠는가? 자녀에게 양질의 교육을 제공해 서울로 보내거나 최소한 부모만큼의 지위를 유지할 수 있게 하는 것이다. 따라서 지방 학부모들의 교육열은 서울 못지않다. 다만 지역이 서울만큼 광범위하지 않다 보니 특정 지역에 집중되는데, 최고의 상업 시설과 관공 시설, 학군 등이 모두 한군데에 모이는 경향이 있다. 이러한 시설이 밀집된 지역이 투자자가 가장 관심을 가져야 할 최고의 핵심지역인 것이다. 그중에서도 특히 학군

광주 봉선동 학군

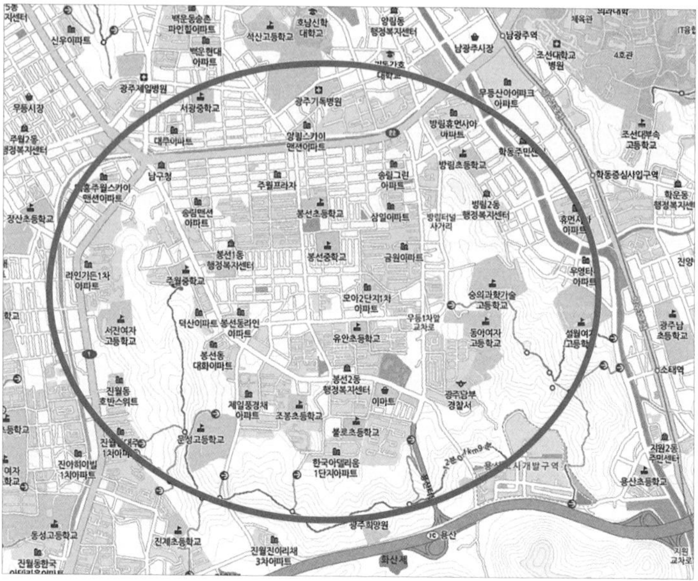

(자료원 : 국민은행)

언론에 조명될 정도로 이상 가격 급등 현상으로 주목을 받았던, 광주광역시의 봉선동 학군 일대다. 부동산 가격이 지나치게 오르긴 했으나, 지방의 경우 좋은 학군의 부동산 가격이 가장 먼저 오른다는 것을 보여준 대표적인 사례다.

이 중요하다. 간혹 이런 기반 시설들은 몰려 있지만, 학군만 뚝 떨어진 곳도 있다. 이런 경우라면 학군을 위주로 봐야 한다. 또 광역시 중에서도 핵심지역이 몇 군데로 나눠져 있는 경우라면 우선순위에 학군을 둬야 한다.

이러한 이유로 광역시 부동산의 가격은 늘 학군 강세 지역이 가장 먼저 오르고 그다음 좋은 학군, 그다음 다음 좋은 학군 같은 순서로 상승한다. 학군에 큰 차이가 없는 지역에는 다른 요소가 작용한다. 이를테면 교통이나 환경의 쾌적성, 중심상업지구와의 연결성, 쇼핑 편의성 등이다. 지방에서는 역세권보다 학군이 중요하다는 걸 염두에 두고, 그 순서 또한 미리 알아둬야 한다.

‖ 공급 물량에 주의하라 ‖

공급 물량은 어떤 대상에 투자하든 반드시 살펴봐야 할 매우 중요한 요소다. 특히 지방 부동산에서는 더욱 세심하게 공급 물량을 체크해야 한다. 공급 물량이 부동산 투자 성과에 미치는 영향이 그만큼 지대하기 때문이다. 지방에 대량의 신규 아파트가 공급될 경우 이를 채우는 건 상당수 '이전 수요'다. 무슨 말인가? 외부에서 새로 유입된 사람들이 아니라, 이미 가까운 곳에 거주하던 이들이 옮겨오는 데에서 발생한 수요라는 것이다.

물론 외부 유입 인구가 전혀 없는 건 아니다. 결혼이나 독립 등으로 언제나 새로운 가구가 탄생하기 때문에, 적당량의 공급은 시장에 큰 영향을 미치지 않는다. 다만, 그 공급량이 많을 경우 부동산 시장에 미치는 영향은 생각보다 클 수 있다. 일단, 신규 아파트로 옮겨가는 이전 수요가 늘어나는 만큼, 기존 구형 아파트엔 역전세난이 일어날 수 있다. 역전세난으로 인해 해당 구형 아파트의 전세 및 매매가격이 떨어진다. 심하면 세입자를 구하지 못해 매물이 경매로 나오는 일까지 발생할 수 있다. 경상남도 창원시의 유니시티의 경우, 분양 당시 100대 1의 경쟁률을 기록할 만큼 인기였으나 수년간 입주 물량이 몰리면서 입주 시점에서는 마이너스 4,000만 원가량의 프리미엄이 붙었다.

따라서 지방 부동산의 경우 주변에 대규모 공급이 예정된 상황이라면, 매우 유심히 살펴서 대규모 공급 시점을 피해 투자해야 한다. 이때 주의해야 할 것은, 여기서 말하는 공급이 분양이 아닌 입주를 의미한다는 사실이다. 실제로 분양 물량은 부동산 가격 하락에는 큰 영향을 미치지 않는다. 오히려 가격을 상승시킬 때도 있다. 다만 입주 물량은 그 반대의 역할을 할 때가 많다.

그러니 가장 중요한 것은 입주 물량인데, 다행인 것은 아파트 입주 물량은 거의 완벽하게 체크할 수 있다는 것이다. 사실, 분양 물량은 정확히 체크할 수 없다. 대규모 택지개발을 하고 언제 분양된다는 기사가 나왔다고 해도, 건설사의 사정으로 분양이 연기되거나 무산되는 일이 허다하다. 따라서 한 해 동안 어느 정도의 분양 물량이 나올지는 예측하기 힘들다. 반면 입주 물량은 거의 확실하게 예측할 수 있다. 일반적으로 아파트를 건설하는 데는 대략 3년이 소요되고, 입주 예정 시기가 이미 정해져 있기 때문이다. 혹여 어떤 변수가 발생한다고 해도 2~3개월 정도의 차이에 불과해 입주 시점의 공급 물량은 거의 정확히 파악할 수 있다.

입주 시점의 공급 물량을 파악했다면, 그다음으로 해야 할 건 그 정도의 물량이 해당 지역에서 평균적인 수준인지를 확인하는 것이다. 평균적인 물량이라면 그다지 신경 쓸 필요가 없다. 해당 지역 내에서 소화되는 수준이라면 입주 시점에만 잠깐 영향을 미칠 뿐이지, 장기적으로는 큰 영향이 없을 것이다. 하지만 입주 물량이 평균 물량의 2배 이상이라면, 투자를 피하는 것이 좋다.

어떻게 피하라는 말인가? 관심 있는 지방에 입주 물량이 평균 물량에 비해 2배 이상이 쏟아진다면, 공급되는 아파트의 입주가 예측되는 시점 6개월 전까지는 매도를 고려하는 것이 좋다. 입주 물량의 쓰나미를 버텨내기 힘들기 때문이다. 그리고 입주 물량이 평균보다 2배 이상 많다는 건, 3년 전부터 부동산 경기가 좋아져 건설사가 2배 이상 분양했다는 의미이므로 그사이 부동산 가격이 상당히 올랐을 가능성이 크다. 따라서 이때는 매도해도 상당한 차익을 낼 가능성이 있으니 매도를 고려하는 것이 좋다.

특히, 구형 아파트를 가지고 있는 경우에는 반드시 매도해야 한다. 입주 물량이 쏟아질 때 가장 큰 타격을 입는 건, 구형 아파트다. 연식이 오래되지 않았거나 학군 강세 지역에 있는 아파트의 경우에는 영향을 덜 받지만, 그렇지 않은 아파트는 심각한 타격을 입을 수밖에 없다. 따라서 그 이전에 구형 아파트에 투자했다면 반드시 매도를 고려하라.

그런데 이런 전략이 당연해 보여도 생각보다 쉽지 않은 전략이다. 부동산 가격이 계속 오르고 있을 때는, 사람들이 가격이 앞으로도 계속 오를 것으로 기대하기 때문이다. 나는 이러한 상황

부산 아파트 매매가격지수 변화 (매년 말 기준(2017.12.4.=100))

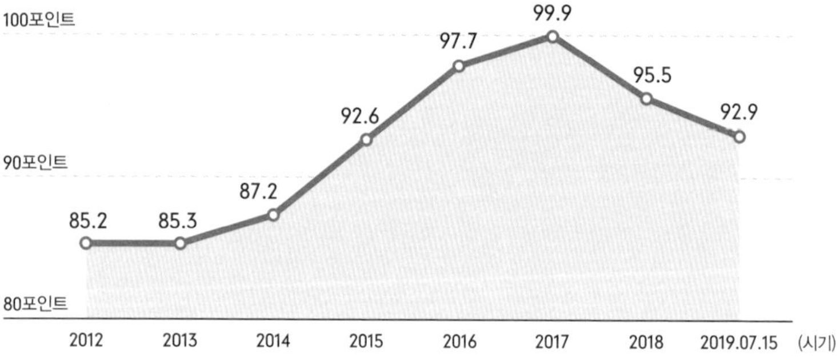

(자료원 : 한국감정원)

경상남도 부산광역시의 부동산도 2013년도부터 본격적인 가격 상승을 시작했다. 역대 가장 장기간 상승세를 이어갔는데, 2017년을 고점으로 가격 조정에 들어가면서 구형 아파트의 경우 매도에 상당한 어려움을 겪어야 했다.

을 '가격에 취했다'고 표현한다. 조금만 이성적으로 생각해도 앞으로 가격이 떨어질 수밖에 없다는 걸 쉽게 알 수 있는데, 그저 '가격이 계속 올랐다'는 이유만으로 계속 그럴 거라 생각한다는 것이다. 그러면서 사람들은 '가격이 떨어지면 그때 팔면 되지'라고 생각한다.

그런데 부동산 가격이 떨어질 때 다른 사람에게 매도하는 게 과연 가능할까? 아파트는 현금화가 비교적 쉬운 대상이니 시세보다 싸게 내놓으면 팔릴 거라고 생각하는데, 정말 그럴까?

대단한 착각이다. 시장이 분위기가 바뀌기 시작하면, 순식간에 달라진다. 예를 들어, 소유하고 있는 아파트 시세가 3억 원일 때 해당 아파트를 2억 9,500만 원에만 내놓으면 매수자들이 서로 사겠다고 하는 상황이다. 이를 테스트해 볼 수도 있다. 실제로는 팔 마음이 없어도 일단 중개소에 물건을 내놓는 것이다. 그랬더니 중개소 이곳저곳에서 전화가 온다. 매물을 거둬들이면서 한층 자신감이 붙는다. 그래서 마음속으로 '혹시라도 시장 분위기가 나빠지는 것 같으면, 2억 9,000만 원쯤에 내놓으면 나가겠지'라고 생각했다. 그런데, 진짜로 시장 분위기가 나빠졌다. 그럼 어떻게 될까? 매수자가 순식간에 사라져 버린다. 중개소도 누군가가 문의를 해야 흥정을 하는데, 아예 문의조차 없어지니 어느 정도 가격이 적정한지 말해줄 수 없다고 한다. 그동안 관심을 보인 잠재 고객에게 전화해 봐도, 모두들 관심이 없어졌다고 한다.

도대체 얼마에 내놓아야 이 아파트가 팔릴 것인가? 문제는 또 있다. 대부분의 아파트에는 세입자가 살고 있다. 투자자라고 해도 일단 집의 내부는 둘러본 후에 매수하는 게 기본이다. 그런데 지금 살고 있는 세입자가 자신의 계약 기간이 남아 있는 상황에서 집 내부를 보여줄 의무는 없다. 겨우 사정을 해야 보여줄까 말까이고, 안 보여준다고 해도 문제를 제기할 수 없다. 소유라고 해도 이처럼 세입자에게 어려운 부탁을 해야 하고, 실수요자가 아닌 투자자를 찾아 매도해야 하는 것이다. 그런데 시장의 분위기가 반전된 상황에서 투자자가 나타날까? 투자는 기본적으로 자산의 가격 상승 기대감이 있을 때 시도되는데, 가격 상승은커녕 가격이 하락하고 있는 상황에서 누가 투자에 뛰어들겠는가.

이러한 이유로, 매수 문의조차 없는 상황으로 순식간에 바뀌는 것이다. 처음에는 '곧 매수자가 나타나겠지' 하는 마음으로 2억 9,000만 원에 아파트를 내놓고 버티겠지만, 6개월이 지나도 팔리지 않으면 그때부터는 매우 초조해진다. 게다가 부동산 중개인으로부터 "당신의 아파트보다 더 좋은 물건도 더 싸게 나왔는데 안 팔리고 있다" 같은 식의 이야기를 들으면, 불안해지기까지 한다. 그래서 나중에는 2억 5,000만 원에라도 팔리면 고맙겠다는 생각이 들고, 그러면서 그동안 수익으로 여겼던 거의 대부분이 사라질 정도의 가격에 아파트를 매도하는 일이 발생한다.

정리하자. 관심 있는 부동산 주변에 대규모의 입주 물량이 예상되는 상황이라면, 반드시 매도해야 한다. 반면, 입주 물량의 규모가 크지 않거나 핵심지역과는 대단히 먼 지역의 입주 물량이라면 겁먹을 필요가 없다. 이런 경우에는 꾸준히 보유해도 좋은 성적을 낼 수 있다. 상황을 정확히 파악해서 전략을 바꾸는 융통성을 발휘할 필요가 있다.

‖ 핵심지역은 바뀐다 ‖

지방 부동산 투자에서 가장 큰 위기는 무엇일까? 바로, 핵심지역으로 알고 있던 곳이 바뀌는 상황이 벌어지는 것이다. 이런 일은 수도권보다 지방에서 많이 벌어진다. 수도권의 경우 이미 택지개발을 할 수 있는 곳이 제한되어 있어서, 택지개발을 한다고 해도 그 규모나 기반 시설들이 기존 핵심지역을 능가할 만큼 되기 어렵다. 그러나 지방의 경우 아직도 택지개발을 할 수 있는 땅들이 많아서 기존 핵심지역을 위협할 만한 대규모 개발이 얼마든지 일어날 수 있다. 이 같은 경우를 매우 유의해야 한다.

다행이라면, 기존 핵심지역을 교체할 만한 대규모 개발이 갑작스럽게 일어나지는 않는다는 점이다. 결국 택지개발로 새로 들어온 아파트에 입주가 시작되면서 벌어지는 일이므로, 최소 3년 전에는 예측할 수 있다. 충분히 준비를 할 수 있다는 뜻이다.

다만, 새롭게 개발되는 지역이 새로운 핵심지역이 되려면, 그 규모가 대단히 커야 한다. 대규모 지역이 아닐 경우엔 기존 핵심지역을 위협할 정도는 되지 않는다. 또 이미 자리 잡고 있는 기존 핵심지역과 지나치게 떨어져 있으면 안 된다. 기존 핵심지역과 자동차로 30분 이상 걸리는 위치에 만들어지는 택지개발지구라면, 핵심지역의 지위를 흔들 가능성이 희박하다. 하지만 대규모에다 30분 이내로 왔다갔다 할 만큼 가까운 거리에 새롭게 들어오는 택지개발지구라면 조심해야 한다. 실제 천안 불당동은, 기존 천안터미널 근처에 형성되어 있던 천안의 핵심지역의 위상을 가져온 대표적인 사례다. 대규모로 이뤄진 신규 택지개발지구인데다 KTX역이 들어서면서 가능했다.

그렇다면, 투자자 입장에서는 현재의 핵심지역과 새롭게 대규모로 개발된 지역 중 어디에 투자해야 할까? 당연히 새롭게 개발된 지역에 투자하는 것이 성장성이 크다. 그런데 기존 핵심지역의 부동산은 전혀 오르지 않은 상태에서, 새롭게 개발된 지역의 부동산 가격만 올랐다면 이야기가 달라진다. 그때부터는 기존 핵심지역의 부동산들도 다시 투자 대상으로 살펴볼 필요가 있다. 결국에는 '키 맞추기'가 이뤄지기 때문이다. 새로운 핵심지역이 부상하면서 대중에게 큰 관심을 받아 가격이 크게 오르면, 기존 핵심지역과의 가격 차이가 상당히 벌어진다. 그런데 핵심지역이 바뀌었다고 해서 기존 핵심지역이 가지고 있던 본래의 기능이 완전히 사라지는 건 아니다. 따라서 이제는 너무 저렴해 보이는 기존 핵심지역의 부동산 가격도 적절한 수준으로 따라가기 위해 가격이 오른다. 바로 이때가 기존 핵심지역, 즉 구도심 부동산에 투자해야 할 때가 되는 것이다.

쉬운 이해를 위해, 예를 들어보자. 기존 핵심지역의 한 아파트 매매가격이 3억 원이라고 해보자. 그런데 새롭게 대규모로 개발되는 지역에 들어오는 비슷한 면적의 아파트가 3억 5,000만 원에 분양한다. 그렇다면 신규 주택지에 관심이 쏠리면서 돈이 몰릴 것이다. 그러면 금방 프리미엄이 5,000만 원 붙고, 다시 3,000만 원, 7,000만 원이 붙어 분양된 지 1년 만에 신규 아파트의 매매가격은 5억 원이 된다. 분양가격에서 무려 1억 5,000만 원이나 오른 것이다.

결국, 구도심 핵심지역의 아파트는 3억 원이고, 새로운 핵심지역의 신규 아파트는 5억 원이 되었다. 어떤 일이 벌어질까? 아무리 신규 단지가 좋긴 하지만, 격차가 너무 크다는 느낌이 들면서 구도심의 핵심지역 아파트의 매매가격도 조금씩 오르기 시작한다. 3억 원이던 핵심단지는 최소한 3억 5,000만 원 정도까지, 일반적인 경우 4억 원 근처까지는 상승한다. 그러니 이런 일이 벌어지기 바로 직전이, 기존 핵심지역 아파트에 투자해야 할 때다.

대전에서도 이와 같은 일이 생겼다. 대전의 기존 핵심지역은 대전시청을 아우르고 있는 둔산동이다. 하지만 대전 서남부에 택지개발지구로 도안신도시가 개발되면서 해당 지역의 아파트 가격이 크게 올랐다. 하지만 거리가 다소 떨어져 있는데다, 둔산동이 가지고 있던 핵심 기능이 크게 달라지지 않아, 시간이 흐르면서 벌어졌던 가격 격차가 메워졌다.

다만 기존 핵심지역 아파트에 투자할 기회가 왔다고 해도, 결정 전에는 몇 가지를 따져볼 필요가 있다. 이를테면, 단기 투자(2~3년)로 할 것이냐, 중장기 투자(5~8년)로 할 것이냐는 기존 핵심지역의 기능이 새로운 핵심지역으로 얼마만큼 옮겨지느냐를 보며 결정해야 한다. 만약 교육을 포함해 행정과 일자리, 문화생활 등 거의 모든 기능이 옮겨지는 경우라면, 기존 핵심지역에서는 최대한 빠르게 빠져나와야 한다. 하지만 행정 기능만 이전하거나 문화 및 유흥 등의 기능만 이전하는 경우라면, 기존 핵심지역에도 지속적으로 관심을 가져야 한다. 투자는 기존 핵심지역의 기능이 어느 정도, 얼마 만큼의 시간을 두고, 어떤 것들이 새로운 핵심지역의 옮겨가는지 세밀하게 살펴본 뒤 해도 늦지 않다.

"돈은 누가 벌어주는 걸까?"

며칠 전, 회원 한 명에게서 전화가 왔다. 그는 2년 전에 나의 추천으로 매수한 재건축 대상 아파트를 방금 매도했다고 말했다. 사실 그 아파트는 단기 차익이 아닌, 오랫동안 길게 가져가야 큰 수익이 나는 아파트라서, 나는 그에게 장기 보유를 권했다. 그런데도 그는 해당 아파트를 2채나 가지고 있어서 매도했다고 했다. 정부의 부동산 6.19 대책으로, 하나의 조합원 지위만 갖게 되었기에 하나는 팔 수밖에 없었다는 것이다.

그런데 그 차익이 놀랍다. 2015년 6억 5,000만 원에 매수했는데 2019년 매도가격이 9억 원이다. 차익으로만 2억 5,000만 원을 번 셈이다. 양도세를 감안해도 2년 이상 보유했고, 부부공동명의였으므로 실제 내야 할 양도세는 대략 5,000만 원일 것이다. 그렇다면 실제 얻을 수 있는 차익이 무려 2억 원이다.

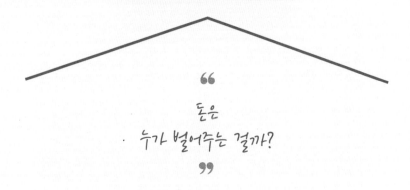

투자금은 얼마나 들었을까? 해당 아파트가 대규모 재건축 단지였기에 당시 금융권에서 대출도 충분히 해줬다. 덕분에 그는 투자금 2억 원으로 2년 만에 2억 원을 벌었다. 100%라는 수익률도 놀랍지만, 역시 '2억 원'이라는 금액의 무게감이 놀랍다. 1,000만 원을 투자해 2년 만에 1,000만 원을 벌었다는 것과 2억 원을 투자해 2년 만에 2억 원을 벌었다는 건, 수익률은 똑같아도 결코 같은 결과가 아니다. 금액이 커질수록 사실 높은 수익을 내는 건 힘들다. 투자를 많이 해본 사람이면 다 아는 얘기다.

2억 원이라는 금액이 웬만한 사람이 쉽게 손에 쥐어볼 수 있는 금액인가? 그것도 2년 만에? 대한민국 사회에서 연봉이 1억 원이면 엄청난 부러움을 받는데, 그 연봉의 70%는 생활비로 나가게 마련이다 결국 여윳돈으로 모을 수 있는 돈이 3,000만 원 정도다. 이렇게 계산하자면 2억 원을 모으는 데 7년이 걸린다. 그 정도의 돈을 2년 만에 만들어 냈다니 부럽기도 하고, 샘나기도 한다.

그런데 생각해 보자. 이런 놀라운 수익을 낸 사람은 얼마나 대단한 분일까? 세상에 공짜란 없는 법. 얼마나 노력했기에 이 같은 행운을 잡은 것인지 궁금할 수 있다. 물론, 특별한 노력도 없이, 그저 운이 좋아서 행운을 얻은 사람도 많다. 그러나 이 사람은 그런 '행운아'는 아니다. 그렇다고 부동산에 미쳐 불철주야 투자만 생각한 '치열한 노력파'도 아니다. 그가 잘한 게 있다면 오직 하나. 오랫동안 부동산에 관심을 끊지 않고 있으면서, 무리한 투자로 멍청한 선택을 하지 않았을 뿐이다.

그는 솔직히 2015년에 내 강의를 통해 투자처를 추천받았을 때, 진짜 '화끈한 대상'을 발견했다고는 생각하지 않았다고 했다. 그저, 김 사부가 하도 힘줘서 이야기하니 그런 거라면 사둬도 괜찮겠지, 정도로 생각했다는 것이다.

자, 그럼 이제 이렇게 생각해 보자. 이 사람 정도의 놀라운 수익 신화를 창조하려면 어떻게 해야 할까? 김 사부를 열심히 쫓아다니면 될까? 아니다. 여기서 분명히 알아야 할 것은, 이 사람이 큰돈을 벌게 된 건 투자처를 알려준 내가 대단히 영험해서나 그가 엄청나게 대단한 투자자라서가 아니라는 것이다.

물론, 그는 훌륭한 사람이다. 그러나 훌륭한 사람은 세상에 널려 있다. 그들 모두가 큰돈을 버는 건 아닌데, 어쩌다 이 사람이 돈을 벌게 된 걸까? 그것은 시장이 돈을 벌게 해줘서다. 많은 이가 착각하는 것 한 가지는, 열심히 노력하면 돈을 벌 수 있다고 생각하는 것이다. 분명히 말하지만, 그렇지 않다. '큰돈'은 나의 열심히나 노력과 별로 상관이 없다. 결국 시장이 벌어주는 것이다. 그러니 노력하지 말고 그냥 놀라는 말은 아니다. 우리가 해야 할 일은 이것이다.

"위험은 줄이고, 확률을 높이는 행위를 계속하는 것."

이것이 내가 투자 상담을 하며 가장 많이 하는 이야기다. 많은 사람이 내게 상담을 요청하며 기대하는 건 이런 것일 테다. 해당 지역이나 부동산의 가격이 오를지 내릴지 알려주겠지, 그 부동산을 팔아야 할지 사야 할지 정해주겠지, 규제가 나올지 안 나올지 예측해주겠지, 김 사부가 정답을 알려주겠지…….

물론 어떤 질문에 대해서는 정답을 알려주기도 한다. 하지만 나는 점쟁이가 아니다. 투자는 그렇게 하는 게 아니다. 미래를 어떻게 아는가? 최근 제일 많이 듣는 질문이 무엇인지 아는가?

"김현미 장관이 추가 대책을 발표할까요?"

그걸 내가 어떻게 아는가? 내가 직접 메일도 보내봤는데, 답변도 없다. 그런데 내가 그걸 어떻게 아는가? 김현미 장관과 쥐꼬리만 한 연줄도 없는 내가 그 속마음을 어떻게 헤아리겠는가? 투자는 그렇게 보이지 않는 미래를 예측해 뭔가를 맞히려고 하는 것이 아니다. 그저 위험해 보이는 일을 줄이고, 확률이 높아 보이는 일에 베팅하는 것이다. 그것이 투자다!

이런 개념으로 보면, 2년 만에 2억 원을 번 회원의 성공도 이해가 되지 않는가? 그에게 남들보다 많은 돈이 있었던 것도 아니고, 특히 남들보다 탁월한 노력을 한 것도 아닌데, 남들이 놀랄 만

한 돈을 번 건, 시장이 벌어다 주었기 때문이다.

손자병법에는 이와 비슷한 고수의 팁이 나온다.

"이기는 것은 적에게 달려 있고, 지지 않는 것은 나에게 달려 있다."

수많은 전쟁을 분석한 손자는 승리는 나에게 달린 것이 아니라 적에게 달린 것이라는 놀라운 사실을 간파한 것이다. 상식을 뛰어넘는 발견이지 않은가. 싸움을 잘하고, 병력이 우수한 나라가 승리할 듯한데 그렇지 않다는 것이다. 이유는 무엇인가?

우선 전쟁을 치를 때, 병력에서 현저히 차이가 나는 경우는 거의 발생하질 않기 때문이다. 애초에 전력에서 너무나 차이가 난다면, 아예 전쟁을 하지 않고 항복할 것이다. 이러한 이유로 전쟁은 막상막하의 치열한 과정이 될 가능성이 크다. 영화에서 보듯, 주인공 중심의 화려한 싸움은 현실에서는 존재하지 않는다. 엄청난 영웅이라고 해도, 전쟁터 한가운데를 활보하며 칼을 휘두르는 경우는 거의 없다. 결국 간발의 차이로 승리의 여신이 한쪽 편의 손을 들어주는 것이다. 이것이 현실이고 이것이 실전이다 보니, 손자는 이러한 현실에서 어떤 요인이 승리로 이끄는지 치열하게 연구했다. 그리고 결국 전쟁에서의 승리는 '상대방의 실수' 때문이라는 사실을 발견했다. 누가 싸움을 더 잘하느냐가 아니라, 누가 실수를 먼저 하느냐가 승리를 가르는 요소였던 것이다.

전쟁에서 승리하고 싶은가? 그럼 우리 편 관리를 철저히 하면서 상대편의 실수를 끈질기게 기다려라. 그것이 승리의 비결이다. 승리는 내가 가져오는 것이 아니라, 상대가 쥐여주는 것이다.

그렇다면 내가 할 일은? 지지 않는 것이다. 다시 말해, 실수하지 않는 것이다. 실수하지 않으면 승리는 못 해도 결코 패배하지 않는다. 내가 실수하지 않고, 상대방도 실수하지 않으면 이 승부는 무승부다. 누구도 이길 수 없는 싸움인 것이다. 내가 실수하지 않고 상대방이 실수하면 그건 나의 승리가 된다. 반면 내가 실수하면 그건 상대방의 승리가 된다. 무슨 말인가? 지지 않고 싶다면 실수하지 않아야 한다는 뜻이다.

돈을 버는 일도 전쟁과 같다. 따라서 손자의 깨달음이 큰 울림이 된다. 나는 이렇게 말한다.

"돈을 버는 것은 시장에 달려 있고, 돈을 잃지 않는 것은 나에게 달려 있다."

돈은 시장이 벌어주는 것이다. 내가 엄청난 애를 쓴다고 벌수 있는 게 아니다. 하지만 내가 해야 할 일이 없다는 뜻은 아니다.

철저히, 잃지 말아야 한다. 그리고 준비해야 한다. 시장이 상승할 때, 그 상승을 모조리 수혜로 받을 수 있는 준비 말이다.

그것이 투자다. 그래서 투자는 위험을 줄이고, 확률을 높이는 행위를 꾸준히 하는 것이다. 얼마나 희망적인가? 내 할 일만 잘하고 있으면 언젠가 시장이 나를 크게 부자로 만들어 준다는데! 그 때가 올 때까지 시장에서 떠나지 말아야 하고, 그때가 올 때까지 돈을 절대 잃지 말아야 한다. 그러면 시장이 돈을 크게 벌어줄 때, 제대로 돈을 벌 수 있다.

나오는 말

나에겐 확신을 가지고 자신 있게 할 수 있는 이야기가 하나 있다. 이는 내가 직접 경험하고, 또 보통 사람들을 수십 년간 지켜보고 내린 결론이기도 하다. 그것은 '적은 노력으로 돈 벌기 가장 쉬운 대상은 부동산'이라는 것이다. 단 이 말을 오해해서는 안 된다. 노력하지 않아도 된다거나, 돈을 쉽게 벌 수 있다는 의미가 아니다. 다른 방법에 비해, 상대적으로 적은 노력이 들어간다는 뜻이다.

그럼에도 불구하고, 그 정도의 노력도 하지 않으려는 사람이 너무 많다. 아마도 주변에서 부동산 투자로 손쉽게(?) 돈을 버는 것처럼 보이는 사람을 봤기 때문일 것이다. 물론, 그런 사람도 있다. 이는 늘 성공한 사람은 쉽게 드러나고, 실패한 사람은 잘 보이지 않아서 그렇다. 세밀하게 따지고 들어가면 투자에서 쓰디쓴 실패를 맛본 사람이 더 많은데도 말이다.

재미있는 것은, 엄청나게 노력한 사람도 좋은 결과를 내지 못하는 경우가 많다는 것이다. 이를테면, 오랫동안 투자 공부를 하고 꽤 긴 시간 투자 경험을 쌓은 사람도 좋은 결과를 내지 못하는 경우가 많다. 왜 그럴까? 아마도 지나치게 '최고의 결과'를 내려고 해서일 것이다.

많은 사람이 내게 상담을 요청한다. 그중 어떤 이들은 아주 심각하게 잘못된 방향으로 투자하고 있었다. 부동산에 관해서는 하나도 모르면서, 그저 주변에서 하는 이야기와 매스컴에서 떠드는 이야기만 듣고 부동산 투자에 나선 사람들이다. 당연히 좋은 결과를 얻을 수 없었고 지금껏 해온 투자 자산의 구성 또한 엉망일 때가 많았다. 이들은 '최소한의 노력'이라도 해야 한다는 사실도 모르고 있었던 것이다. 그나마 상담을 받으러 오면서 그런 노력을 시작했다는 것이, 어둠 속에서 막연하게 스스로 '희망 고문'을 하고 있는 사람보다는 나은 점일 게다. 그런데 어떤 이들은 이미 좋은 자산을 가지고 있거나 좋은 것을 선택해 놓고도 심각하게 고민하고 있었다. 그러면서 그중 어떤 것이 더 나을지 알려 달라고 했다.

"그중에서 더 좋은 건 뭐예요?"
"이걸 팔고 저걸 사는 게 더 나을까요?"
"저걸 팔고 이걸 사는 게 나을까요?"

물론, 심정은 이해한다. 조금이라도 더 좋은 수익을 내고, 더 좋은 결과를 얻고 싶은 게 사람의 마음이다. 문제는 그런 '최고의 결과'만을 추구하는 노력 때문에 오히려 좋은 결과를 거두지 못하는 경우가 많다는 것이다. 그 노력이 욕심에 가깝기 때문이다. 너무 좋은 결과를 얻으려고 하다가 이것도 못하고 저것도 못하는 것이다. 그저 못하기만 하면 괜찮은데, 때로는 너무 좋은 결과를 바라다가 엉뚱한 일을 벌이는 경우도 생긴다. 결국 욕심이 스스로 해친 것이다. 좋은 2가지 물건 중에서 어느 것이 더 좋으냐고 묻는다면, 내 의견을 이야기해 줄 수 있다. 실제로 한때는 이렇게 결정하지 못해 괴로워하는 이들의 고통을 덜어줘야 한다는 사명감에 그 힘겨운 결정을 대신 해주려고 불면의 밤을 보내기도 했다. 그런데 세월이 흐르며 깨달은 것은, 그 선택의 결과를 예측하는 건 '신의 영역'이라는 것이다. 그래서 이제는 이렇게 대답한다.

"그건 신의 영역입니다. 굳이 제 의견을 말해 달라면 해줄 수 있지만, 그건 그냥 참고해야 할 수준입니다. 내가 해줄 수 있는 더 확실한 이야기는 둘 다 좋다는 겁니다."

여기서도 오해의 소지가 있다. 누군가는 이렇게 생각할 것이다. 어떤 대상을 선택하느냐에 따라 달라질 투자의 결과를 예측할 수 없고, 그것이 신의 영역에 속하는 것이라면, 뭐 하러 공부해야 하는가? 그리고 소위 '전문가'라는 사람이 그런 것도 모르면서 어떻게 전문가라는 타이틀을 달고 있는가? 이제 이 2가지 양극단에서 중심을 잡아보자. 결론을 말하자면, 투자는 '어차피 모르는 일이니 그냥 대충 해야 하는 일'도 아니고, '투자는 가장 좋은 결과를 안겨줄 것을 반드시 알아내서 하는 일'도 아니다. 투자는 '충분히 좋은 결과를 낼 수 있게 노력하는 일'이다.

그렇기 때문에, 인간으로서 할 수 있는 최소한의 노력을 기울이고, 그 결과는 신의 영역임을 인정하고 겸손하게 미래를 받아들여야 한다. 그러한 자세가 더 좋은 결과를 가져온다. 물론, 이를 나누는 것 자체가 쉬운 건 아니다. 어디까지가 인간의 영역이고 어디까지가 신의 영역인지 초보 투자자들은 전혀 알 수 없다. 사실 이는 말로 설명해 이해시킬 수 없고 스스로 공부하면서 찾아내야 하는 문제다.

어쩌면 이 책을 보는 사람 대부분은 처음으로 투자를 시작하거나 몇 번의 경험이 있는 초보자일 것이다. 그럼에도 이런 고수의 영역에 속하는 일까지 미리 말하는 건, 노력만 하면 초보에서 금방 벗어날 수 있기 때문이다. 앞에서 이야기하지 않았는가? 부동산 공부는 다른 어떤 것보다 '노력 대비 효과'가 좋다고.

보통 사람이 투자 초보 딱지를 떼는 데는 대략 2년 정도가 걸리는 것 같다. 여기서 말하는 2년이라는 건, 다른 모든 건 접어두고 부동산에만 몰두했을 때 걸리는 시간이 아니다. 그냥 일상생활을 영위하면서 틈틈이 그리고 꾸준히 공부하는 정도, 일주일에 3~4시간 또는 하루에 30분 정도 꾸준히 시간을 내어 공부하고 투자하는 기간이다. 다른 분야에서 이 정도의 노력으로 썩 괜찮은 성과를 누릴 수 있는 게 있을까? 이 정도 시간과 노력을 들여 바이올린을 2년 정도 배운다면, 그저 '나 혼자 들을 때만 좋은 음악' 정도는 연주할 수 있을 것이다. 그러니 이런 것들과는 비교도 안 될 만큼 부동산 공부는 수월한 편이다. 짧은 시간 내에 초보에서 벗어나는 것은 물론, 그사이 성과까지 거둔다면 금방 웬만한 수준에는 도달할 수 있다.

하지만 그쯤 되면 많은 고민이 없어지는 게 아니라, 오히려 더 많은 고민이 생긴다. 어떻게 하면 더 좋은 물건에 투자하느냐, 어떻게 더 좋은 수익을 내느냐 하는 문제로 넘어가는 것이다. 오래된 회원들을 쭉 지켜보면서 알게 된 것이다. 이제는 자산의 규모가 꽤 커져서, 이제 갓 부동산 투자에 입문한 이들이 부러워할 만한 수준에 이르렀음에도 정작 이들은 여전히 고민이 많다. 어떻게 하면 더 좋은 결과를 낼 수 있을까? 바로 이 단계에 이르면, '인간의 영역'과 '신의 영역'을 구분할 줄 알아야 한다. 2가지 이유 때문이다.

첫째, 그 둘을 구분할 줄 모르면 결정에 대한 고민으로 매우 고통스러운 나날을 보내게 된다. 돈이 없을 때만 고통스러운 게 아니다. 인간의 욕심은 끝이 없어서, 오히려 돈이 많아지면 더 많은 고민을 하게 된다. 사실, 자산이 없을 때는 단순하다. 달랑 그것밖에 없으니깐. 그런데 자산이 많아지면 증여, 양도, 상속 등의 세금을 생각해야 하고, 포트폴리오도 효율적으로 구성해야 하고, 관리도 해야 한다. 굉장히 복잡해지는 것이다. 그렇다 보니 그 모든 것에서 최선의 선택을 하려다 보니 더욱 복잡하고 힘들어진다.

당신은 어떤 이유로 돈을 벌려고 하는가? 내가 돈을 버는 이유는 분명하다. 자랑하기 위해서도 아니고, 죽을 때 가져가기 위해서도 아니고, 자식에게 물려주기 위해서도 아니다. 그저 돈이 현재의 인생을 행복하게 영위하기 위한 수단이기 때문이다. 그런데 '최고의 결과'만을 얻으려는 지나친 고민이 스스로를 상당히 피곤하게 만들고 삶의 질을 떨어뜨린다. 그러니 내가 고민하는 문제가 인간의 영역인지 신의 영역에 속한 것인지 구분해야 한다는 것이다. 내가 할 수 있는 부분까지 노력하고 고민하되, 나머지는 신께 맡겨야 한다는 말이다.

둘째, 그러한 고민이 결국 '아무것도 하지 못하게' 만들기 때문이다. 이는 아직도 투자의 초보 딱지를 떼지 못한 사람에게도 종종 일어난다. 너무 좋은 결과를 만들려다가 결정을 내리지 못하는 것이다. 그러면서 시간만 보낸다. 결국 이렇게 저렇게 좋은 것을 다 흘려보내고는 세월이 지나 그때 결정하지 못한 것을 후회하면서, 또다시 결정하지 못하는 악순환을 반복한다. 여기서도 신의 영역과 인간의 영역을 구별하려는 노력을 기울인다면, 보다 쉬운 결정을 할 수 있다. 그 결과는 겸허히 받아들이면 된다.

어떤 것에 투자해야 할지 쉽게 결정하지 못하는 또 다른 이유도 있다. '한 방에 끝내고 싶다'는 마음 때문이다. 부동산 투자로 돈을 벌기 위해 공부하고 찾고 고민하는 게 너무나 피곤한 나머지 이제는 한 방에 끝내버리고 놀고 싶은 것이다. 반복해서 강조하고 있지만, 부동산은 그 정도로 쉬운 대상도 아니다. 한 번의 투자로 큰돈을 벌 만큼 만만하지 않다. 투자 한 방으로 평생 놀고먹을 만큼의 자산을 불린다는 건 얼마나 큰 욕심인가? 결국 쉽게, 고생 안하고 돈을 벌고 싶은 마음 아닌가? 투자 실력이 하루아침에 발전할 수 없는 것처럼, 자산도 하루아침에 늘어나는 게 아니다. 그러니 조금씩 늘려가겠다는 생각으로 접근해야 한다. 그 이상을 꿈꾸는 건 탐욕이다. 놀라운 건, 이 같은 욕심이 투자 경험이 쌓이고 재산이 늘어난다고 해서 사라지지 않더라는 것이다. 그러니 처음 투자에 입문한 초보 때부터 이를 염두에 두고, 끝까지 훌륭한 투자자가 되겠다고 마음먹는 게 중요하다.

그래서 인간의 영역, 즉 인간이 결정할 수 있는 수준, 인간으로서 내릴 수 있는 결정을 비교적 쉽게 할 수 있는 법, 인간이 마음먹어야 하는 자세란 어떤 것인지 구체적으로 소개하고자 한다.

‖ 인간 투자자로서의 마음가짐 ‖

하나, 아닌 것부터 제외시켜라.

대부분의 사람은 수익에만 몰두하므로 어떤 물건이 더 많은 돈을 벌어다 줄 수 있는지를 고민한다. 이때, 어떤 위험이 도사리고 있어서 좋은 결과를 기대할 수 없는, 쉽게 말해 투자 대상으로 적절치 않아 보이는 '아닌 것'부터 제외시키자. 그러고 나면, 긍정적인 대상이 추려진다. 그중에서 결정하면 된다. 그리고 이때는 그냥 마음이 내키는 것을 선택하면 된다.

둘, 고수에게 투자처를 알려 달라고 하기 전에 내공을 키워라.

나는 강의할 때, 투자할 만한 대상을 금액별로 2~3개 정도로 고른다. 이를테면, 1억 원 미만의 금액으로 투자할 수 있는 대상 1개, 1억~3억 원 금액으로 투자할 수 있는 대상 1개, 3억 원 이상의 금액으로 투자할 수 있는 대상 1개. 이런 식으로 투자 물건들을 준비해 수강생들을 만난다. 그런데 어느 날 강의를 마치고 회원들과 모인 자리에서, 회원 중 한 명이 이렇게 말했다.

"소액으로 매수할 수 있는 투자 대상 좀 알려주세요."

그래서 대답했다.

"아까 강의에서 1억 원 이하 금액으로 투자할 수 있는 물건을 알려줬잖아요."

그랬더니 그분이 이렇게 말했다.

"아…, 그건 별로 당기지가 않아서요."

여기서 필요한 게 바로 '내공'이다. 그를 비난하려는 게 아니다. 내가 추천하는 투자처에서 모두 대박이 나는 건 아니다. 심지어 내가 굉장히 좋다고 생각했던 것이 아픈 이가 되어 돌아올 때도 있다. 오랫동안 투자해 온 나도 그런데 내 강의를 듣는 사람들은 오죽하겠는가?

다시 말해, 어떤 투자처가 진짜 좋은 투자처인지 아닌지를 아는 건 그 사람의 투자 내공에 달려 있다는 뜻이다. 김 사부의 강의를 수백 명이 듣고 있지만, 그들 모두 돈을 버는 건 아니다. 현장에 가 보면 그런 물건이 없는 경우도 있고, 가격이 많이 변한 경우도 있다. 심지어, 추천한 지 시간이 좀 지났는데도 가격에 변함이 없으면 그 역시 망설임의 원인이 된다. '왜 가격에 변함이 없지? 하나도 안 오르네?' 이런 마음이 드는 것이다. 그러니 투자할 만한 대상을 알려줘도, 그것이 이익을 낼 수 있는 대상인지 아닌지 알아보는 건 본인의 투자 내공에 달렸다. 나는 종종 나를 지나치게 광신하면서 따르려는 이들에게 찬물을 확 끼얹는 듯한 말을 하곤 한다.

"저의 투자 성공 확률은 80%쯤 됩니다. 10개 중 2개는 틀린다는 뜻입니다. 그런데 더 나쁜 소식은, 사람에 따라 그 틀린 2개만 콕 집어 투자하는 사람도 있다는 것입니다."

이렇게 이야기하면 수강생도 겁이 나기 시작할 것이다. 그냥 김 사부만 믿고 따르려고 했는데 그렇게 하다 '재수 없게 내가 그 틀린 2개만 골라서 투자하는 사람이 되면 어떡하지?' 하는 불안감이 들 수 있다. 나 자신에게는 손해가 될 만한 이런 이야기를 꾸준히 이야기하는 것은, 그만큼 투자는 남에게 의지하는 것이 아니라 본인의 내공을 키워야 하는 일임을 강조하기 위해서다.

어떤 투자 전문가를 만나도 마찬가지다. 투자 전문가로 불리는 사람들마다 자신의 기준에서 좋아 보이는 물건을 찍어준다. 그들이 추천한 지역과 물건을 모두 합친다면 전국이 투자 대상이 될지도 모르겠다. 어떻게 하란 말인가? 결국 본인이 내공을 갖추는 수밖에 없다. 스스로 확신을 가지고 투자하는 수준에 이를 때까지 꾸준히 공부하고 간접경험을 하고, 직접 투자에 나서 경험을 쌓는 수밖에 없다. 투자 내공을 쌓는 일이 하루아침에 이뤄지길 기대하지 말고, 꾸준히 해나가라.

셋, 인생의 행복이 돈에 있지 않음을 기억하라.

몇 년 전, 투자 상담을 요청하신 분이 상담에 앞서 자신의 고민을 간단히 알려왔다.

"맞벌이 부부에 자녀가 둘 있습니다. 아이들이 이제 공부를 열심히 해야 할 나이라서 학군을 굉장히 중요하게 생각하고 있습니다. 내 집 마련을 위해 준비된 돈은 현금 5억 원 정도입니다. 어떤 선택을 해야 할까요? 부동산 초보자이다 보니 너무 무리하게 투자하고 싶지는 않고요, 투자용으로 부동산을 사기보다는 내 집 마련과 투자 수익도 동시에 얻을 수 있는 선택을 하고 싶습니다."

나는 상담을 준비하면서 이렇게 생각했다.

'5억 원의 현금이 있고, 부부 둘 다 안정적인 직장에 다니고 있으니 50% 정도는 대출받아도 되겠군. 만약 5억 원을 대출받을 경우 이자가 월 120만 원 정도 나갈텐데, 그렇다고 해도 전체 수입에서 차지하는 비중이 약 10%에 불과하니 무리는 아니겠지. 연간 1,500만 원씩 이자로 나간대도 4년 후면, 6,000만 원 정도. 비과세를 받는다고 가정하면, 4년 후에 6,000만 원 이상의 가격이 상승할 수 있는 대상이라면 충분히 매력적일 수 있겠어! 그런데 너무 무리하고 싶지는 않다고 했는데, 50% 대출을 받는 건 무리라고 생각할까?'

약간의 걱정이 앞서긴 했지만 내가 보기엔 그 정도는 감수하며 투자할 수 있겠단 결론에 이르러, 나는 매매가격 10억 원대의 아파트들 중 투자 가치 있는 대상을 고르고 준비했다. 드디어 대면 상담일이 되었다. 나는 이와 같은 생각을 자세히 설명하며 미리 골라둔 대상의 아파트들을 주욱 보여주었다. 그런데 부부의 표정이 썩 밝지 않았다. 그렇게 설명을 듣던 아내가 갑자기 온라인상 지도의 한 곳을 가리키며 이렇게 말했다.

"그런데, 여기는 안 되나요?"

그녀가 지적한 아파트는 매매가격이 20억 원가량 되는 곳이었다. '10억 원이 무리라고 생각하면 어쩌나' 싶던 내가 정말 쓸데없는 걱정을 한 것이었다. 말은 '무리하고 싶지 않다'고 하면서도 20억 원까지 고려했던 것이다. 그래서 내가 제안한 10억 원대 아파트가 달갑지 않았던 것. 결국 나는 그들이 문의한 20억 원대 아파트를 살펴보며, "이 정도 가격의 아파트에 투자하기에는 이자 부담이 너무 큽니다. 물론, 단순히 계산하면 15억 원 정도를 대출받아도 대출이자 이상의 수익을 거둘 수 있다고 볼 수 있지만, 무조건 그렇게 되리라 예측하는 건 위험합니다. 특히 위기 상황이 장기화되면, 심리적으로 매우 힘들 수 있습니다"라고 이야기해 주었다. 그런데도 그들은 계속해서 20억 원짜리 아파트에만 관심을 보이면서 투자 결과에 대해 궁금해했다. 나는 무리라고 생각하면서도, 결정은 그들의 몫이므로 20억 원대에서 투자 가치가 있는 물건들을 정리해 추천해 줬다.

그들이 어떤 결정을 내렸을까? 결국 20억 원짜리 아파트를 무리해서 매입했다. 결과는? 보란 듯이 성공했다. 20억 원에 매입한 아파트의 가격이 3년 만에 40억 원이 된 것이다. 그야말로, 5억 원으로 신화를 만들어낸 것이나 마찬가지다. 내 말을 곧이곧대로 들었더라면, 벌 수 있던 돈을 날릴 뻔했다. 내 말을 듣지 않고, 과감하게 지른 것이 그들의 인생을 바꿔놓았다!

그런데 이야기는 지금부터다. 현재 40억 원짜리 아파트에 거주하고 있는 이들은 매일 경제적으로 시달리고 있다. 그사이 수입이 딱히 더 늘지 않은 상황에서 높은 이자를 계속 감당하려다 보니 부담이 상당히 큰 것이다. 40억 원짜리 아파트를 팔아버리면 될 텐데, 그러지는 못하고 있다. 왜? 아파트를 매도한 뒤 가격이 더 오르면 너무 배가 아플까 봐. 게다가 이들은 이제 60억 원짜리 빌딩을 알아보고 있다. 옆집 사람이 그렇게 대출을 받아 30억 원짜리 빌딩을 샀는데, 그게 60억 원이 되었다는 이야기를 들은 것이다. 이 부부는 아파트를 팔고, 더 대출을 끌어당겨서 60억 원짜리 빌딩을 사면 어떨까 고심 중이다. 어떤가, 이 두 부부의 인생이 성공적으로 보이는가?

수많은 심리학자와 뇌과학자의 연구에 따르면, 돈은 불행을 감소시켜 주는 데는 탁월한 효과가 있으나 행복을 증진시키는 데는 거의 효과가 없다고 한다. 이는 인간의 본능에 존재하는 '적응 능력' 때문이다. 어떤 것이든 이를 갖거나 이루지 못했을 때는 그게 대단해 보이지만, 막상 갖게 되거나 이루고 나면 쾌감과 행복도 또 적응해 버리는 것이다.

그런데 돈의 성질이 더욱 고약한 건, 다른 것들은 더 나은 무언가를 이루려고 나아가는 과정 자체에서도 즐거움을 느낄 수 있는데, 돈은 그 과정에서 조금만 무리해도 상당한 피해를 안겨준다는 것이다. 인생을 짜증스럽게 만들고, 인생에 소중한 것들을 무시하게 만들고, 인생을 버겁게 만들어 버린다.

얼마 전에는 신혼부부 한 쌍이 나를 찾아왔다. 그들 부부는 정말 살고 싶은 아파트가 있는데, 그곳에 들어가려면 자금을 무리하게 운영해야 하는 상황이었다. 다만 그 아파트를 지금 사지 않으면 앞으로는 가격이 더 올라서 영원히 사지 못하게 되는 건 아닌가 두려움이 든다고 했다. 나는 그들에게 물었다. 지금 그렇게 들어가서 살고 싶은 아파트에 들어가 살게 되면, 그것으로 만족하게 될 것 같으냐고. 내가 원하던 곳에 살게 됐으니 됐다고 생각하게 될까? 절대 그렇지 않다. 그곳에 가면, 또 다른 세상이 보인다. 그리고 또 다른 욕심이 생긴다. 알다시피 그동안 나는 수많은 사람을 만나고 상담했다. 그들 중에는 이미 수억 원을 번 사람도 있는데 그들 모두 짜기라도 한 듯 이런 이야기를 하곤 한다.

"남들은 다 부동산으로 돈 많이 벌었다는데, 저만 못 벌었어요."
"아니, ○○ 님도 많이 버시지 않았어요?"
"에이, 그 정도는 누구나 벌잖아요."

이런 식이다. 자신이 번 돈은 너무 적고 보잘것없어 보인다. 왜 그럴까? 더 높은 곳만 자꾸 보이기 때문이다. 이처럼 그 돈의 굴레에서 벗어나지 못한 채, 계속 더 높은 곳으로, 더 높은 곳으로 가려고만 하다가 인생이 끝나버리고 만다. 이처럼 무리하면서 인생을 살 필요는 없다. 열심히 사는 건 좋지만, 단지 경제적 목표를 달성하기 위해 하루하루의 삶을 버겁게 만드는 건 바보 같은 일이다. 그곳에 도착해도 내가 생각한 행복은 존재하지 않기 때문에 그렇다. 그러니 허상만 좇을 게 아니라 내 삶의 충만함도 챙기면서, 목표를 향해 한 걸음씩 다가가는 방식이 더욱 아름답고 행복한 자세가 아닐까.

여태껏 돈 이야기만 하다가 막판에 웬 뚱딴지 같은 소리냐 싶을 수도 있지만, '경제적 자유'나 '여유로운 삶'이란 구호들이 허상일 수 있음을 한번쯤 생각해 봤으면 한다. 돈이 없어도 된다는 말이 아니다. 적당히 있어도 충분하다는 것이다. 적당한 돈을 벌기 위해서는 그저 '꾸준히 노력하는 삶' 정도면 된다. 돈 걱정 하나 없는 삶, 경제적인 자유를 누리는 삶이 반드시 최고의 삶은 아니란 말이다.

우리 몸에 붙은 살을 생각해 보라. 건강한 신체를 유지하려면 적당한 음식을 섭취해야 한다. 필요 이상으로 과도하게 먹으면 비만이 되기에, 더 먹고 싶어도 멈춰야 한다. 어쩌다 내 신장에 맞는 적절한 체중을 넘어섰다면, 더 늘기 전에 빼야 한다. 자칫 욕망에만 충실했다가는 각종 성인병으로 고생할 수도 있기 때문이다.

돈도 이와 같다. 나는 확신한다. 돈 걱정 같은 건 할 필요가 없을 만큼의 어마어마한 부가 우리를 행복하게 만들지는 못한다. 그러니 이를 위해 무리하게 내 삶을 닦달할 필요가 없다. 그럴수록 행복은 멀어져 간다. 원하는 꿈을 성취하든 하지 못하든 마찬가지다. 성취하면 더 높은 세상이 보여서 만족스럽지 못하고, 성취하지 못하면 그동안 희생해 온 것들이 떠올라 괴로울 뿐이다. 나는 내 앞에 주어진 작은 행복들을 즐기면서 경제적 성취를 위해 꾸준히 노력하는 삶, 그래서 작은 성취에도 기뻐할 수 있는 삶

이야말로 진짜 행복한 삶이라고 생각한다.

이 책을 읽는 모든 분들이 이 같은 '돈과 행복에 관한 진실'을 꼭 가슴속에 새기고 살았으면 좋겠다. 그리고 이 책이 그런 노력에 작은 보탬이 될 수 있다면 나에게 더 없는 행복이 될 것이다.

마지막으로, 내가 이렇게 긴 시간 동안 전문가의 길을 갈 수 있게 해준 우리 회원들에게 감사의 말을 덧붙이고 싶다. 늘 내 곁에 있어주고, 나에게 상담해 주고, 나에게 결과를 보고해 주고, 나의 강의를 들어주고, 고맙다고 인사해 준 그분들의 응원과 신뢰가 없었다면, 나에게 지금과 같은 성취는 결코 없었을 것이다. 이분들에게 크나큰 감사의 인사를 전하고 싶다.

늘 맛있는 것을 만들어 주는 여전히 예쁜 아내와, 이제는 훌쩍 커버려서 오히려 내가 가끔 의지가 되는 큰 딸 예인이 그리고 아직도 귀여움이 남아서 애교를 떨어주는 다민이에게도 감사하다. 또한, 건강하게 계셔서 기도로 지원해 주시는 아버지, 어머니와 형제들에게 감사하고, 이 책이 나오도록 수고해 주신 알에이치코리아 관계자 모든 분들께 감사한다.

부동산 소액 투자의 정석

1판 1쇄 발행 2019년 11월 6일
1판 6쇄 발행 2022년 5월 10일

지은이 김원철

발행인 양원석
책임편집 박나미
영업마케팅 조아라, 신예은, 이지원

펴낸 곳 ㈜알에이치코리아
주소 서울시 금천구 가산디지털2로 53, 20층(가산동, 한라시그마밸리)
편집문의 02-6443-8868 **도서문의** 02-6443-8800
홈페이지 http://rhk.co.kr **등록** 2004년 1월 15일 제2-3726호

ISBN 978-89-255-6784-6 (03320)